谈判改变世界
国际谈判者的认知与行动

梁晓君◎著

世界知识出版社

图书在版编目（CIP）数据

谈判改变世界：国际谈判者的认知与行动 / 梁晓君
著作. -- 北京：世界知识出版社, 2025. 3. -- ISBN
978-7-5012-6838-2

Ⅰ. C912.35

中国国家版本馆CIP数据核字第2024QH0910号

书　　　名	谈判改变世界：国际谈判者的认知与行动
	Tanpan Gaibian Shijie: Guoji Tanpanzhe De Renzhi Yu Xingdong
作　　　者	梁晓君
责任编辑	车胜春
责任出版	李　斌
责任校对	陈可望
出版发行	世界知识出版社
地址邮编	北京市东城区干面胡同51号（100010）
网　　　址	www.ishizhi.cn
电　　　话	010-65233645（市场部）
经　　　销	新华书店
印　　　刷	河北新华第一印刷有限责任公司
开本印张	710mm×1000mm　1/16　22½印张
字　　　数	330千字
版次印次	2025年3月第一版　2025年3月第一次印刷
标准书号	ISBN 978-7-5012-6838-2
定　　　价	98.00元

版权所有　侵权必究

谨以此书献给
我的母亲高奉枝女士

前　言

2006年8月我从北京大学国际关系学院博士毕业，成为外交学院外交系的一名教师。时任外交学院院长吴建民大使深感谈判能力对于外交官素质的重要性，决定要在外交学院开设国际谈判课程，这个任务落到了我这个新人身上。

我的国际谈判教学始于一本名为《寸土必争——无需让步的说服艺术》的教材，该书是哈佛大学谈判研究所的创建人罗杰·费舍尔（Roger Fisher）和他的同事们的合著，是美国谈判学界的扛鼎之作。之后，我接受过新加坡巨变（Sea-Change）咨询公司为期一周的谈判培训，巧合的是，培训师基思·菲茨杰拉德（Keith Fitzgerald）刚好是费舍尔教授的学生。后来我总是跟我的学生开玩笑说："如果费舍尔教授算得上我的师祖的话，他就是你们的太师祖，你们也算是师出名门。"

从2006年给外交学院的本科生教授外交谈判开始，至今已有将近20年。其间，我的受众群体不断扩大，从外交学院学生到北京大学等其他兄弟院校的学生，从政府机关外事工作人员到企业国际战略实施者，从国内受众到发展中国家外交官。在与他们的课堂互动中，我的教学内容和知识体系不断得到丰富和充实。随着中国国际谈判案例的增加，起源于哈佛大学谈判研究所的知识体系也逐渐实现了本地化，于是就有了写成一本书的想法。目前国内已有的国际谈判的教材，多偏于商务谈判，而外交谈判的背景、议题、利益、结构、进程都要复杂得多。我基于多年从事国际谈判教学时所用的讲稿写成此书，希望对从事国际谈判的读者略有助益。

谈判作为一种人类实践，古已有之。只要两个以上行为体通过讨论共同决定一件事情时，谈判就已经发生了，尽管这一过程可能没有用"谈判"这个词来描述。1716年，法国路易十四时代最有才干的外交家之一弗朗索瓦·德·卡利埃尔发表了《论与君主谈判的方式》一书，这是现今可知的世界上最早关于谈判的著作。但谈判作为一门学科的存在，却是晚近的事情。以当今世界社会科学比较发达的美国为例，该领域著名期刊《冲突解决杂志》（*Journal of Conflict Resolution*）于1957年才创刊于马里兰；1966年，美国职业谈判大师杰勒德·尼尔伦伯格创建了谈判协会（The Negotiation Institute, TNI），并于1968年出版了该领域开山之作《谈判的艺术》；久负盛名的哈佛大学法学院谈判研究所迟至1983年才成立。在欧洲，该领域知名刊物《群体决策与谈判》（*Group Decision and Negotiation*）1992年创刊于瑞士，《国际谈判》（*International Negotiation*）1996年创刊于荷兰。

谈判专业学会和谈判学术期刊的创建，标志着谈判学作为独立学科的出现和日趋成熟。谈判学有了本学科特有的基本概念、研究问题、前提假设以及研究方法，学术共同体的研究成果逐渐为实践共同体所认同和反馈。作为一门新兴的学科，谈判学的发展得益于政治学、经济学、法学、管理学、心理学、社会学等其他学科的相关研究成果，比如经济学家托马斯·谢林将博弈论应用于讨论可信承诺在谈判中的重要作用，是对谈判学理论的重要突破；又如心理学在谈判中的应用也越来越广，而国际政治和安全议题的谈判会频繁引用国际法中的规范和逻辑。当然，跨学科的天然属性也给谈判研究增加了不少难度。读者将要读到的这本书，即为本人不揣浅陋，知难而上，初步研究形成的引玉之砖，希望得到同行们的批评指正。

在谈判作为一门学科出现之前，谈判更多被看作一门技艺或者艺术，主要依赖个人经验。经验是人类智慧的重要来源，但经验的价值与其样本量大小呈正相关关系。而个体的经验是相当有限的。即使是龙永图这样谈判经验丰富的中国入世谈判代表，其职业生涯中进行的国际谈判也是有限的。从这个意义上说，所有谈判实践者都需要进行系统性的专业学习，使自己的谈判行为脱离直觉、经验、隐性知识与艺术的单一场域，而进入逻辑、理性、显性知识与科学的殿堂，并能够在两个场域之间自由切换。从受制于单一场域到能够在两个场域之间自由腾挪，这一过程非经过专业化学习和训练不能完成。

国际谈判践行者尤其需要专业化学习，这是由国际谈判的跨文化属性决定的。我们引以为荣的延续了五千年的中国文明，在世界文明体系中是非常独特的存在。改革开放之前，新中国曾经与外部世界长期隔离，除了少数从事涉外工作的外交官，绝大多数国人对外部世界的了解十分有限。改革开放后，中国敞开胸襟拥抱世界，通过"引进来""走出去"的方式，与世界文明进行了史上最大规模的深度对话和交流。2019年，中国出入境边防检查机关检查出入境人员达到了6.7亿人次，其中内地居民出入境3.5亿人次。[①]

国际谈判者是这个庞大的对外交流人群中的一个特殊群体。虽然他们是社会精英，代表国家或者企业，去和全球各个地区的政府、企业、机构进行重要的谈判，但案例显示，在一些国际谈判中，中方谈判代表出现了失误，究其原因，部分是因为谈判决策者和实践者没有预先对对方的政治制度、社会结构以及文化进行详细的考察，而是将国内的习惯性思维和做法带到了国际谈判场合，导致谈判效率低下，自身利益遭受损失。

本书的主要目标读者群是从事外交外事工作的外交官和外事干部。随着全球化的发展以及政治、经济、社会之间界域的融合，原来由少数专业性国际部门垄断的对外职能发生了两个方向的流动：部委之间

---

① 国家移民管理局2020年1月4日公布的数据，https://www.gov.cn/xinwen/2020-01/05/content_5466639.htm。

的横向流动以及从中央到地方的纵向流动。在纵向上，地方政府、外事办公室在中国对外交往中越来越活跃，也会参与到与他国地方政府的谈判中。截至2019年，中国对外友好城市数量达2629对，友好城市的缔结以及双边合作的开展均涉及大大小小的国际谈判。外交外事职能的双向流动使得从事对外交往的政府工作人员群体不断增加，他们迫切需要国际谈判的专业知识。

本书也适用于国有企业中参与实施企业国际化战略的领导和工作人员。改革开放40多年来，国有企业获得了前所未有的广阔发展空间。国企积极成立中外合资公司，开展对外直接投资，进行跨国并购，拓展海外市场，引进国外资金和技术，这些国际化战略的具体步骤无不是通过一场场艰苦的国际谈判来落实的。企业人员或许具备本行业的专业知识及业内经验，但在跨国谈判时，他们需要"装备"的知识远比行业内的专业知识要多，他们需要了解对方国家的政治制度、决策过程，对方国家相应的法律法规，对方国家的文化特点，等等。而且谈判学是一门单独的学科，已经发展出了一套解释力强、操作性佳的知识体系，这些知识能够让国际商务精英在谈判桌上更加游刃有余地实现谈判目标。

对于不直接从事国际谈判的读者，也不妨一读本书。谈判兼具工具理性和价值理性，是一套实用性极高的解决分歧和冲突的思路和方法，而分歧和冲突存在于生活的方方面面。本书中强调的很多理念以及提供的解决问题的工具，不仅适用于政治精英和商务精英，也适用于公民个人。当你学会了用平等的态度对待他人，并把解决对方的合理需求放在同等重要位置加以考虑的时候，你不仅不会失去利益，还会获得更多的朋友和合作机会；当你开始用通过合作实现增量的思维代替通过竞争分配现有存量的思维来进行谈判时，原来看似无路可走的职场甚至人生僵局会瞬间被打开并呈现出无限可能性；当你按照专业人士提供的清单去准备谈判时，你会发现在谈判中你永远是那个引领方向、解决问题的建设者。

最后说一下书名。曾经有很长一段时间，我被梁济的那个世纪之问困扰着：这个世界会好吗？梁漱溟对他父亲所提之问的回答是："我相信这个世界是一天天往好里去的。"这个饱含美好愿望的回答并没有给我信心，直到我接触了谈判学这门学科。梁漱溟当时只诉说了愿景，但没有指出通达美好愿景的路径。现在，我们似乎找到了：世界是可以一天天往好里去的，前提是如果人人都学会了谈判。是的，除非人人都会谈判，否则这个世界不会变好。人性决定了个人之间或者群体之间的利益冲突是常态。世界变得美好，不是说冲突不存在了，而是说冲突能够以和平的方式得到解决。谈判就是这样一种实用性极高的和平解决冲突的方式，如果人人都学会了谈判，当然有理由相信世界会变得美好。因此本书开宗明义地宣称：谈判改变世界！而这需要每一位谈判者在认知上和行动上先行发生改变。本书通篇都在试图回答：一位专业的谈判者应该秉持何种认知以及如何行动？这两个关于谈判者"知"和"行"的问题，某种意义上关乎未来的世界。

由于谈判学作为学科起源且兴盛于西方，因此在写作过程中，笔者对西方作者的文献引用较多，此举并不代表任何意义上的价值取向，而完全是学术研究现状的客观要求。除此之外，笔者认为，既然国际谈判的对象是制度和文化均异于中国的外国人，多阅读对方的文献资料，多了解对方的思路和逻辑，做到在谈判中知己知彼，对促进谈判有利无害。考虑到本书读者在国际谈判一线工作，任务繁重，压力巨大，因此笔者尽量言简意赅，去繁就简，深入浅出，以减少读者的负担。在笔者认为需要延伸阅读或者加深理解的地方，往往通过脚注的方式，留下线索，以供读者自主探究。

2024 年 12 月于北京

目 录

认 知 篇

第一章 什么是谈判？ 3
- 第一节 谈判的要素 4
- 第二节 谈判的工具理性 20
- 第三节 谈判的价值理性 33
- 本章小结 44

第二章 国际谈判行为体 46
- 第一节 政府行为体 46
- 第二节 准政府行为体和非政府行为体 63
- 第三节 第三方调停者 77
- 本章小结 90

第三章 国际谈判议题 91
- 第一节 高级政治议题 91
- 第二节 低级政治议题 112
- 本章小结 130

第四章 国际谈判战略 132
- 第一节 谈判战略及分类 132
- 第二节 竞争性谈判战略 139
- 第三节 合作性谈判战略 162

I

本章小结...180

行 动 篇

第五章　国际谈判战术..183
第一节　预先谈判阶段的战术..................................183
第二节　谈判准备阶段的战术..................................197
第三节　谈判阶段的战术..224
本章小结..248

第六章　国际谈判中的跨文化沟通..................................249
第一节　建立和善用渠道..250
第二节　跨文化表达力..257
第三节　跨文化倾听力..266
第四节　跨文化理解力..275
本章小结..287

第七章　理解各国谈判风格..289
第一节　美国的谈判风格..290
第二节　日本的谈判风格..298
第三节　苏联的谈判风格..308
第四节　法国的谈判风格..316
本章小结..322

参考文献..324

致　谢..345

认知篇

第一章 什么是谈判？

谈判在国际关系演化过程中扮演极为重要的角色。1644年，在与威斯特伐利亚相邻的两个镇明斯特（Münster）和奥斯纳布吕克（Osnabrück），时任教廷驻科隆使节法比奥·基吉[①]主持欧洲各国的外交官进行了长达四年的谈判，确定了以主权平等为基础的国际关系准则，以及通过国际会议和谈判解决国际争端的模式，塑造了今天我们所熟悉的国际关系的基本样貌。1814年9月至1815年6月，奥地利外相梅特涅、英国外交大臣卡斯尔雷、法国代表塔列朗等政治精英们在一场场舞会和谈判之间重新划分了欧洲版图，恢复了王朝秩序，建立起了均势原则，后者被认为给欧洲带来了百年和平。1919年，美国总统威尔逊、法国总理克莱蒙梭、英国外相劳合·乔治等政治明星们在凡尔赛宫里进行了闭门谈判，谈判达成的对战败国苛刻的战后赔款被认为是导致二十年后第二次世界大战爆发的主要原因。

国际谈判对我们所处的世界有如此重要的影响，但令人惊讶的是，谈判当事人往往习焉不察。这就好比人类来到了通往未来的迷宫门口，谈判者们受命选择一把开启命运之门的钥匙，但他们未能站到人类命运共同体的高度，为人类选择一条通往和平与繁荣之路，而是像一群自私、任性、虚荣的坏孩子，只听凭一己之好恶，争先恐后地抢到一把自己偏爱的钥匙，不管不顾地开启那扇通往仇恨、厮杀、屠戮的命运之门。当今世界面临百年未有之大变局，以中国为代表的新兴发展

[①] 1655年出任教皇，史称亚历山大七世，罗马教会史上最开明的教皇之一。

中国家和以美国为代表的发达资本主义国家在世界政治治理模式、世界经济发展理念以及人类未来的愿景上均产生了严重分歧，世界面临着分裂乃至战争的风险。通过国际谈判管控分歧达成共识，对于人类社会的持续稳定与和平意义重大。

第一节 谈判的要素

《韦伯英语百科辞典》把谈判定义为"为达成某种协议或者商业条款而和其他方进行的交易"或者"通过讨论达成某种安排"。[①] 美国谈判学会会长、著名律师杰勒德·I.尼尔伦伯格（Gerard I. Nierenberg）在《谈判的艺术》一书中阐明："只要人们为了改变相互关系而交换观点，只要人们是为了取得一致而磋商协议，他们就是在进行谈判。"[②] 美国西北大学汤普森教授将谈判定义为"通过人际间沟通进行决策的过程"。[③]

根据以上定义，广义的谈判存在于内政外交的各个领域，如主体为国家的外交谈判（International Negotiation），主体为公司的商务谈判（Business Negotiation），主体为企业主和工会的劳资谈判（Collective Negotiation），主体为自然人和法人的民事谈判（Civil Negotiation）。在所有这些领域中，外交与谈判的亲缘性最强，外交的本质就是谈判。至少外交是这样被定义的。

著名的外交学家哈罗德·尼科尔森（Harold Nicolson）对外交的定义是"通过谈判管理国家之间的关系"；[④]《韦伯英语百科辞典》中外交

[①] *Webster's Encyclopedic Unabridged Dictionary of the English Language* (Ohio: Gramercy Books, 1996), p. 957.

[②] 杰勒德·I.尼尔伦伯格：《谈判的艺术》，曹景行、陆廷译，上海翻译出版公司，1986，第2页。

[③] 利·汤普森：《汤普森谈判学》，赵欣、陆华强译，中国人民大学出版社，2009，第3页。

[④] Harold Nicolson, *Diplomacy* (Oxford: Oxford University Press, 1942), p. 15.

的词条下有三个解释:"(1)政府官员的谈判行为以及其他维护国家间关系的行为;(2)进行这些谈判的艺术和科学;(3)管理谈判和处理人际关系的技巧以减少或者消除彼此的恶意。"[1] 这三个解释的核心词都是谈判。《韦伯大学词典》也有类似的表述:"外交就是进行国家间谈判的艺术和实践。"[2] 从以上对外交的经典定义可见,外交本身就是谈判。因此,研究谈判而不深入外交领域,不可得谈判之精髓;研究外交而不深入谈判领域,同样不可得外交之要义。

本书研究的就是国际关系和外交领域的国际谈判。本书定义的国际谈判指在某个具体的议题上有直接利益的相关国家,通过沟通,作出妥协达成了关于该议题的解决方案的过程。狭义的谈判包括以下六大基本要素:主体、议题、利益、沟通、妥协和协议。

一、主体

谈判发生的前提是必须具备两个或者多个谈判主体,每个谈判主体代表不同的利益诉求。自然人、法人或者其他形式的人类群体都是潜在的谈判主体,但并不必然成为谈判主体。只有当个人表达权利意志的自由得到法律和制度的保障时,他们作为谈判者的主体性才有机会被唤起。比如希腊城邦中的奴隶是自然人,但他们的权利意志被奴隶主阉割了,他们没有可能成为谈判主体,向奴隶主声索自己的权利。再如殖民地人民也不可能成为与殖民者就原材料价格进行谈判的主体,他们偶尔升腾出来的权利意志遭到殖民者无情的碾压,继而会在挫败中逐渐失去主体性。所以,谈判是现代社会一个个自由人或者一群群自由人之间的游戏。

---

[1] *Webster's Encyclopedic Unabridged Dictionary of the English Language* (Ohio: Gramercy Books, 1996), p. 406.

[2] *Merriam-Webster's collegiate dictionary*, 10th ed. (Merriam-Webster, Incorporated, 1995), p. 327.

在现代社会中，各国宪法赋予了公民表达权益的自由，在这个意义上，所有公民都具备了谈判主体资格，但这一资格需要靠谈判意愿来激活。所谓谈判意愿，就是当事主体意识到自己的利益与其他主体的利益发生冲突时，希望通过与对方的沟通，控制分歧，解决冲突；或者是当事主体意识到自己可以通过与其他主体的合作增进彼此的利益时，愿意发起与对方的沟通，寻求一种彼此能够接受的方式和方法开展合作。

在社会生活中，即使有了法律和制度的保障，公民仍然缺乏谈判意愿，一般有两种表现：第一，弱势方没有谈判意愿。他们发现自己利益受到了侵犯，但害怕谈判会引发冲突，破坏了现有的"和谐"，便自动放弃了对权利的主张，任凭事情朝着不利于自己一方的方向发展，默默接受不公正的结果。第二，强势方没有谈判意愿。他们在自己利益与其他主体的利益发生冲突时，更愿意凭借占有优势地位的权力甚至暴力，单方面强制性地对利益进行有利于己方的分配。这两种情况相辅相成，共同破坏了谈判机制需要的平等协商精神，延迟了甚至加剧了分歧和冲突的发展。因此，任何谈判的发生，首先是要具备有权利意识的谈判主体，此为谈判第一要素。

有了谈判意愿后，谈判主体可以委托专业谈判者代表其进行谈判。所以谈判主体未必是坐在谈判桌上的人，前者可以委托后者代替其进行谈判，此时前者是委托人，后者是代理人。例如，夫妻协议离婚时，当事人需要就孩子抚养权、家庭财产分割等议题进行谈判，此时夫妻双方是谈判主体，但他们通常请专业律师代为进行谈判，此时律师是代理人，离婚当事人是委托人，也就是此次谈判的利益主体。又如，中国外经贸部（商务部）首席谈判代表龙永图与美国贸易谈判代表巴尔舍夫斯基分别代表中国政府和美国政府进行中国加入世贸组织的谈判，在这个谈判中，谈判的利益主体亦即委托人分别是中国政府和美国政府，而龙永图和巴尔舍夫斯基只是两国政府在这场谈判中的代理人。巴尔舍夫斯基结束美国贸易谈判代表任职后，出任了美国运通公司（American Express Company）和英特尔公司（Intel Corporation）的公司董事。如果巴尔舍夫斯基代表这些公司进行国际谈判，此时她仍是代理人，谈判的利益主体或委托人则是运通公司和英特尔公司。

二、议题

所有的谈判都因一个具体的问题而起，因此谈判的议题是具体而明确的。议题既不同于辩题也不同于话题，它是一个个非常具体的、有待解决的问题。

辩题往往是一个论断。美国全国公共广播电台旗下有一个著名的辩论栏目"智能平方"（Intelligent^2 Debates）。节目每期选择当时公共舆论里比较热门的话题，组织正反两方进行辩论。

2020年6月的12个辩题为：

（1）民族主义是向善之力（Nationalism Is a Force for Good）；

（2）新冠病毒会重塑一个对中国有利的世界秩序（Coronavirus Will Reshape the World Order in China's Favor）；

（3）选举人团制度已过时无用（The Electoral College Has Outlived Its Usefulness）；

（4）全球金融系统比2008年时更能应对传染病的挑战（The Global Financial System Was Better Prepared for the Pandemic Than 2008）；

（5）《国防生产法案》未获充分运用（The Defense Production Act Is Being Underutilized）；

（6）对伊朗极限施压策略正在起作用（The Maximum Pressure Campaign Against Iran Is Working）；

（7）反犹太复国主义是一种新的反犹主义（Anti-Zionism Is

the New Anti-Semitism）；

（8）两党制有利于民主制度（Two Cheers for Two Parties）；

（9）扩大核能刻不容缓（It's Time to Expand Nuclear Power）；

（10）资本主义是上帝的福佑（Capitalism Is a Blessing）；

（11）后天的教育被高估（Parenting Is Overrated）；

（12）欧洲已向美国科技公司宣战（Europe Has Declared War on American Tech Companies）。①

梳理这12个辩题，能发现它们的共同特点：第一，辩题是一句完整的判断，是观点的表达；第二，辩题往往是涉及公众利益的大话题；第三，辩论后相关政策何去何从辩论人是没有决定权的。也就是说，辩题只关乎说清楚道理，不关乎解决问题。

会谈的话题则往往比较宽泛，并不是亟待解决的具体问题，而且谈话者不一定是话题的直接攸关方。例如，"双方在友好亲切的气氛中就双边关系和共同关心的国际和地区问题交换了意见"，此处的双边关系和共同关心的国际和地区问题都过于宽泛，且不一定是直接攸关方。又如，2023年6月17日，俄罗斯总统普京在圣彼得堡与南非总统拉马福萨举行会谈，双方就金砖国家发展、乌克兰危机等话题进行沟通时，两国领导人谈话的话题仍然是宽泛的，并不寻求就金砖国家发展以及乌克兰危机的具体问题达成协议。

谈判的议题则有所不同，通常非常具体，而且与谈判主体的利益直接有关。以下是从哈佛大学谈判研究所创立人罗杰·费舍尔教授那本著名的谈判书《寸土必争——无需让步的说服艺术》中随机抽取的几个谈判议题：

---

① 辩题汇总自"智能平方"栏目网站，https://www.intelligencesquaredus.org。

（1）铜盘子的价格；

（2）美苏允许对方每年到自己境内有核试验的地区进行检查的次数；

（3）美国购买墨西哥天然气的价格；

（4）教科书中北爱尔兰的历史；

（5）棒球队队员的年薪；

（6）印度河河水的使用；

（7）石油公司给市政府交税的税额；

（8）深海海床采矿点的开发费。[①]

分析这些谈判议题，可以看出它们与辩题和话题的不同之处：第一，谈判议题是一个名词，不是一个表示判断的句子；第二，议题非常具体，一些具体到金额数目，一些是关于权益；第三，议题与谈判人的利益直接相关，并最终由谈判人自己而不是第三方决定如何解决议题上的利益分歧。

三、利益

谈判者坐上谈判桌皆为利益所驱使。用当代著名经济学家赫希曼的话说，"利益"这一概念在人类观念史上一经出现就引起了知识分子们"智力上的兴奋"。在此之前，人们只能用"欲望"和"理性"这两个范畴来分析人类行为动机。但前者被认为是有破坏性的，后者则是无效的。"利益"既摆脱了欲望的破坏性，也克服了理性的无效。而它"最可贵之处在于其可预见性和持久性"。[②] 如果利益是可预见的，那么谈判者追求利益的行为也是可预见的。这意味着无论各方的利益看

[①] 罗杰·费舍尔、威廉·尤里、布鲁斯·佩顿：《寸土必争——无需让步的说服艺术》，王燕、罗晰译，外语教学与研究出版社，2005，第3—60页。

[②] 阿尔伯特·赫希曼：《欲望与利益》，冯克利译，浙江大学出版社，2015，第39、44页。

上去是多么冲突互斥，但谈判者的行为逻辑是可预见的，即：寻找各方都可接受的办法以满足各方的利益需求，结束冲突，或者开启合作。其中，结束冲突和开启合作就是他们的共同利益。

毫无疑问，在谈判之始，谈判各方的利益是冲突的。仍以费舍尔书中的谈判议题为例，先来看看谈判方的利益是如何冲突的。

（1）铜盘子的价格：买方想以尽量低的价格购买铜盘子，卖方则希望以尽量高的价格卖出铜盘子；

（2）美苏允许对方每年到自己境内有核试验的地区进行检查的次数：苏联不希望对方干涉自己的核试验，提出每年3次，美国则坚持至少10次；

（3）美国购买墨西哥天然气的价格：美国想要以低廉的价格购得天然气，墨西哥想要卖个好价格，并且希望得到美国的尊重；

（4）教科书中北爱尔兰的历史：天主教学校和新教学校各持一种说法；

（5）棒球队队员的年薪：队员觉得自己表现出色，值得更高的年薪，老板不这么认为，只愿意给基本年薪，之后根据赛场表现再加奖金；

（6）印度河河水的使用：印度和巴基斯坦都主张使用河水修建水库进行灌溉的权利；

（7）石油公司给市政府交税的税额：市政府要将石油公司的税由100万美元提高到200万美元，石油公司只想按照原来的税额交；

（8）深海海床采矿点的开发费：印度等发展中国家提出每个采矿点应征收6000万美元的开发费，美国等发达国家反对。

那么为什么谈判者通常能够克服利益上的冲突最终达成协议呢？

道理很简单，是因为他们在利益分歧之外也有共同的利益，这个共同的利益就是都需要摆脱当前困局。当然各方对解决冲突、结束困局的迫切性的理解是不一样的。对持续当前困局所造成的支付成本比较敏感，或者对困局结束后的收益预期比较乐观的谈判者，会更有动力寻求解决方案；反之，则可能为谈判设置障碍。

以上8个议题中，谈判者既有冲突的利益，也有共同的利益。

（1）铜盘子的价格：买方要通过交易满足自己对铜盘子的使用和欣赏，卖方通过交易获得钱，可以用钱买其他改善其生活的产品和服务。他们的共同利益是交易达成将使生活变得更美好，心情变得更好。

（2）美苏允许对方每年到自己境内有核试验的地区进行检查的次数：达成协议后苏联可以继续进行核试验而不至于遭到美国的猜疑，美国则减少了因为未知而带来的焦虑和恐惧，他们的共同利益是安全风险降低，生存环境变好。

（3）美国购买墨西哥天然气的价格：如果达成了协议，美国获得了廉价天然气，墨西哥获得了钱以及和美国的良好关系，双方都能从交易中得到好处。但事与愿违，墨西哥觉得没有得到美国的尊重，宁愿烧掉天然气也不卖给美国，两败俱伤。

（4）教科书中北爱尔兰的历史：双方都需要一个没有争议的对历史的描述，以免造成天主教徒和新教徒之间的矛盾。

（5）棒球队队员的年薪：合适的年薪将会使球员场上表现得更好，吸引更多观众，老板亦能从中获利。

（6）印度河河水的使用：印度和巴基斯坦都能从印度河获得利益进行水利建设或农业生产，造福两国人民，而不是互相破坏甚至兵戎相见。

（7）石油公司给市政府交税的税额：政府获得足够的税收来

建设当地城市，健康发展的城市能够为石油公司提供基础设施和劳动力等方面的支持。

（8）深海海床采矿点的开发费：发展中国家和发达国家都能从大自然赐予人类的财富中获益。

以上不厌其烦地一一分析冲突利益下的共同利益，重在强调利益冲突很正常，但人类必须得有能力在利益冲突的情境下通过谈判发现共同利益，进而找到一个能满足各方利益的解决方案。这取决于谈判者的认知力和行动力。专业的谈判者利用每一次机会化干戈为玉帛，点石成金，实现双赢或多赢；反之，缺乏视野和胸襟又不善于具体实操的谈判者则令自己和他人长久深陷冲突和困顿中。

四、沟通

中文用"谈判"来对应英文中的"negotiation"，准确而精妙。谈判，即通过谈来判定利益的归属。"谈"是过程，是路径；"判"是结果。如果过程不顺畅，令人满意的结果又从何而来？因此，谈（在此处等同于"沟通""交流"）的技巧就非常重要。如果不具备相应的技巧，当我们开口谈判时，事情可能变得更糟，而不是更好。很多致力于谈判实践和研究的前辈都重视研究沟通技巧。2004年，外交学院前院长吴建民大使在大众传播学的基础上，结合中国外交的实际情况出版了《交流学十四讲》[①]一书，在中国首创了交流学学科。哈佛大学谈判研究所的团队则专门研究了谈判中的高难度谈话，帮助谈判者消除谈判中的沟通障碍，让他们在国际谈判中如鱼得水，轻松自如。[②]

谈判中的话语交流是双向的，这有别于演讲和新闻发布，后者的

[①] 吴建民主编《交流学十四讲》，浙江人民出版社，2004。
[②] 道格拉斯·斯通、布鲁斯·佩顿、希拉·汉：《高难度对话》，王甜甜译，中国城市出版社，2010。

语言交流是单向的，听众只能被动地倾听，参与的程度仅限于就已经听到的内容作简短发问，并不试图影响演讲者或者新闻发布者的观点。辩论虽然和谈判一样是双向交流，但辩论者并不需要解决具体问题，只以传达观念、思想来干扰对方，并以影响评委为主要目标，因此在语言特色上通常极尽夸张、华丽，多用比喻和排比等修辞手法，注重语音语调上的修饰，以营造现场氛围。谈判是以解决问题为目标的双向交流，在语言风格上与辩论完全不同。谈判时所使用的语言宜准确、简洁、清晰，避免造成对方的误解，从而给谈判带来障碍。

根据谈判时信息的释放程度，谈判中的沟通可分为显示沟通（explicit communication）和默式沟通（tacit communication）。这两个词汇来自诺贝尔经济学奖得主托马斯·谢林。他在其经典著作《冲突的战略》中区分了两种不同的谈判沟通模式：默式交流的谈判（tacit bargaining）和显示交流的谈判（explicit bargaining）。在默式交流模式下，双方的信息沟通不完全或者发出的是无效的信息，协议达成与否取决于谈判者的理性程度和默契协作程度。[①] 默式谈判下交流毕竟是含糊不清的，双方难以理解对方的真实需求，对于解决问题无所助益。而人类有着追求明朗、简单、公平的偏好，因此在非高度对抗的情境下，显示沟通更有适用性。在显示沟通中，双方的信息交流是比较充分的，可以公开地讨论任何话题，如成本、行情、前例、标准、收益，甚至动机和立场。

暴力沟通和非暴力沟通是另一组可以用来描述谈判中沟通特征的词汇。所谓暴力沟通指用威胁、恫吓，甚至侮辱性语言，对对方构成压迫和强制，迫使对方服从自己的意志，从而试图达到单方面对自己有利的单赢协议。非暴力沟通则指在沟通中不使用威胁、恐吓和侮辱性语言，不将自己的意志强加给对方，而是在坦诚交流的基础上努力

[①] 托马斯·谢林：《冲突的战略》，赵华等译，华夏出版社，2011，第47—69页。

找到满足各方需求的多赢解决方案。

"非暴力沟通"一词来自美国心理学家马歇尔·卢森堡，他创建了国际非暴力沟通中心，终身致力于研究和推广非暴力沟通。他发现的非暴力沟通模式同样适用于国际谈判。非暴力沟通模式的具体内容和方法，将在本书第六章进一步论述。通过这一沟通模式，谈判者更容易建立起理解和信任，从而获得更好的沟通效果。

国际谈判中沟通的难度比国内谈判大很多。国际谈判者来自不同的国家，其政治、经济制度和历史文化均有很大差别。由于政治体制变量和经济体系变量的不同组合，国家之间的制度模式大相径庭。如果缺乏相应的知识背景，将很难理解对方的谈判诉求、谈判行为，以及谈判结果在对方国内被接受的程度。

与制度差异相比，文化差异更是难以跨越的障碍。美国政治学者塞缪尔·亨廷顿认为冷战后的世界由八个主要文明构成：中华文明、印度文明、日本文明、伊斯兰文明、东正教文明、西方文明、拉丁美洲文明和非洲文明。[1] 英国历史学家阿诺德·J.汤因比拟定的人类文明名单里出现了33个文明。[2] 姑且不讨论以上关于文明的分类是否合理，但至少我们同意不同文明的社会形态是千差万别的，而且那些深嵌于社会生活中的大量繁杂如星辰般的具体行为方式，是以文化的方式代代相传的，隐秘、深入且绵长。这些文化特色对于该文化族群中的人如空气、水一般自然存在，合理且舒适，但在其他文化族群中的人看来可能是怪异的、难以理解的。国际谈判中对制度差异、文化差异的不理解而导致谈判节外生枝的情况多如牛毛。本书第六章将深入讨论如何提高跨文化谈判中的沟通能力。

---

[1] 塞缪尔·亨廷顿:《文明的冲突与世界秩序的重建》，周琪等译，新华出版社，2010，第24—26页。

[2] 阿诺德·J.汤因比:《历史研究》，刘北成等译，上海人民出版社，2009，第52页。

五、妥协

妥协是内化于谈判的，任何一场谈判的达成都伴随着妥协。不同的是，有的谈判中的妥协是单方作出的，有的谈判中的妥协是相互对等作出的。笔者读过一本谈判书，书名为《不妥协的谈判：哈佛大学经典谈判心理课》，[①] 初见书名时大感吃惊，因为这种表达违背了谈判的基本要旨。翻开书才知道，原书名是《谈不可谈之事：如何解决高度情绪化冲突》(Negotiating the Nonnegotiable: How to Resolve Your Most Emotionally Charged Conflicts)。译者或者编辑将书名改为与原作旨意完全不符的"不妥协的谈判"，大概是假设了在读者的认知中，不妥协是一种谈判者渴望获得的谈判能力，值得学习模仿。这是一种普遍存在的误解，尤其是非商业文化的社会中。

在非商业文化社会中，妥协不是一种政治学中略带褒义的词汇，甚至不是一个中性词，它象征着意志力薄弱，斗争不坚决。法国是革命文化盛行的国家，法国的思想家们就对妥协抱有戒心，他们将妥协视为对自己良知的背叛，[②] 因此毫不奇怪法国大革命的激烈程度要大大高于英国革命。基辛格也发现，"河内的那些冷酷无情和不能和解的领袖们只有在别无他法的情况下才会妥协"，越南停战谈判中越方的谈判代表黎德寿认为"拿让步做交易是不道德的行为"。[③] 妥协的反对者还可以举出类似《慕尼黑协定》的例子，来证明妥协会助长道德败坏者的恶。

然而纵观人类政治文明史，不难发现妥协是一种殊为难得的政治

[①] 丹尼尔·夏皮罗：《不妥协的谈判：哈佛大学经典谈判心理课》，赵磊译，中信出版社，2019。

[②] 阿林·弗莫雷斯科：《妥协：政治与哲学的历史》，启蒙编译所译，上海社会科学出版社，2016，第111—121页。

[③] 亨利·基辛格：《基辛格越战回忆录》，慕羽译，海南出版社，2009，第185、90页。

智慧。妥协不仅"导致了文明社会和政府的诞生",[①] 也是文明社会进化的重要润滑剂和营养液。作为人类历史上第一个确立起君主立宪政体的国家,英国探索出了一条通过和平妥协而非暴力斗争以实现权力有序转移的宪政道路。1215年英国国王约翰一世同意和贵族签订《大宪章》之后,英国开启了残暴的国王向贵族妥协、高傲的贵族向城市资产阶级妥协、势利的城市资产阶级向无产者妥协、傲慢的男性向女性妥协的漫长进程。[②] 其中,以1688年不流血的"光荣革命"最为世人熟知。正如高全喜教授评价的:"通过妥协精神而构建起来的一系列宪法性文件,成为英国政治的稳固基石,从而实现了人类政治文明的真正光荣。"[③]

李光耀是一位获得世界普遍赞誉的政治家,他被美国政治学者格雷厄姆·艾利森称为"战略家中的战略家,领导人中的领导人,导师中的导师"。[④] 是何种特质成就了他非凡的政治生涯?他是鲜有能够将东方政治智慧与西方政治智慧结合得恰到好处的领导人之一。早年求学英国的经历使得他深谙英国政治中的妥协之道。作为一个秉持"政治上不容讨价还价"[⑤] 理念的东方国家的领导人,他知道如何在时代潮流面前适度妥协。20世纪90年代初,随着苏联解体、东欧剧变,1990年李光耀辞去总理职务,以内阁资政身份继续影响新加坡政局。2011年,中东地区一些国家的领导人在中东变局中先后失势,新加坡大选中人民行动党获得建国以来最低得票率,李光耀适时辞去内阁中一切职务,正式引退。新加坡人民惋惜之余,评价其为"人退了,神还

---

① 阿林·弗莫雷斯科:《妥协:政治与哲学的历史》,启蒙编译所译,上海社会科学出版社,2016,第434页。
② 马克·莫里斯:《约翰王:背叛、暴政与〈大宪章〉之路》,康睿超、谢桥译,中信出版社,2017;甘米奇:《宪章运动史》,苏公俊译,商务印书馆,1979。
③ 高全喜:《英国宪政中的妥协原则》,《苏州大学学报(哲学社会科学版)》2017年第4期。
④ 李光耀口述,格雷厄姆·艾利森等编《李光耀论中国与世界》,蒋宗强译,中信出版社,2013,第v—xiv页。
⑤ 新加坡联合早报编《李光耀40年政论选》,现代出版社,1994,第200—208页。

在"。适度、适时的妥协让李光耀在那个年代的长期执政者中保留了尊严，以及人民对他的尊重。

对于国际谈判者来说，妥协不仅是一种价值层面的信念、一种认知层面的智慧，也是一种实践层面的具体操作技能。假设谈判议题上所涉及的利益是"1"，在谈判之初，双方都认为这个"1"应该完全属于自己，比如说日、韩都认为自己拥有独岛（日本称"竹岛"）100%的主权和开发权。然而这是不可能的。只有双方都作出让步，从自己主张的"1"的立场上退后，直到各自立场相加等于1时才可能解决争议，如一方0.4，另一方0.6；或者一方0.5，另一方0.5，总之无论哪种解决方案，各方最后所得必然少于最初主张的1。因此，妥协是谈判的题中应有之义，是由谈判结构复杂决定的。在一场谈判中，谈判者无须再纠结是否需要妥协，而是应该倾其心力思考何时妥协、妥协到何种程度，以及如何令对方也作出相应的妥协。

六、协议

谈判不一定都能达成协议，但所有谈判都以达成协议为目标。而且协议一旦签订，需要得到切实执行。签约、履约是谈判的最后一个环节。各国外交部门为了对国际条约进行管理，均成立相应部门。美国国务院政治军事事务局下设安全谈判与条约办公室（PM/SNA），其职能是协调、谈判和达成国际条约，通过这些条约加强美国的安全伙伴关系。[1]中国外交部设有条约法律司，调研外交工作中法律问题和国际法发展动向，承办国家对外缔结双边、多边条约和国际私法合作的有关事项，协调履行国际条约事宜，组织参与气候变化、环境条约的外交谈判。

专业的国际谈判者需要深刻理解履约对于维护稳定、健康的国家

---

[1] Office of Security Negotiations and Agreements (PM/SNA), U.S. Department of State, http://2009-2017.state.gov/t/pm/c17194/htm.

间关系的重要性。但在国际关系史中，条约或者协议签订以后得不到执行的情况也极为常见。1939年3月，纳粹德国撕毁半年前与英国、法国、意大利签订的《慕尼黑协定》，全面占领了捷克；1939年9月，纳粹德国撕毁1934年和波兰签订的《德波互不侵犯条约》，对波兰发动了侵略；1941年6月22日，纳粹德国又撕毁了两年前与苏联签署的《苏德互不侵犯条约》，发起巴巴罗萨计划行动，入侵苏联。[1] 2015年2月，由德国、俄罗斯、法国、乌克兰四方签订的新一版《明斯克协议》对危机之后的乌克兰内政外交作出一系列安排。但协议未能得到很好的执行。俄罗斯指责乌克兰向东部地区派遣大型武装部队，完全违反了《明斯克协议》的有关规定。与此同时，美国的乌克兰问题特使库尔特·沃尔克也指责俄罗斯没有认真采取措施执行停火，没有撤出重型武器和外国军队，没有解散非法武装。[2] 2019年12月9日，四国在巴黎举行"诺曼底模式"[3]峰会，敦促全面执行停火协议。条约协定得不到执行，实际上是宣告谈判失败，之前谈判中所做的一切努力皆付之东流。2022年1月22日，中国外交部发言人在记者会上指出："乌克兰问题演变至今，与新明斯克协议迟迟未能有效执行密切相关。"[4]

分析条约得不到执行的原因至少有以下三条：第一，与条约本身的非正义性有关。国际关系中弱势的一方，迫于形势和压力签订的不平等条约，有理由不予以执行。第二，签约者背信弃义所致。如二战

---

[1] 纳粹德国对谈判对手的傲慢和羞辱，对已签订的条约的轻慢和践踏，在夏伊勒的书中有详细描述。威廉·夏伊勒：《第三帝国的兴亡——纳粹德国史》，董乐山等译，世界知识出版社，1979，第499—828页。

[2] U.S. Department of State, "Live at State with Kurt Volker, Special Representative for Ukraine Negotiations," December 17, 2018, https://www.state.gov/liveatstate-with-kurt-volker-special-representative-for-ukraine-negotiations, 访问日期：2020年7月7日。

[3] 2014年6月，法国借纪念诺曼底70周年之际，邀请俄罗斯、德国、乌克兰在诺曼底就乌克兰局势进行磋商，并将之后在四国之间就乌克兰局势进行的会议都称为"诺曼底模式"。

[4] 王宾、董雪："外交部发言人就乌克兰局势回答记者提问"，人民网，http://world.people.com.cn/n1/2022/0222/c1002-32357412.html，访问日期：2023年7月30日。

期间纳粹德国先后单方面撕毁了与英法意签署的《慕尼黑条约》以及与苏联签署的《苏德互不侵犯条约》。背信毁约的行为与现实主义国际关系理论长期占主导地位有关。冷战结束后强调国际法和国际机制作用的自由制度主义和建构主义逐渐得到重视,这一时期,学界关于国际法和国际机制对国家政治的影响的研究明显增多,并评估了国家遵守国际条约的前提条件,[1] 这些成果有助于我们理解国家毁约行为发生的深层原因。第三,签约时技术性原因导致的。比如各方急于达成协议以显示成果,则会在有分歧的问题上只作原则性规定或者模糊化处理,这在当时的确促进了谈判协议的达成,但也留下后续的争端和分歧。

不遵守协议的后果是严重的。毁约意味着背叛,定会引起对方的极大愤怒,甚至招致祸端。1005年,宋辽签订澶渊之盟后两国修好百余年。1113年,辽国治下的金人起义。北宋蔡京、王黼等重臣为迎合宋徽宗收复幽云十六州的心意,主张背弃与辽国的盟约,联金灭辽,并于宣和二年(1120年)与金达成"海上之盟"。蔡京的主张遭到了左相郑居中的公开责备:"公为首台,国之元老。不守两国盟约辄造事端,诚非庙算……观真宗、仁宗意,不欲动兵,恐害生灵,坚守誓约至今一百七十年,四方无虞。今若导主上弃约复燕,恐天怒夷怨。"来宋的辽使更是当庭痛骂:"辽宋两国,和好百年,盟约誓书,字字俱在,尔能欺国,不能欺天。"后人也有观点认为背弃盟约的联金灭辽政策是北宋灭亡的主要原因之一。《金史》记载:"败契丹百年之好,使金寇侵陵,祸及中国。"[2] 也有学者不同意违约导致灭国的观点,但违约行为的确削弱了北宋的道德根基,破坏了宋与辽的信任基础,也使金产生了轻宋之意,更造成了朝廷内部的分裂。

---

[1] Beth A. Simons, "Compliance with International Agreements," *Annual Review of Political Science*, vol. 1 (June, 1998): 75–93.

[2] 何忠礼:《宋代政治史》,浙江大学出版社,2007,第259、258页。

以上笔者分析了谈判的六个要素：主体、议题、利益、沟通、妥协、协议。综合这六个要素，我们可以回答本节之初提出的问题：何谓谈判？谈判就是在某一个具体议题上有直接利益的主体，为了解决在该议题上的冲突而进行的，以签订协议为目的的互有妥协的沟通过程。

第二节 谈判的工具理性

德国社会学家马克斯·韦伯将理性划分为工具理性和价值理性，即社会理性二分法。韦伯认为社会行为由几种情况决定，其中，第一种情况是目的合乎理性，第二种情况是价值合乎理性。前者指权衡目的、手段和附带后果后发出的行为，后者指基于无条件地对固有价值如美、善、正义的纯粹信仰而发出的行为。[①] 目的合乎理性和价值合乎理性的二分后来演变成了在社会科学各学科中频繁出现的二分概念：工具理性和价值理性，比如"理性经济人"假设中的理性就是指工具理性。亚当·斯密所说的"使用价值"和"交换价值"，[②] 虽然字面上有"价值"的字眼，但都属于工具理性范畴。工具理性通常用于探讨实然问题，价值理性通常用于探讨应然问题。

谈判作为解决具体问题的一种行为，通常会被纳入工具理性的范畴。人们关心谈判到底有没有用，能不能解决问题，本书对此的回答是肯定的：谈判是一种性价比极高的解决问题的机制，它提供了全新的思路和系统性的解决问题的方法，而且成本相对较低。它的功用至少可概括为暴力止损、社会肌体修复、经济增益三大方面。

[①] 马克斯·韦伯：《经济与社会》，林荣远译，商务印书馆，2010，第56—57页。
[②] 亚当·斯密：《国民财富的性质和原因的研究》（上卷），郭大力、王亚南译，商务印书馆，1997，第25页。

一、暴力止损

除瘟疫、地震、海啸等来自大自然的灾害之外，对人类伤害最深的是人类之间互相采取的暴力行为，比如战争。1914年至1918年爆发的第一次世界大战造成的死亡人数高达8 528 831人，受伤人数为21 189 154人。[①] 第二次世界大战是人类历史上规模空前的战争，有80多个国家和地区、约20亿人口卷入其中。据不完全统计，仅亚洲战场，战争期间中国军民伤亡3500万人，直接经济损失1000多亿美元。[②] 苏联是中国之外在二战中死亡人数最多的国家，达到1800万之众，其中有1100万军人、700万平民。[③] 除沉重的生命代价外，经济上的成本也是难以承受的。美国花费在一战上的战争成本是260亿美元，战争持续期间年均成本占国内生产总值的20%；花费在二战上的战争成本为2880亿美元，战争持续期间年均成本占国内生产总值的31%。[④]

二战之后，世界性战争不再发生，但区域性战争频仍，所在战争地区的人民仍然承受着战争带来的巨大伤亡。来源于瑞典乌普萨拉大学冲突数据项目（UCDP）的资料显示，1946—1953年，地球上因为战争死亡的人数90%以上是发生在亚洲和大洋洲地区的战争造成的。1961年之后亚洲和大洋洲地区战争死亡人数又出现了迅速飙升，并于1972年之后迅速回落。这一变化情况与越南战场上战争与和平的进度正好吻合。20世纪70年代中后期到冷战结束时，亚洲地区的战争死亡人数有明显下降，但仍然居于全球榜首。这一时期，中东地区死于战

[①] John Graham Royde-Smith, "World War I 1914–1918," *Encyclopedia Britannica*, London, Sep. 10, 2020, https://www.britannica.com/event/World-War-I/Killed-wounded-and-missing.

[②] 《胡锦涛在纪念中国人民抗日战争暨世界反法西斯战争胜利60周年大会上的讲话》，中国新闻网，2005年9月3日，http://www.chinanews.com/news/2005/2005-09-03/8/620627.shtml。

[③] John Graham Royde-Smith, "World War II, 1939–1945," *Encyclopedia Britannica*, London, Sep. 10, 2020, https://www.britannica.com/event/World-War-II/Costs-of-the-war.

[④] 保罗·波斯特：《战争经济学》，卢州来译，中国人民大学出版社，2010，第11页。

争（两伊战争）的人数有了显著增加。冷战结束后，亚洲地区比较平稳，非洲和中东一度成为全球冲突最剧烈以及死亡人数最多的地区。[①]

除了战场上军人之间的厮杀，针对平民的种族屠杀应是对人类生命尊严践踏最严重的暴行。以20世纪为例，第二次世界大战期间纳粹德国和日本所犯下的种族屠杀行为创下了世界种族屠杀的历史之最。纳粹德国屠杀的犹太人近600万人，屠杀的苏军战俘达300万人。二战之后，死于种族屠杀的相对人数一直在下降，但绝对人数仍然是惊人的。1994年卢旺达大屠杀导致80多万人死亡。

恐怖主义袭击是冷战后世界范围内暴力导致死亡的另一种形式。根据全球恐怖主义数据库（Global Terrorism Database）的数据，2007—2017年，平均每年有21 000人死于恐怖主义袭击，最低时2010年约8000人，最高时2014年约4.4万人。具体到2017年，全球有26 445人死于恐怖主义，其中的95%发生在中东、非洲和南亚地区。在西欧，1970年至1998年因恐怖主义袭击死亡人数一度激增，最高时达到每年400人。[②] 这个数字相对于中东、非洲和南亚地区并不惊人，但发生在欧洲的恐怖主义活动媒体曝光度更高，使得其重要性和影响力均被放大。

当然，技术的进步正在改变战争的破坏性。相互确保摧毁的核威慑使得拥核国家的决策者在选择战争手段时更加隐忍和谨慎。MQ-9"收割者"无人机等现代战争装备的定点清除功能不仅减少了战争发起国军事人员的死亡，也大大降低了目标国人员的无辜死亡。战术手段的进步在深刻改变现代国家的战时战略规划的同时，也深刻改变了现代国家在和平时期的战略规划。斯德哥尔摩国际和平研究所提供的

[①] "The absolute number of war deaths is declining since 1945," *War and Peace after 1945*, https://ourworldindata.org/war-and-peace.

[②] Hannah Ritchie, Joe Hasell, Cameron Appel and Max Roser, "Terrorism," November 2019, Our World In Data, https://ourworldindata.org/terrorism.

数据显示，1960年以来，全球军费支出占GDP的百分比持续走低，从1960年的6.4%降到了2021年的2.2%[①]。但如表1-1所示，目前国防开支仍然是很多国家的重要支出之一。如果各国关于国家发展的目标和手段都能以和平谈判的方式而不是军事的方式解决问题，则有望减少国防开支，并将之转移到医疗卫生、教育等民生项目中，以增加人民的福祉。

表1-1　2017年主要国家的国防开支对比

排名	国家	国防开支占GDP比重	国防开支（亿美元）	医疗卫生开支占GDP比重	教育开支占GDP比重
1	沙特	10.20%	721	5.20%	5.10%（2008）
2	俄罗斯	4.20%	637	5.30%	3.50%（2017）
3	美国	3.30%	6626	17.10%	6.85%（2015）
4	印度	2.50%	646	3.53%	3.80%（2013）
5	韩国	2.40%	410	8.10%	5.30%（2015）
6	中国	1.90%	2385	5.20%	4.14%（2017）
7	法国	1.90%	527	11.30%	5.40%（2016）
8	英国	1.80%	494	9.60%	5.50%（2016）
9	德国	1.20%	453	11.20%	4.80%（2016）
10	日本	0.90%	465	10.90%	3.50%（2016）

资料来源：作者根据瑞典斯德哥尔摩国际和平研究所（SIPRI）、世界数据图谱分析平台（Knoema）、世界银行（World Bank）、美国中央情报局（CIA）、数据统计资源网（Statista）、我们的数据世界（Our World in Data）整理。

战争、种族屠杀、恐怖主义、军备都是人们无法以和平方式处理彼此利益分歧时选择或者威胁使用暴力的行为。谈判则是对这些暴力方式的替代。谈判所到之处，暴力终止，大规模死亡终止，巨大的战争支出终止。

[①] 世界银行/数据/指标/公共部门/军费开支（占GDP的百分比），https://data.worldbank.org.cn/indicator/MS.MIL.XPND.GD.ZS?end=2021&start=1960&view=chart。

二、社会肌体修复

社会是一个有机体，即使在组织相对健全、管理相对先进的发达社会，也会出现间歇性、局部性病变。这些病变需要得到及时的修复，以确保社会肌体的康复。社会肌体病变的初始症状就是社会中个体与个体之间、组织与组织之间矛盾的出现，而谈判就是解决社会矛盾、修复社会肌体的良方。

家庭是社会的基本单元，首先让我们来看看没有谈判意识和谈判意愿给家庭带来的破坏。

一个平日里看上去温馨和谐家庭中的丈夫对妻子说："我们离婚吧。"妻子感到惊讶，问道："为什么突然提出离婚，是我哪些地方做得不好吗？"丈夫说："我受够了，家里所有的一切都是你说了算，孩子上哪个学校，假期去哪里旅游，买哪家保险公司的保险，房子的装修风格，甚至我每天要穿哪件衬衣，都是你说了算。我过够了这样的日子。"妻子感到非常委屈，说道："你从来没有提出过异议，我以为你喜欢这样的安排。如果你告诉我你不喜欢，我可以改。"但一切为时已晚，一个家庭破裂了，丈夫、妻子、孩子都成了受害者。

该案例中丈夫采取的是典型的回避型矛盾处理方式。夫妻双方来自不同的原生家庭，性格、兴趣、爱好、人生追求各异，他们对未来的愿景、对家庭生活的组织方式、对孩子的教育持有不同观点，实在是再正常不过的事情。但出现了分歧，需要双方坦诚地交流，哪怕在提出问题、解决问题的过程中会发生争吵，也好过表面的和谐。但很多没有谈判意识和谈判能力的配偶会选择隐忍不发，直到忍无可忍则直接提出分手，这种破坏性做法会让家庭所有成员都被伤害。研究显示，青少年家庭环境亲密度是青少年自杀意念的保护因素；青少年的家庭组织性和家庭情感表达与降低自杀风险有关。[①]离婚这一行为的发生，有着复杂的社会性原因，但显然与当事人处理矛盾的方式和能力有关。建设性方式亦即谈判方式的引入，对于维护社会的基本单元——家庭的健康和和谐是颇为有益的。

家庭如此，社会亦如此。一个善于通过谈判解决矛盾的社会，将保持持久的和谐和繁荣，反之，则会陷入周期性混乱。马克思在1872年曾作出资产阶级必然要被无产阶级消灭的预言，但这一前景迄今未在资本主义国家出现，其根本原因就在于集体谈判（也称劳资谈判）这一解决劳资矛盾的机制的出现，它避免了劳资矛盾的恶化和资本主义社会的系统性溃败。在集体谈判机制下，工会有权代表劳工阶层和雇主即资方就工资待遇和劳动条件等进行谈判。由于宪法保障工人的罢工权利，工会往往以罢工作为谈判筹码，迫使资方作出理性让步。而且，国际社会通过立法确保了政府在劳资谈判中的第三方角色是有利于处于弱势的劳工阶层的。1976年，国际劳工组织通过了《三方协商促进实施国际劳工标准公约》和《国际劳工组织活动三方协商建议书》，主张政府应一视同仁地把工人和雇主都看作发展经济的主要力量，在调整劳动关系时，应当吸收他们双方以平等的地位参与协商和决策。[②]

之所以国际劳工组织要强调政府在劳资双方之间的中立位置，是因为历史上在很多国家出现过政府站在资方立场压制劳工阶层的情况。如英国议会1799年通过了《禁止结社法》，宣布组织工会为非法。[③]如此，在没有工会进行组织的情况下，处在分散状态的劳工阶层，无法

[①] 从恩朝等：《青少年自杀意念与家庭环境和心理弹性之间的关联研究》，《中国当代儿科杂志》2019年5月，第479—484页。

[②] 程延园：《集体谈判制度研究》，中国人民大学出版社，2004，第52页。

[③] 同上，第58页。

凝聚起力量，无法发出统一的声音。政府禁止组织工会，实际上是剥夺了劳工手中最有力的谈判筹码，使劳资谈判名存实亡。劳资谈判作为调节劳资矛盾的一个机制如果不能起到作用，劳资领域的社会风险就不能得到及时排除。

除了劳资领域，政府的税收、福利、住房、医疗等关系到民生的政策领域的矛盾如果不能通过谈判得到及时解决，也会导致社会剧烈动荡。2020年9月12日，在新冠疫情尚未得到控制的法国巴黎，黄马甲运动强势回归。由于政府和人民无法就燃油税、最低工资标准、社会普摊税等关系到民生问题的政策达成一致，这场始于2018年11月的运动持续了将近两年，给巴黎乃至全法国的城市管理、旅游经济、市民生活均带来诸多损失。社会抗议运动的爆发与社会矛盾集聚到一定程度得不到解决有关，是社会治理体系出现问题的一个强烈信号。如果能够得到政府足够的重视，偶尔爆发运动对于社会的健康发展反而是有帮助的。上述运动发生后，法国政府对民众的诉求有所回应，作出了适度妥协，比如法国政府，不仅在电视节目中与示威者进行对话、倾听其诉求、解释政府的政策，还组织全国范围内的辩论，探讨气候、税收等问题。最终，法国政府顺应民意暂缓上调燃油税，适当减免了税收。

在中国历史上，也多次出现"治乱循环"，即黄炎培所提出的"其兴也勃焉，其亡也忽焉"的历史周期律。揆诸历史，我们发现在从治到乱的关键节点上，政府和民众都未能通过谈判找到一个使双方均感满意的解决方案。一方面，强势统治者拒绝妥协，而是开动国家机器对人民进行暴力镇压；另一方面，处于弱势的民众也缺乏用理性手段维护权利的意识和能力，要么在沉默中忍耐，要么就在忍无可忍之时掀起暴力革命，推倒重来。

社会的累积式进步需要全体公民谈判意识和谈判能力的提高。谈判者就像工程师，他们能够第一时间发现社会这台大机器在运转过程中出现的系统性障碍，他们邀请有关方共同诊断问题，共同解决问题，直到系统性障碍被拆除，社会大机器继续照常运转。社会生活中每一个谈判协议的达成，都可视为给社会机制正在出现的漏洞（bug）打的一个补丁，补丁打得越及时，社会损失就越小。

三、经济增益

如前所述，成功的停战谈判能够终止战争对人类生命和财产的大规模破坏，成功的裁军谈判能够有效减少国民财富中的军备支出，成功的民事谈判、劳资谈判、政府和民众之间的谈判能够及时解决社会冲突，减少社会因为内耗而支付的成本。以上谈判的功能都是制止和减少损失，而经济贸易类谈判的功能是增加社会财富。

中国加入世界贸易组织（以下简称：世贸组织）的谈判成功之后，中国社会发生的变化是通过谈判实现国家经济和社会财富快速增长的最好例子。

加入世贸组织之后，中国积极践行自由贸易规则，全面履行相关承诺，充分利用全球市场，实现互利共赢，迅速取得了贸易大国的地位，实现了贸易总额和贸易顺差的大幅增加。根据世贸组织2011年发布的国际贸易统计，2010年中国取代欧盟成为通信设备和纺织品出口第一大国。[1] 根据世贸组织2013年发布的国际贸易统计，2012年中国成为世界第一大商品出口国，出口量占世界的11.4%。[2] 贸易大国地位反映在数字上，则是中国的进出口贸易总额从2001年的5097亿美元，迅速增长到2019年的46 559亿美元（见图1-1），增长了9倍。根据国家统计局2001—2019年进出口数据统计出的贸易顺差（见图1-2）显示，

---

[1] International Trade Statistics 2011, World Trade Organization, https://www.wto.org/english/res_e/statis_e/its2011_e/its11_highlights1_e.pdf.

[2] International Trade Statistics 2013, World Trade Organization, https://www.wto.org/english/res_e/statis_e/its2013_e/its13_highlights1_e.pdf.

2001年以来中国对外贸易一直处于顺差状态，且顺差额度在2005年之后显著增加，在2015年一度接近6000亿美元。而根据亚当·斯密的经济理论，重商主义的目标就是通过有利的贸易差额，使国家致富。[①]

以强劲的贸易增长为牵引力，2001年加入世贸组织后，中国的GDP总量和人均GDP同步获得了快速增长，且明显快于加入世贸组织之前（见图1–3）。2001年之前的10年，中国的GDP从1990年的3609亿美元增加到2000年的12 113亿美元，其间增加了8504亿美元；加入世贸组织后的第一个10年里，中国的GDP总量从2000年的12 113亿美元增加到2010年的60 872亿美元，其间增加了48 759亿美元。

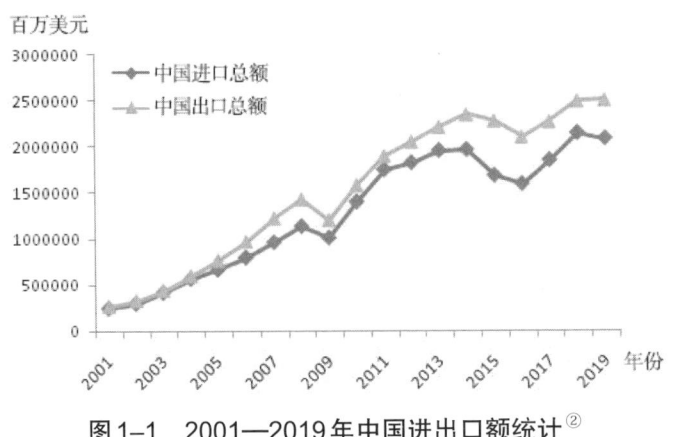

图1-1　2001—2019年中国进出口额统计[②]

数据来源：国家统计局国家数据。

[①] 亚当·斯密：《国民财富的性质和原因的研究》（下卷），郭大力、王亚南译，商务印书馆，1997，第210页。

[②] 图1–1、图1–2、图1–3、图1–7是外交学院硕士研究生蒋碧洋根据世界银行公开数据、国家统计局国家数据绘制；图1–4、图1–5、图1–6、图1–8是外交学院硕士研究生刘笑彤根据世界贸易组织数据、联合国贸易数据、中国海关统计年鉴绘制。

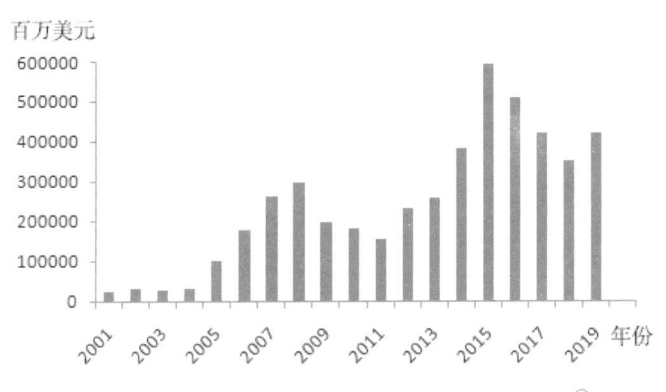

图 1-2　2001—2019 年中国进出口顺差统计[①]

数据来源：国家统计局国家数据。

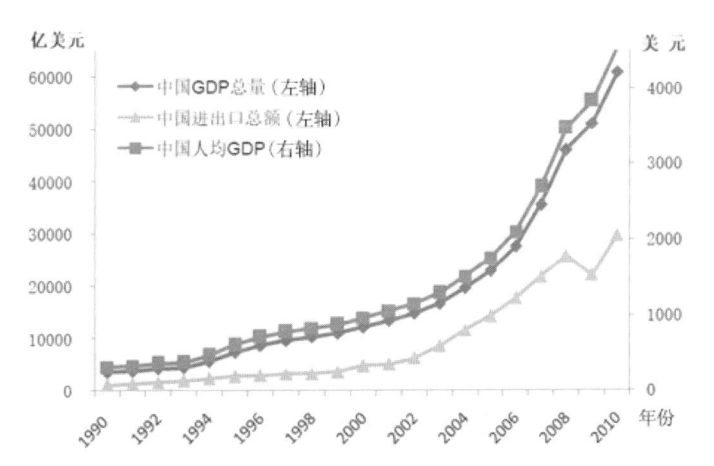

图 1-3　1990—2010 年中国 GDP 总量、人均 GDP 及进出口总额统计

数据来源：世界银行公开数据。

中国通过谈判加入世界贸易组织，不仅使中国从中受益，亚太地区和全世界亦同时从这一谈判结果中受益。从区域贸易来看，图 1-4、图 1-5、图 1-6 显示，2001 年之前中国与东盟、日本、韩国的双边贸易与东盟、日本、韩国各自的贸易总额之间并不呈现同步性。如 2000 年，中国和东盟贸易略有增长，但东盟贸易总额陡然上升，显然这一增长

---

① 统计方法：年度出口额度减上年度进口额度。

与中国相关性不大。20世纪90年代后半期,日本、韩国的贸易总额的变化趋势与该两国与中国双边贸易额的变化趋势也存在明显的不一致。这种情况同样说明,2001年之前与中国的贸易在日韩两国的贸易结构中不占重要位置。与此形成对比的是,2001年中国加入世贸组织之后,中国与东盟、日本、韩国的双边贸易额与这些地区和国家的贸易总额之间存在明显的同步性。换言之,中国加入世贸组织,给亚太地区的贸易注入了活力,刺激了该地区的经济增长。

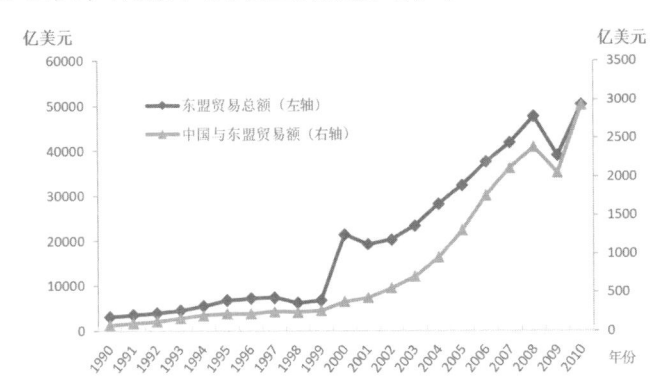

图1-4 1990—2010年东盟贸易总额与中国-东盟双边贸易额

数据来源:世贸组织数据、联合国贸易数据。

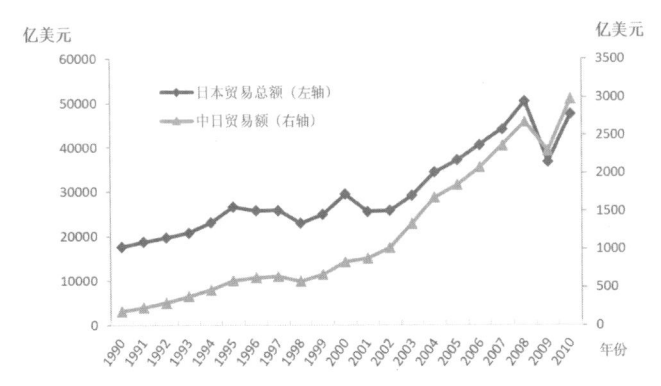

图1-5 1990—2010年日本贸易总额与中日双边贸易额

数据来源:世贸组织数据、联合国贸易数据。

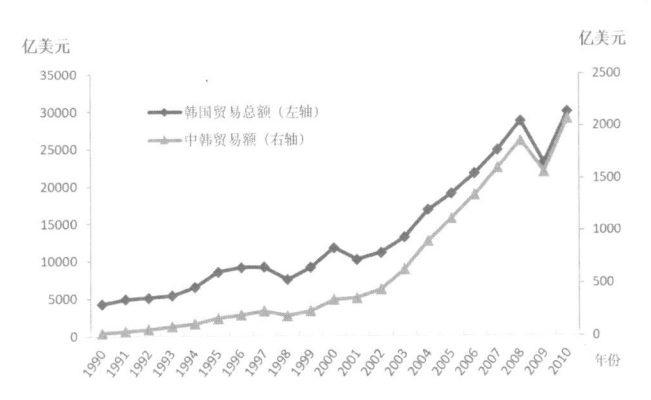

图1-6　1990—2010年韩国贸易总额与中韩双边贸易额

数据来源：世贸组织数据、联合国贸易数据。

从全球贸易来看，中国加入世贸组织给亚太区域外国家带来的正面影响也是显而易见的。如图1-7所示，2001年之后全球贸易总额与中国进出口贸易总额之间存在明显的同步性。图1-8显示2001年之前，美国贸易总额增长的幅度大于中美贸易额增长的幅度，但2001年之后，两者之间的同步性更加明显。中欧贸易的情况略有不同，虽然数据也呈现出了2001年以后欧盟贸易总额增长与欧盟对华贸易额增长之间的同步性，但2006—2010年欧盟贸易总额增长斜率低于欧盟对华贸易额增长斜率，说明中国在欧盟贸易结构中份额在降低。

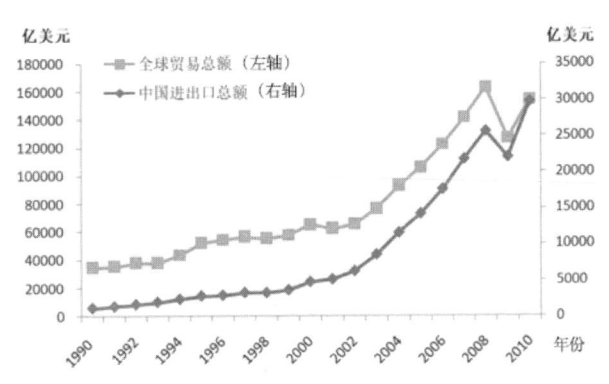

图1-7　1990—2010年中国进出口贸易总额与全球贸易总额统计

数据来源：世贸银行公开数据。

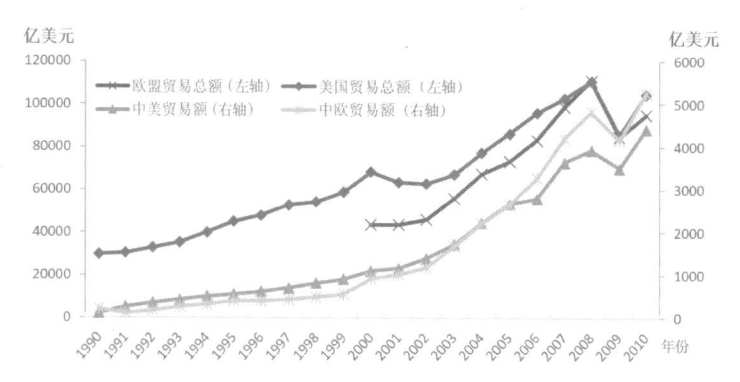

图1-8　1990—2010年美国、欧盟贸易总额及中美、中欧双边贸易额

数据来源：世贸组织数据、联合国贸易数据、中国海关统计年鉴。

以上图表和数据均显示，总体而言，2001年以来，中国的进出口贸易开始快速增长，这一增长不仅改变了中国的宏观经济、国民财富、社会就业以及与此相关的社会发展，还对区域乃至全球的经济和贸易产生了重要影响。这一意义重大的贸易谈判早在1986年就开始了，却迟至2001年才达成协议，耗费了整整15年。其中通常只须1—2个月就能谈成的市场经济地位问题也足足用了6年，使得贸易谈判所带来的巨大经济效用延迟了若干年才显现。

贸易谈判通常不仅包括建立贸易关系的谈判，如加入世贸组织谈判、自贸区谈判，也包括处理贸易纠纷的谈判，如2018年2月开始的中美贸易谈判。如果贸易冲突处理不及时，则会使国际贸易带来的收益难以为继。2020年1月15日，中美双方在华盛顿签署《中华人民共和国政府和美利坚合众国政府经济贸易协议》，协议就知识产权、技术转让、食品和农产品贸易、金融服务、汇率和透明度、扩大贸易、双边评估和争端解决等具体事项规定了双方的权利和义务。2020年8月25日，中国国务院副总理刘鹤与美国贸易谈判代表莱特希泽和财政部长姆努钦通话，双方同意创造条件和氛围，继续推动中美第一阶段经贸协议落实。正如该协议序言中所阐述的：两国认识到贸易增长和遵循国际规范以促进基于市场的成果,符合两国的利益;两国深信和谐发展、扩大全球贸易和促进更广泛国际合作将给两国带来益处;两国认识到以尽可能建设性的、快速的方式解决现有和未来的贸易与投资关切是可取的。①

以上从暴力止损、社会肌体修复、经济增益三个方面论证了谈判具备的工具理性特质,但谈判具有的价值理性的一面常常被忽视。实际上,谈判作为人类社会普遍存在的一种行为,既符合工具理性也符合价值理性,是两者的完美结合。

第三节 谈判的价值理性

谈判的价值理性指谈判承载的价值体系值得追求。虽然谈判是作为解决问题的工具而使用的,但用好这个工具,则需要谈判者"装载"一套相应的价值观念,比如和平、自由、平等、法治。这些价值观念都是我国倡导的社会主义核心价值观的组成部分,它们本身是值得追求的。如果把谈判比作一棵树,这棵树深扎的大地就是谈判者所处的社会,土壤里的营养素就是社会中的价值观。和平、自由、平等、法治等价值观就是谈判这棵大树得以成长的营养素,决定了谈判之树能否枝繁叶茂。

一、和平

因逐利而产生冲突是人类社会生活的常态。《自私的基因》一书的作者理查德·道金斯(Richard Dawkins)指出:"成功基因的一个突出特征就是其无情的自私性。"② 一方面,人类作为地球上进化最成功的

---

① 《中华人民共和国政府和美利坚合众国政府经济贸易协议》,https://www.gov.cn/guowuyuan/2020-01/16/5469650/files/0637e57d99ea4f968454206af8782dd7.pdf。

② 理查德·道金斯:《自私的基因》,卢允中等译,中信出版社,2018,第11章。

物种，其自私自利的本性是深植于基因的；另一方面，地球上的资源在绝对意义和相对意义上均是有限的，如此，人类的本性和地球的资源供应能力之间的结构性矛盾使得利益冲突成为必然，这一紧张状态并没有因为科技的进步得到缓解。但人们在社会生活中也是趋利避害的，如果不能改变利益冲突的产生，至少可以改变利益冲突的解决方式，后者直接关系到人类文明是进步还是倒退。

在第二次世界大战结束之前，人类解决利益冲突的主要方式是暴力。古希腊历史学家希罗多德所著的《历史》一书，记述了公元前6世纪至公元前5世纪波斯帝国和希腊诸城邦之间为了争夺领土和资源而进行的残酷战争。[1] 塔西佗的《历史》记述的则是公元69年罗马帝国初期的历史，掠夺、谋杀、蹂躏、死亡的主题贯穿始终。[2] 之后的世界历史亦可通过历次战争进行勾勒：伯罗奔尼撒战争、布匿战争、阿拉伯半岛统一战争、十字军东征、成吉思汗西征、英法百年战争、三十年战争、美国独立战争、拿破仑战争、第一次世界大战、第二次世界大战、朝鲜战争、越南战争、海湾战争、波黑战争、阿富汗战争……无论这些战争以何种名义进行，其原初动力都是赤裸裸的利益争夺。然而，战争带给人类的是巨大的苦难和痛楚。现代生化武器和原子武器的应用使得战争的破坏性和残酷性呈几何级数增长。人类在用自己的残暴行为剥夺人类自己的生命尊严。对于中国人来说，关于战争的恐怖回忆莫过于南京大屠杀。张纯如用大量历史材料记述了日本侵略者占领南京后的六个星期里对中国人实施的暴行，……[3] 其残忍程度令人不忍卒读，无法复述。而且，战争的消极影响在战争结束后相当长的时

---

[1] 希罗多德:《历史》(上、下)，王以铸译，商务印书馆，1959。
[2] 塔西佗:《历史》，王以铸、崔妙因译，商务印书馆，1981。
[3] 张纯如:《被遗忘的大屠杀》，杨夏鸣译，东方出版社，2007，第101—128页。

间内都难以消退，它们像梦魇一样折磨着人类敏感而脆弱的心灵。[①]伴随这一残酷历史进程的，是人类的群体性反思。和平主义，作为暴力的对立物，逐渐汇入了人类文明的主流。

和平主义首先是一种社会中流行的学说和思潮。德国哲学家康德在1795年写成的名著《论永久和平》中把道德法则、法治原则和制度原则用于国家关系中，试图通过建立共和制国家、在共和制国家间缔结条约来建立永久的和平。[②]1815年，第一个和平主义组织——纽约和平协会（New York Peace Society）在美国纽约成立；1848年，第一次和平主义者大会在比利时布鲁塞尔举行；1867年，法国作家雨果和意大利民族统一运动领袖加里波第等人在日内瓦成立了和平和自由同盟（League of Peace and Freedom）。这些跨越时间和国别成立的民间组织都有着共同的使命：传播反战思想以及倡导、宣传和平主义。

二战以后，和平主义进一步从学说和思想倡导发展为制度设计和政治实践。1947年，二战战败国之一的日本通过了《和平宪法》，其中第九款规定"放弃发动战争的权利"。1951年，被称为"欧洲之父"的法国政治家让·莫内（Jean Monnet）提出煤钢联营的天才设想，将法国、德国等六国的战争资源煤和钢进行统一管理，从而避免了历史上反复出现的因为争夺煤钢矿脉三角地带而产生的冲突，消除了战争瘟疫的物质性基础，使两国进入和平时代。[③]今天在煤钢联营的基础上，建成了由27个成员组成的欧洲联盟。这片曾经备受战争摧残的古老土地上终于实现了普遍的和平。2022年全球和平指数显示，全世界最和

---

① 张纯如在写作过程中大量接触侵华日军实施暴力的材料，一度患上抑郁症。在写作日本虐待菲律宾战俘的过程中抑郁症复发，2004年自杀。参见张盈盈：《张纯如：无法忘却历史的女子》，中信出版社，2012。

② 伊曼努尔·康德：《论永久和平》，何兆武译，上海世纪出版社，2005。

③ 让·莫内：《欧洲第一公民：莫内回忆录》，孙慧双译，成都出版社，1993，第337—338页。

平的国家前20位中有15个是欧洲国家。[①]

成立联合国则是二战后国际社会最普遍的和平主义实践之一。《联合国宪章》开宗明义地提到其宗旨就是"维持国际和平及安全；并为此目的，采取有效集体办法，以防止且消除对于和平之威胁，制止侵略行为或其他和平之破坏；并以和平方法且依正义及国际法之原则，调整或解决足以破坏和平之国际争端或情势"。[②]

二战后，全球经济一体化加速，各国之间经济和社会生活联系日益紧密，通过战争手段解决国家间利益冲突这一传统路径不再是理性的选择。和平在全球成为深入人心的价值理念，各国外交政策均以维护世界和平为目标，这一空前的和谐景象与人类经济和商业活动的全球化密切相关。人类在早期的盐铁贸易中开始走出熟人社会，和远方的陌生人产生交往和互动，并在互动中逐渐学会了建立起一种互利的和平关系。对于那些仍然试图通过发动战争以追逐国家利益的野心家，资本主义和平论者诺曼·安吉尔在1910年出版的《大幻觉》一书中提出了警告：以为战争可以为战胜国带来经济效益是一种错误的幻觉，战争是徒劳无益的，因为一国的政治疆域同经济活动的地理疆域并不吻合。[③]二战后，全球化加速发展，跨国公司在高额利润驱使下在全球进行投资和贸易，民族国家的国家利益跨越国界限制，深嵌在全球每个角落，一种你中有我、我中有你的"复合相互依赖"的状态在全球形成，使得采用战争手段解决利益分歧这一传统选项的成本在增加，收益在减少。

二战以来的政治民主化潮流同样在客观上促进了人类和平事业的

[①] Institute for Economics & Peace, *Global Peace Index 2022: Measuring Peace in a Complex World*, Sydney, June 2022.

[②] 《联合国宪章》第一章第一条，https://www.un.org/zh/sections/un-charter/chapter-i/index.html。

[③] Norman Angell, *The Great Illusion: A Study of the Relation of Military Power in Nations to Their Economic and Social Advantage*, (the Knickerbocker Press, 1910).

发展。民主选举制度的普及使得各国政治家在发动对外战争时，将不得不冒着国内政治选举失败的风险。战争的直接受害者是普通民众，他们不仅要为战争缴纳更多的税赋，而且可能付出生命的代价。如果民主政治赋权民众表达其对战争的态度，选民的和平偏好就会通过选票影响国家的外交政策选择。美国结束越南战争很大程度上是迫于"河内简·方达"[①]、唐·路斯（Don Luce）、"芝加哥七君子"、艾莉森·克劳斯（Allison Krause）等普通美国公民的和平意愿造成的压力所致。英国前首相布莱尔2007年提前离职，与其追随美国参加伊拉克战争导致政治信誉受损直接相关。他说："我把这个国家带进了一场与一个不得人心的美国共和党人总统共同进行的不得人心的战争中。这场战争给了工党一个机会：是否可以仅仅牺牲一个包袱（指他自己），而让戈登当领袖，从而重建我们的党？"[②]和平理念深入人心的时代，民选政治家都会为其非和平政策主张付出代价。

既然人类的利益冲突是永恒的，而暴力解决冲突的方式已经从道义上和基于性价比的利益权衡上均被质疑，那么具有和平属性的谈判就来到了解决冲突的舞台中央。这也就解释了为什么谈判学迟至二战后才在美国和欧洲兴起，为什么二战后谈判成为东西方政治家普遍秉持的信念。美国前总统约翰·肯尼迪说："我们的和平战略不是一个由强制执行战争的美国武器推行的美式和平，相反，它必须建立在谈判之上。"坚强的共产主义战士、苏联部长会议主席马林科夫也曾表达过对和平谈判的信念，他说："没有不能用和平方式解决的问题。"英国首相布莱尔显然也吸取了教训，他在回忆录中写道："我不相信以暴制暴。我回头审视：在阿富汗，为了制止俄罗斯人，我们如何以控制局势之

[①] 美国著名女演员简·方达是越战时的积极反战者。1972年，她访问河内并在河内电台发表讲话，反思战争。其访问河内的行为在美国备受争议，被称为"河内简·方达"。参见简·方达：《简·方达回忆录》，汪笑男等译，中信出版社，2006，第190页。

[②] 托尼·布莱尔：《旅程：布莱尔回忆录》，李永学等译，译林出版社，2011，第453、456页。

名，支持了以后成为塔利班的一群人；我们又是如何为了牵制伊朗而武装了萨达姆。在这两个例子中，这样的现实主义的后果就是制造出了新的、更危险的不稳定因素。"[①]

当然，对于谈判者而言，和平不能只是一个抽象的概念，而是可以操作的解决方案。追求免于战争和暴力的"消极和平"是不够的，他们的责任在于通过谈判这一机制，倡导建设性的、防御性的作为社会正义的"积极和平",[②] 让基于谈判的合作成为国际社会主流的思维方式和行为方式。

二、平等

言及谈判，读者眼前往往浮现如下画面：在一个铺满华丽地毯的会议室，中间摆放着长条形的谈判桌，谈判桌两边摆放着同样数量的椅子，椅子上坐着双方谈判代表，西装革履，互相对视；谈判桌上摆着两排名签，一一对应；桌子尽头两端分别插着代表两个国家或者两个组织的旗帜。整个谈判厅的布置达到了绝对的对称，即使强迫症患者也找不出任何可挑剔之处。谈判厅的绝对对称当然不是出于审美的需要，而是传达一种政治意涵：谈判各方具有平等的身份。

法国作家皮埃尔·勒鲁（Pierre Leroux）认为，平等已成为当今社会普遍接受的原则和信条，除此原则外，别无其他基础，尽管也会有个别丧失理智的人认为这种原则可以用暴力加以抹杀，用欺诈予以掩盖。[③] 然而在国际谈判中这样丧失理智的人不是勒鲁所说的个别，而是为数众多。在1919年巴黎和会上，法国以战胜国的优势地位促成赔款

[①] 托尼·布莱尔：《旅程：布莱尔回忆录》，李永学等译，译林出版社，2011，第327页。
[②] Johan Galtung, "Violence, Peace and Peace Research," *Journal of Peace Research*, no. 3, (1969): 183.
[③] 皮埃尔·勒鲁：《论平等》，王允道译，商务印书馆，1988，第19、25、67页。

委员会对德国作出了远超其支付能力的赔款要求,[①] 这是一种不平等。不平等对待弱势一方的直接后果是可能在弱者心里埋下了不满乃至仇恨的种子,这势必给未来的秩序和格局带来冲突和动荡。《凡尔赛和约》的主要炮制者之一法国总理克莱蒙梭当时已经有了不祥的预见。他说:"没错儿,这份条约会给我们带来负担、麻烦、痛苦、困难,而且会持续很长一段时间。"[②] 国际原子能机构前总干事巴拉迪也痛感国际政治中公平和正义的缺失,他自述在20多年的核安全工作中,曾不止一次在谈判中目睹公正和平等理念的缺失是如何扼杀那些最符合常理、最令人满意、最公正的解决方案的。[③]

谈判中强势一方如果能够关照弱者的艰难处境,情况就会完全不同。2016年11月24日,哥伦比亚总统桑托斯与国内最大反政府武装"哥伦比亚革命武装力量"领导人罗德里格·隆多尼奥·埃切韦里签署和平协议,结束了长期的武装冲突。当被问到哥伦比亚和平进程有什么特别之处时,桑托斯回答:"受害者被置于和平谈判进程最核心的位置,他们追求的真相、正义、获得补偿以及免于重蹈覆辙的神圣权利得到了承认,这在世界上是第一次。"[④] 在这个成功的谈判案例中,弱势方的身份和权益得到了平等的对待。

说服强者要对弱者平等相待绝非易事。强者精明、自负而傲慢,他们自有一套自洽的逻辑使自己在占据了更多资源和利益的情况下心安理得。他们相信自己更聪明、更努力,对社会财富的增加贡献更大,一切都是他们应得的回报。但正如托马斯·霍布斯所言:"自然使

[①] 凯恩斯对德国的支付能力及赔偿委员会职能的不公正性作了详细论述。参见约翰·梅纳德·凯恩斯:《和约的经济后果》,张军、贾晓屹译,华夏出版社,2008,第118—152页。

[②] 玛格丽特·麦克米伦:《缔造和平:1919巴黎和会及其开启的战后世界》,邓峰译,中信出版社,2018,序言Viii。

[③] 巴拉迪:《谎言与交锋:揭秘全球核较量的真实世界》,蒋宗强译,中信出版社,2011,第256页。

[④] Juan Manuel Santos, "Colombia, A Laboratory for History," *Journal of International Affairs*, 71, no. 1, (Fall/Winter 2017): 11–12.

人在身心两方面的能力都相等,有时某人的体力虽然比另一个人强,或是脑力比另一个人敏捷,但这一切加到一起,也不会使人与人之间的差别大到足以使这个人能要求获得人家不能像他一样要求的任何利益。"[1] 谈判主体之间可能在某些方面有强弱之分,但至少在谈判议题涉及的特定问题上,他们是有着同等决定权的。否则,他们不会出现在谈判桌的对面。

如何令一场谈判在平等之光照耀下达成令各方都满意的结果呢?首先,弱势一方需要有正确的理念和行动。理念上,弱势一方要自我强化平等权。弱势一方的"弱"是在实力结构意义上而言的,但在法理上,谈判桌前的弱者和强者是平等的,他们对当前谈判议题的未来安排有同等的发言权,即机会的平等。意识到这一点非常重要,这决定了弱者在谈判过程中能否理直气壮地索取他们应得的利益。很多弱势谈判者意识到自己的弱势地位时,会自动放弃争取自身权益,听凭强者的宰割和处置。其次,平等的谈判地位给了弱者对不义的强者说"不"的法理依据。弱势一方从道义上要求强悍者对自己平等以待意义不大,就像英国大使汉德逊问希特勒:如果波兰全权代表来到柏林,是否会受到"良好的接待",磋商是否能"在完全平等的基础上进行"?[2] 除了虚伪的承诺,他还能得到什么呢?弱势一方必然要从行动上去作出改变。弱势谈判者要提高专业水平,充分利用各种条件为自己争取一个相对公平的结果。诸多谈判案例证明,抛开弱者常有的紧张、焦虑和敏感心理,集中精力在谈判议题本身,充分利用谈判机制给予的同等决策权,影响对方,影响第三方,尽量争取一个对自己有利的解决方案是可行的。最后,弱小其实并不是谈判的障碍,慌乱、绝望、懦弱才是。在复杂且不利的情势带来的压力下轻易放弃平等决

---

[1] 霍布斯:《利维坦》,黎思复、黎廷弼译,商务印书馆,1985,第92页。
[2] 威廉·夏伊勒:《第三帝国的兴亡——纳粹德国史》,董乐山等译,世界知识出版社,1979,第804页。

策权，是弱势谈判者常犯的错误。在谈判实践中，像纳尔逊·曼德拉、甘地、马丁·路德·金这样以少胜多、以弱胜强的案例也并不少见。[①]中国在凡尔赛会议和华盛顿会议上争取山东权益的系列谈判，都是以弱国身份争取平等谈判地位并最终维护了核心利益的经典案例。

在多数情况下，更有能力令谈判平等进行的是谈判中的强者。当然这并不是要对强者进行道德绑架，要求强者悲悯宽容。正如英国著名演化生物学家理查德·道金斯所言："基因为了更有效地达到其自私的目的，在某些特殊情况下，也会滋长一种有限的利他主义。"[②] 强者并非因为偏执、激烈、固执、短视而强大，使之强大的恰恰是理性、温和、节制和富有远见。当谈判中的强者恪守谈判中的平等原则，考虑弱者的合法权益，让对方的利益诉求在谈判协议中得到体现，这种有限的利他主义，最终会增进强者自身的利益。因为强者的利益不仅在于自己所得最大化，而且在于体系和结构的稳定。弱势谈判者当然是结构的一部分，让他们得到尊严和体面，体系和结构才能持续稳定，而这是符合强者长远利益的。

三、法治

在第一节谈判要素中，我们讨论过谈判六大要素中的最后一个：签约履约。签约履约行为背后始终贯穿的就是法治精神。法治就是要求所有行为体必须严格遵守共同体内已经达成的成文或者不成文的法律、法规、规则。

法治虽然是个现代的概念，但在人类文明的早期就已经出现了对这一精神的类似表达。古印度吠陀时代的经典《奥义书》中出现了这样一段文字："正法是刹帝利性中的刹帝利性。因此没有比正法更高者。

[①] 彼得·约翰斯顿：《劣势谈判：从巨人手里得到你想要的一切》，吴婷、李建敏译，南方出版社，2014。

[②] 理查德·道金斯：《自私的基因》，卢允中等译，中信出版社，2018，第1章。

弱者可以依赖正法抗衡强者。"① 在古希腊，柏拉图虽然在《理想国》中将哲学王置于高于一切的位置，但实际上他在《法律篇》中，强调了法律的绝对权威对于国家兴亡的重要性。他说："在法律服从于其他某种权威，而它自己一无所有的地方，我看这个国家的崩溃已为时不远了。但如果法律是政府的主人并且政府是它的奴仆，那么形式就充满了希望。"② 亚里斯多德则更明确地提出了"法治"的概念，并给出了经典的定义"法治应包含两重含义：已制定的法律得到普遍的服从，而大家所服从的法律本身又应该是制定的最好的法律。"③ 古罗马的历史学家和法学家也对法治有过精彩论述，如西塞罗明确指出了法律高于官员和人民的优先地位："由于法律治理着官吏，因此官吏治理着人民"。④ 中国的法治思想文化始于先秦时期，法家主张"以法治国"，春秋战国时期出现的《法经》是中国历史上第一部比较系统、比较完整的成文法典；汉唐时期形成了比较完备的法典，《唐律》更是广泛影响东亚地区。"法治"从一种政治理念落地成为政治实践，其中标志性事件是《大宪章》的签署。1215年6月15日，英国约翰王和贵族之间达成的63条规定，对国王的权力进行限制，确立了"法律至上、王在法下、王权有限"的原则，而这正是"法治"的核心内涵。《大宪章》通过五个世纪之后，体现法治精神的政治实践在英国更加普遍，《权利请愿书》《人身保护法》《权利法案》先后获得通过；19世纪，英国著名的宪法学者戴雪在《英宪精义》中明确指出：法治为英国宪政的两大支柱之一。随着发轫于英国的现代政治的外溢，"法治"这一理念在世界各地得到了越来越多的认同和接受，一系列先行进入现代化的国家均将法治作为国家制度设计的最高原则。法治在现代国家治理制度中

---

① 《奥义书》，黄宝生译，商务印书馆，2010，第30页。
② 柏拉图《法律篇》，张智仁、何勤华译，上海人民出版社，2001，第123页。
③ 亚里斯多德：《政治学》，吴寿彭译，商务印书馆，1996，第199页。
④ 西塞罗：《国家篇·法律篇》，商务印书馆，2002，第224页。

如此重要，以至于有学者把法治和履约同时列为国家得以富裕的制度性原因。①法治作为一种政治理念和制度原则也逐渐为中国所接受。改革开放以来，中国的法治建设取得了长足的进步。学者建议从法治权威来源的三个环节，即：法律起源的传统权威、立法过程的理性权威，以及执法过程的齐步权威，②加强法治权威供给，提高公民的法治观念和规则意识，培养有履约精神的现代公民。中国共产党第十九次全国代表大会政治报告中也深刻阐释了"法治"的内涵："加大全民普法力度，建设社会主义法治文化，树立宪法法律至上、法律面前人人平等的法治理念。各级党组织和全体党员要带头遵法学法守法用法，任何组织和个人都不得有超越宪法法律的特权，决不允许以言代法、以权压法、逐利违法、徇私枉法。"③

那么，作为政治理念和制度设计原则的法治如何与谈判相关呢？一般来说，一国谈判者守约程度与该国法治精神的普及程度密切相关。在法治传统深厚、法律制度健全的国家，遵守契约已经成为社会的基本共识，签约后的履约行为是一件再自然不过的日常事务。数据显示，2021年德国的法治指数在139个被调查国家中排名第五，④而一战后的德国（纳粹德国除外）在履约方面的确有令人印象深刻的表现。一战后的《凡尔赛条约》《道威斯计划》，以及《杨格计划》规定，德国应在1988年之前完成战争赔款1120亿金马克。虽然这个赔款数额被认为超出了德国国力承受的范围，且德国人视之为耻辱，但经过多届政府的努力，德国终于在一战结束90年后，于2010年10月3日将一战赔款

---

① 贾雷德·戴蒙德：《为什么有的国家富裕，有的国家贫穷：比较人类社会》，栾奇译，中信出版社，2017，第57页。

② 季卫东：《法治中国》，中信出版社，2015，第170—175页。

③ 习近平：《决胜全面建成小康社会 夺取新时代中国特色社会主义伟大胜利——在中国共产党第十九次全国代表大会上的报告》，中国法院网，https://www.chinacourt.org/article/detail/2017/10/id/3033281.shtml。

④ World Justice Project, *WJP Rule of Law Index 2021*, p.10. https://worldjusticeproject.org/sites/default/files/documents/Index-2021.pdf.

全部还清。

　　谈判准备阶段工作的专业化程度也与谈判者的法治精神或者法治意识有关。中国在国际社会的主要谈判对象多数是法治国家,这些国家在国家和社会层面的运行,均践行法治原则,政府、私营企业主、公民均在法律规定之下使用权力或者主张权利,一切政府行为或者市场行为均以法律为尺度。中国谈判者如果具备足够的法治精神,在准备谈判的过程中,就会重视相关谈判议题上对方国家发布的法律法规,一方面避免自己的行为触犯对方的法律法规,另一方面通过解读法律也更能洞悉对方内部的权力结构和政策过程。除此之外,具备同等法治精神的谈判者,或者说同样来自法治国家的谈判者,更容易在彼此之间建立起信任,因为守法者行为的规律性和边界是可以预测的。信任能够减少谈判成本,加速谈判进程,提高谈判效率。

　　以上,我们分析了作为人类交互行为的谈判,其本身承载着三个主要的价值观念:和平、平等和法治。这三种价值观念是谈判行为得以有效展开的内在逻辑要求。反过来,谈判行为在社会各个领域的发生,也促进了和平、平等、法治价值观的普及。更为重要的是,谈判的价值理性是工具理性实现的前提,也即只有当谈判者秉持和平、平等、法治的价值观念时,谈判的工具理性才可能更好地得以实现。

本章小结

　　通过本章的论述,笔者试图传递关于谈判的如下认知:第一,谈判遍布在人类社会生活的方方面面,只要在某个具体议题上的直接利益攸关方通过谈的方式达成协议解决彼此的利益冲突,那么这一活动就是谈判。但多数谈判实践者没有意识到自己进行的是谈判,更没有用谈判学的框架和原理来指导自己的谈判行为,更多的是依靠个人经验甚至是本能。第二,一场专业的谈判,其构成包括一些基本的要素,缺一不可：有权利意识的谈判主体，具体的谈判议题，相互冲突的利益，有效的沟通，对等的妥协以及签订、履行协定。第三，谈判是一套解决问题的思路和方法，谈判所到之处，战争得以停止，冲突得以管控，经济得以增益，国家繁荣和世界和平得以维护。第四，谈判是一种行为，但行为背后有价值观念的支撑，就如同树的成长需要土壤、阳光、雨露提供营养，谈判行为需要和平、平等、法治等价值观念的滋养，反过来也促进这些价值观念的普及。总而言之，谈判作为解决问题的一套思路和方法，具备工具理性和价值理性的双重属性，是人类欲解决冲突、建成美好世界的不二选择。

第二章 国际谈判行为体

主权国家以及代表主权国家的政府官员一直都是国际谈判桌上最主要的行为体,这种情况至今并没有发生根本性的变化。但必须注意的是,国际谈判行为体正在向日益多样化的趋势发展。在纵向上,随着国家主权向国际组织及地方政府上下两个方向的流动,主权国家在谈判桌上的席位也分享给了来自国际组织的代表以及来自地方政府的官员。在横向上,原来由政府垄断的权威也不断受到来自国内其他社会力量的挑战,准政府行为体、非政府组织、媒体和大众也在分享原来只属于政府行为体的国际谈判舞台。当谈判各方无法自行解决问题时,谈判桌上还会出现另一类特殊的行为体:第三方调停者。他们的到来,给国际谈判带来新的资源和新的可能性。

第一节 政府行为体

民族国家是"想象的共同体",但这一共同体一旦被想象出来并不断被让·博丹、托马斯·霍布斯、卢梭和斯蒂芬·克拉申等主权理论家们论证其合法性后,它就成为被广泛接受的国际体系基本单位,因而也成为国际谈判的基本行为体。第二次世界大战后,在主权国家诞生的欧洲,出现了一种看似在削弱主权国家的政治实践——欧洲一体化,一个更大范围的超越民族国家的新型欧洲共同体被想象了出来。除此之外,其他的区域性国际组织和全球性国际组织也不同程度地获得了主权国家的授权,在国际社会中单独履行某项治理功能。这使得国际谈判的政府行为体变得丰富而多样。但正如前哈佛大学欧洲研究中心主任斯坦利·霍夫曼（Stanley Hoffmann）教授所言，民族国家远未"过时"，相反非常"顽强"。[①] 1998年，欧洲一体化理论领域著名学者安德鲁·莫劳夫奇克（Andrew Moravcsik）也发表了类似的观点。他认为欧共体（欧盟）本质上还是自由政府间主义，而非新功能主义，[②] 即欧洲一体化的动力或者权力仍在作为主权国家的各成员手中，而非欧盟总部。虽然本质上主权国家仍是国际社会的主要行为体，但在形式上原来属于民族国家的主权正在对外向政府间国际组织、对内向国内地方政府双向分流也是不争的事实。这一变化映射在国际谈判领域，就是在国际谈判桌上的国家行为体，不仅有主权国家的中央政府，还有超国家的政府间国际组织以及次国家的地方政府。

一、政府间国际组织

政府间国际组织参与国际谈判的角色和作用，因议题和国际组织的性质而异。在一些双边或多边国际谈判中，如中国加入世界贸易组织的谈判，俄罗斯与北约的谈判，东南亚金融危机后泰国等主权国家与国际货币基金组织、世界银行的谈判，国际组织是谈判桌上的重要一方，但发挥的作用不尽相同。比如世界银行与发展中国家进行援助项目的谈判时，可以根据相关规定独立进行谈判而不受世界银行成员的干扰。而在中国入世谈判中，中国必须先与美国等37个国家或地区谈判有关条款，最后才进入与世界贸易组织本身的谈判。在中国与美国等主要世界贸易组织成员进行谈判时，世界贸易组织的功能是为成员提供专业信息、谈判原则以及客观标准，以促进谈判进程。就后种

[①] Stanley Hoffmann, "Obstinate or Obsolete? The Fate of the Nation State and the Case of Western Europe," *Daedalus,* 95, no. 3 (1966): 862–908.

[②] 安德鲁·莫劳夫奇克：《欧洲的抉择——社会目标和政府权力：从墨西拿到马斯特里赫特》，赵晨、陈志瑞译，社会科学文献出版社，2008。

情况而言，国际组织在多边谈判中仍然难以取代主权国家的地位。

欧盟是目前得到主权国家授让权力最多的区域性国际组织，欧盟内部成员之间的谈判以及欧盟作为整体在国际社会的对外谈判都很活跃，可成为研究国际组织如何对内、对外进行谈判的经典案例。先来分析欧盟成员之间的谈判。欧洲一体化的进程肇始于1951年由法国、联邦德国、意大利、荷兰、比利时、卢森堡六个国家共同发起的煤钢联营，之后成员不断增多，共同体的功能不断扩大，发展成为到目前为止主权国家之间合作程度最深、合作领域最广的区域性国际组织。这一漫长过程中的每一个变化都是成员之间谈判的结果，也就是莫劳夫奇克教授所说的成员之间博弈的结果，即各个成员通过谈判努力将本国的利益偏好体现在共同体的制度设计以及政策规划之中。

莫劳夫奇克教授对法、德、英三国在20世纪50年代到90年代的五次欧洲一体化关键博弈进行了历史分析，并给出了一个三阶段解释框架。第一阶段是作为成员的国家内部博弈的阶段，各个利益集团努力把自己的利益塑造成国家利益，影响国家政策偏好的形成；第二阶段是国家间博弈阶段，各个成员努力把自己的利益塑造成欧洲共同体（欧盟）的利益，影响欧洲共同体（欧盟）政策偏好的形成；第三阶段是制度选择阶段，通过制度相互约束和控制，增加彼此的可靠承诺。[1] 从他的分析中可以清楚地看出，欧洲一体化的进程围绕着各个层级、各种利益主体之间的谈判而展开，第一阶段谈判的主体是国内各利益集团，第二阶段谈判的主体是作为成员的各主权国家。

关于成员之间的谈判，莫劳夫奇克在书中提供了诸多案例，从其中的《马斯特里赫特条约》谈判案例中，至少可以总结出区域性国际组织内部成员间谈判的三个特点。

第一，联盟策略是欧盟内部谈判中常用的策略。联盟策略指谈判

---

[1] 安德鲁·莫劳夫奇克：《欧洲的抉择——社会目标和政府权力：从墨西拿到马斯特里赫特》，赵晨、陈志瑞译，社会科学文献出版社，2008，第33页。

者主动寻找在某个特定议题上立场相近的国家与之协商，形成共同立场共同行动，应对来自持相反立场的力量的挑战，确保该立场和主张最终胜出。在货币联盟问题上，德国政府面临的情况是：法国政府和央行、意大利政府和央行与德国政府立场相近，英国政府、英格兰银行以及德国央行与德国政府立场相左，欧洲委员会、西班牙、意大利立场相对温和。于是德国总理科尔首先谋求与法国总统密特朗的密切合作，在确保法德同盟稳固的基础上，一方面"对抗并孤立"对货币联盟始终持怀疑态度的英国首相撒切尔夫人，另一方面团结欧共体委员会主席德洛尔，以及意大利、西班牙等国领导人。1989年6月马德里欧共体理事会召开之前，为了确保《德洛尔报告》的通过，科尔和密特朗公开表示支持《德洛尔报告》，西班牙首相冈萨雷斯则到各国进行游说。这种同盟策略几乎出现在一体化进程中的每个议题的谈判中。笔者基于《马斯特里赫特条约》谈判观察到的这一特点也得到相关研究的证实。瑞士巴塞尔大学斯蒂芬妮·贝利教授（Stephanie Bailer）研究了影响欧盟谈判的因素，她认为该领域下一步研究的重点应该是欧盟理事会中联盟的形成。[①]

第二，在主权国家行为体与超国家行为体的博弈中，后者处于劣势。欧共体是一个由主权国家授权以后形成的超国家行为体，它一旦形成，便获得了自己的意志和偏好。在共同体内的谈判中，代表共同体的欧洲委员会深信自己能够引导谈判的进程并塑造欧洲的未来，但是他们的努力总是被各国忽视或者抵制。欧共体委员会当时发出了一份重要的报告，虽然是以时任欧洲委员会主席德洛尔的名字命名的，但莫劳夫奇克认为，德洛尔"在这个过程中其实只是一个普通的角色"，"只是起到一个秘书的作用而已"。在如何建成货币联盟问题上，欧洲委员会反对德国坚持欧洲经济货币联盟严格的前提标准和"双速"

[①] Stephanie Bailer, "What Factors Determine the Bargaining Power and Success in EU Negotiations," *Journal of European Public Policy*, 17, no. 5 (2010): 752.

欧洲建议，试图提出自己的一套主张和方案，事实证明完全是徒劳。在1990年9月的财长会议上，只有四个国家同意德洛尔的提案，会议"处在一种震荡之中"。在几个月后的政府间会议上，德国财长魏格尔重提经济货币联盟必须以严格的宏观经济趋同为前提，德洛尔继续反对，然而应者寥寥。1990年12月，欧洲委员会草拟了一份条约，德国拒绝接受条约中每一条内容，除英国之外的其他成员国在德国和欧洲委员会的对立中选择远离欧洲委员会，靠近德国。在这场博弈中，超国家行为体完败主权国家行为体。

第三，谈判的结果与国家实力大体相当。必须承认，国际政治的底层逻辑就是权力政治，权力影响政治博弈的过程和结果，这一点在欧盟一体化过程中概莫能外。德国成为欧洲货币联盟谈判的最大赢家。在货币联盟谈判的八个议题中，有七个都对德国有利。欧洲中央银行的选址和货币的名称最后也都如德国所愿。那么德国的谈判实力来自哪里呢？首先，德国是强币国家。强币国家在不对称相互依赖中有更大的权力，这种权力会使其在货币联盟谈判中处于绝对的优势地位。其次，德国领导人能够整合内部力量，并在与其他成员国的谈判中释放这一力量。除了德国中央银行，德国国内商界、工会、大银行、主要反对党、农民都支持政府的政策目标：避免马克升值，放松国内宏观经济限制，减轻德国统一造成的经济负担。对于持异议的德国中央银行，科尔的办法是不让德国中央银行参与谈判。有了国内的支持，德国在谈判中就可以向其他成员国发出"威胁"：任何不同于"德国式"欧洲货币联盟的方案都会被德国国内否决。这样其他成员国就不得不对德国作出让步。最后，谈判者个人的意志力也是谈判中的重要力量。在货币联盟谈判过程中，德国的方案也曾受到过怀疑、批评甚至抵制，有时来自反对者的阵营，如英国；有时来自友军，如法国，多数时候来自欧共体委员会。但每一次德国谈判代表都非常坚定地予以回击。①

欧盟内部除了成员国之间的谈判，还存在欧盟机构之间的谈判。欧盟委员会、欧洲议会和欧盟理事会是欧盟治理的三根支柱。从20世纪60年代起，这三个机构需要就共同体内部的事务性问题和程序性问题不断进行谈判，以解决在实际运行中出现的功能性冲突。机构间谈判形成的一系列协议是对现有欧盟法律体系的补充，并和后者一起构成了欧盟治理的法理依据。和主权国家内部一样，欧盟各种机构之间也存在政治化的现象，即选举产生的政治家比中立的文官有更大的权力。2005年，欧盟委员会和欧洲议会达成框架性协议，赋予欧洲议会拥有对欧盟委员提名的否决权即为一例。但欧盟委员会不甘心只是充当谈判发起人、调解人和动员者的角色，一直试图充分利用他们在议程设定、文件起草上的优先性，为自己争取更多的权力。他们的策略是将议题诉诸公众讨论，用公众讨论来影响欧洲议会的立法过程。具体的办法是增加议题的公共可见度、增加参与讨论者的数量、提高议题冲突的级别。② 简言之，就是广泛发动群众进行大辩论，辩论越激烈越好。欧盟委员会在引领议题辩论的过程中，完成了对欧盟内政治化的反向定义，即反抗来自欧洲议会议员们的压倒性权力，演绎了一场他们之间的权力博弈。

无论是成员国之间的谈判还是机构之间的谈判，欧盟在其中的角色只是设定背景和舞台，欧盟本身并不是谈判方。欧盟作为一个完整的、独立的谈判方参与国际谈判，其谈判对手必须是欧盟之外的国际社会行为体，如联合国、美国、中国、北约等。例如，美国和欧盟正在进行的跨大西洋自由贸易协定谈判、气候谈判，以及中国与欧盟关

---

① 安德鲁·莫劳夫奇克：《欧洲的抉择——社会目标和政府权力：从墨西拿到马斯特里赫特》，赵晨、陈志瑞译，社会科学文献出版社，2008，第579—601页。

② Iakovos Iakovidis, Ioannis Galariot & Maria Gianniou, "The Formation of the EU Negotiating Strategy at the UN: The Case of Human Rights," *Cambridge Review of International Affairs*, 31, no. 5 (2018): 441.

于投资协定的谈判，等等。在这些对外的国际谈判中，欧盟又是如何行动的呢？以联合国人权谈判为例，学者分析了欧盟谈判策略的四个特点。

其一，目标设定。欧盟各成员国需要在布鲁塞尔欧盟理事会上协调彼此的立场以形成共同立场。

其二，场景分析。每个谈判都是在特定的框架中发生的。联合国有多个人权谈判机制，每个机制下谈判规则都不尽相同。在不同的规则下，谈判者处理分歧和达成共识的路径也不一样。对于欧盟来说，情况还要更为复杂一些。《里斯本条约》之后，欧盟在国际组织中的法律身份得到加强，以前只能作为观察员出席的场合，现在可以以完全身份出席。例如，从2011年5月开始，欧盟代表团取代欧盟各成员国获得联合国大会和六个主要委员会的轮值主席身份，但在联合国其他部门中，仍由各成员国各自代表自己的国家，欧盟则保留观察员身份。因此，欧盟在参加联合国机制下的谈判时，首先要分析自己在该机制下的身份属性，以及该身份下如何利用规则达到谈判目标。

其三，实现目标的手段。在人权问题上，欧盟实现目标的主要手段是配备足够的人力资源，与立场相近的谈判方建立同盟，在同盟之外进行拓展，争取更多的支持者，以及通过分散在世界各地的欧盟代表团搜集信息。

其四，战术技巧。一旦确定了目标、分析了具体的场景以及确认了手段以后，欧盟通过具体的操作，比如及时与成员国代表进行协调，将任务分解给各成员国代表，再通过成员国的群体决策形成共识。[①]

通过以上欧盟对国际组织谈判特点的案例分析，我们发现，国际组织无论是其内部的谈判还是对外的谈判，都有鲜明的政府间主体的

---

① Iakovos Iakovidis, Ioannis Galariotis & Maria Gianniou, "The formation of the EU negotiating strategy at the UN: The case of human rights," *Cambridge Review of Internatinal Affairs*, 31, no. 5 (2018): 439–447.

特点。谈判可能是由该国际组织发起的,但谈判进程和结果均取决于各成员国的共同决定。

二、主权国家中央政府

代表中央政府参加国际谈判的谈判者通常包括:一国派往另一国或者国际组织的外交使团,外交部、商务部等国家部委的官员,以及国家元首、政府首脑、国家立法机构领导人等。

外交使团的主要功能就是谈判、联络,以及向国内报送信息、提出政策建议。[①] 1999年5月,中国驻南斯拉夫大使馆遭到以美国为首的北约空袭轰炸。事件突发且固定通信设备遭到破坏,致使使馆人员无法第一时间向国内报告,整个信息情报链中断了数小时。5月8日6时,人民日报社驻南斯拉夫记者吕岩松用随身移动电话将情况报回北京,之后有关部门的报告也陆续发回国内,这些信息为中国政府决策如何和北约谈判提供了必要的参考。[②] 主权国家还可以运用外交使团发出外交信号,如撤回外交人员、降低外交等级、中断外交关系等方式传递立场信息,以影响谈判进程。1995年5月22日,美国出尔反尔,罔顾其国务卿克里斯托弗之前与中国副总理钱其琛的约定,宣布邀请李登辉访美。中国政府作出强烈反击,决定召回中国驻美大使。[③]

除收集信息、传递外交信号外,外交使团代表也可直接参加谈判。经典的案例当属1971年在巴黎发生的中国驻法国大使黄镇与美国驻法武官沃尔特斯,以及时任美国总统国家安全事务助理基辛格博士之间进行的系列秘密谈判。会谈的主要内容是关于尼克松访华的安排,包括访华时间、路线、会谈形式、会谈的议题等。当然,黄镇在

---

① 基尚·拉纳:《21世纪的大使:从全权到首席执行》,肖欢容、后显慧译,北京大学出版社,2008,第77、87页。
② 吴白乙:《中国对"炸馆事件"的危机管理》,载张沱生主编《对抗·博弈·合作:中美安全危机管理案例分析》,世界知识出版社,2007,第245页。
③ 钱其琛:《外交十记》,世界知识出版社,2003,第308页。

巴黎和美方官员的系列会谈算不算是典型的谈判可以再讨论,至少在基辛格看来,"在开始阶段,驻巴黎的中国官员无非是传递信息,不参与决策",而黄镇接到的国内指示则是"要对基辛格多听多问少说,一般不作具体承诺,涉及台湾、远东等重要问题也只在必要时作原则表态"。①

国内参加国际谈判的一般是政府高级官员。他们未必有在对象国长期工作学习的经历,但他们的专业素养以及综合能力使得他们能够胜任任何议题的专业谈判。譬如,美国前国务卿基辛格博士被认为是当代最出色的谈判家之一。1972年,他在美国盖勒普"最受尊敬人物榜"上排名第四,1973年则高居榜首;同年他在美国的知名度达到了78%。根据哈里斯民意调查(Harris Survey),1974年他的知名度更是高达85%。② 由于基辛格在结束越南战争的谈判中的卓越表现,他和越南谈判代表黎德寿共同被授予1973年度诺贝尔和平奖。基辛格也是美国历史上第一个不在美国出生的国务卿,被西方研究者尊称为"先知"和"教育者"。③ 是什么成就了基辛格作为外交官的非凡声誉?

通过对基辛格的个人经历以及他的著作的解读,能够看到基辛格身上具备的三组平衡,以及由此带来的复杂性和包容性:弱者和强者的平衡、理论和实践的平衡,以及欧洲现实主义均势外交与美国理想主义道义外交的平衡。

其一,弱者和强者的平衡。基辛格是犹太人,1923年出生在德国,1938年被迫离开故国移民美国。他在德国的15年,是作为一个被迫害、遭受种族歧视的小孩度过的。到了美国后,他进入哈佛大学深造,毕业后留校任教,交往的都是美国的知识精英。进入政坛后,基辛格

---

① 尹家民:《黄镇将军的大使生涯》,江苏人民出版社,1998,第225—241页。
② Niall Ferguson, *Kissinger, Volume I 1923–1968: The Idealist* (London: Penguin Press, 2015), Introduction I.
③ Henry Kissinger, *A World Restored: Metternich, Castlereagh and the Problem of Peace 1812–1822* (Boston, Houghton Mifflin, 1957), p. 329.

的朋友圈中多是美国的政治精英。早年作为弱者的生活经历以及后来作为强者的生活经历,使得他对人生的多面性有了更深刻地理解,对于特殊弱势群体多了一些同情同理心,也就多了些谈判中必须有的对对手的尊重和理解。在他外交生涯中成就其声誉的几次重大谈判的当事方,如越南停战谈判中的北越,有着基辛格的经历和经验之外的政治制度和文化,且在当时的国际关系中处在相对边缘的位置。这些巨大的差异足以令一般谈判者铩羽而归,但基辛格却能够克服制度和文化差异带来的困扰,耐心地与对方共同寻找一个令各方满意的解决方案,不得不说这和他善于站在对方的角度体会对方的心理和处境密切相关。

其二,理论与实践的平衡。在基辛格之前,最为卓越的外交理论与实践的平衡者当推英国外交家哈罗德·尼科尔森(Harold Nicolson),他被称为"作为理论家的践行者"。[1] 这样的描述被用在基辛格身上也是颇为合适的。在进入政坛之前,基辛格一直在哈佛大学教书。1969年,46岁的基辛格被尼克松任命为总统国家安全事务助理,他的人生开始了"从思想世界向权力世界的实质性转移"。[2] 曾经的大学学者身份,使得基辛格在权力世界的外交操作具有了来自思想世界的高度和深度,使他兼具梅特涅式的"政治科学家"[3] 和雷蒙德·F. 史密斯(Raymond F. Smith)所说的"政策分析师"[4] 的特点,可以在理论和实践之间达到绝妙的平衡。

其三,现实主义和理想主义的平衡。哈佛大学教授尼尔·弗格森

---

[1] Derek Drinkwater, *Sir Harold Nicolson & International Relations, the Practitioner as Theorist* (New York: Oxford University Press, 2005).

[2] John Stoessinger, *Henry Kissinger: the Anguish of Power* (New York: W. W. Norton and Company, 1976), p. 7.

[3] Henry Kissinger, *A World Restored: Metternich, Castlereagh and the Problem of Peace 1812–1822* (Boston, Houghton Mifflin, 1957), p. 319.

[4] 雷蒙德·F. 史密斯:《罗盘与风向标:外交官的分析技艺》,曲博译,上海人民出版社,2018,第4页。

（Niall Ferguson）撰写的多卷本基辛格传记，其中第一卷截止到1968年，也就是他在大学任教的最后一年。弗格森称这一时期的基辛格为理想主义者（idealist），其实这是值得商榷的。无论是他作为被歧视种族的童年经历，还是他那篇在欧洲权力政治和均势理论基础上探讨和平之可能性的博士学位论文，都很难看出理想主义色彩。反倒是在介入美国政治之后，他才在自己源于欧洲传统的、以地缘均势为基础的现实主义权力政治理念中融入了美国政治信念中的"天真朴实"和理想主义。[1]如此，他的政治理念变得更为包容、平衡，不至失之偏颇。

丰富的人生经历给了基辛格博士相互冲突的角色和体验，但他能够在弱者和强者、理论家和践行者、现实主义权力政治和理想主义信念政治三对互斥的概念构成的三维关系里自由行走。这种特殊的经历使得基辛格获得了一种超越两元对立的能力，使他成为能在相互冲突的关系中，如目标和手段之间、政策制定与执行之间，以及国内合法性与国际合法性之间找到平衡和稳定的卓越外交官。

除政府高级官员外，国家领导人有时也会亲自进行谈判。相比而言，国家领导人尤其是缺乏外交工作履历的领导人虽然在谈判时承诺度很高，但专业素质大打折扣。从技术上来讲，国家领导人总是日程太满，需要处理的政务太多，可以支配的时间又非常有限。从各个国家的传统来看，国家领导人也很少从国际事务领域如外交部产生，他们多是从地方官员和国内经济事务部门产生，鲜有擅长外交事务的。美国总统克林顿就不熟悉外交事务，也不擅长外交，他在成为总统之前的大部分从政时间里，担任的是阿肯色州州长的职务。华盛顿的观察者注意到，他乐于将自己不擅长的对外政策留给更有经验的下属去处理，如国务卿克里斯托弗、国家安全事务助理莱克以及驻联合国大使奥尔布赖特等。他甚至拒绝了与国家安全委员会的定期会面，把政

---

[1] 亨利·基辛格：《大外交》，顾淑馨、林添贵译，海南出版社，1998，第574页。

策规划的权力交给了国家安全委员会,他只通过备忘录和简短汇报了解相关进展。① 克林顿在自传中间接佐证了这一描述:"华盛顿的观察者对我的总体印象是我对外交事务不感兴趣,在外交上花的时间能少则少。我的确在内政上花了很多时间。"② 当然,总统个人不擅长外交事务并不影响美国外交工作的开展,克林顿时期美国的外交工作不仅没有削弱,反而取得了许多成就。

与克林顿不同,美国总统威尔逊和英国首相撒切尔夫人对外交事务极其感兴趣(并不一定擅长),他们更愿意事必躬亲,深入国际谈判的细节中。在凡尔赛会议上,威尔逊总统就被认为"越来越深陷于过去从不关心的细节讨价还价而无法自拔,待得越久越觉得迫不及待地要让事情告一段落,建立国际新秩序这一初始目标反倒被抛诸脑后"。③ 英国首相撒切尔夫人批评英国外交部"有一种历史悠久而令人厌恶的次文化",④ 因此她经常越过英国外交部及其驻外使馆外交官,亲自同别国首脑就那些"她不总是全然了解的复杂问题进行谈判"。在欧盟预算返款问题上,她在会议上亲自散发材料;在晚餐会上,她一直不停地谈论预算返款问题,使晚餐会进行了4个小时。欧共体其他成员国领导人,如法国总统德斯坦、德国总理施密特,以及欧盟委员会主席德洛尔对她这种风格感到无奈甚至厌倦,英国内阁其他成员对其强硬、不妥协的谈判风格也颇有微词。⑤

从克林顿总统、威尔逊总统,以及撒切尔夫人的例子不难看出,国家元首或政府首脑亲自参与谈判并深入细节实非明智之举。正如基

---

① 苏葆立:《美国对三次危机的管理》,载张沱生主编《对抗·博弈·合作:中美安全危机管理案例分析》,世界知识出版社,2007,第233页。
② Bill Clinton, *My Life* (New York: Alfred A. Knopf Inc., 2004), p. 397.
③ 亨利·基辛格:《大外交》,顾淑馨、林添贵译,海南出版社,1998,第206页。
④ 马格丽特·撒切尔:《唐宁街岁月》,本书翻译组译,远方出版社,1997,第211页。
⑤ 梁晓君:《英国欧洲政策之国内成因研究——以撒切尔时期为例》,世界知识出版社,2008,第134—137页。

辛格所评论的，因为这么一来他们必须熟悉那些通常由外交部处理的事务，他们不得不分心于那些本可以交给下属去做的事情，而无法专注于国家领导人应该思考和决策的问题。而且，能升到最高职位的人，通常自我意识都很强，要让他们妥协相当不易，谈判中更容易出现僵局。①

三、主权国家地方政府

在以主权国家为主要行为体的国际谈判中，作为次国家行为体的地方政府参与谈判并不多见。实际上无论是在单一制的中国还是在复合联邦制的美国，地方政府在对外行为中的角色都是非常有限的。

（一）单一制国家的地方政府对外行为的法理依据以及限度

例如中国，关于中央政府和地方政府各自的职能以及相互的关系，《中华人民共和国宪法》（2018年版，以下简称《宪法》）第八十九条规定："国务院统一领导全国地方各级国家行政机关的工作，规定中央和省自治区直辖市的国家行政机关的职权的具体划分"，国务院有权"改变或者撤销地方各级国家行政机关的不适当的决定和命令"；《宪法》第一百零七条规定："县级以上地方各级人民政府依照法律规定的权限管理本行政区域内的经济、教育、科学、文化、卫生等行政工作；"《宪法》第一百一十条规定："地方各级人民政府对上一级国家行政机关负责，并报告工作。全国地方各级人民政府都是国务院统一领导下的国家行政机关，都服从国务院。"而在国务院系统中分管外交外事的是外交部。外交部外事管理司是地方政府外事工作的上级主管单位。根据其官网上的公开信息，外事管理司的工作职能有如下几项：拟定有关外事管理法规草案，审核地方重要的外事规定和报国务院的重要外事请示，协调地方和国务院各部门的外事工作。②

---

① 亨利·基辛格：《大外交》，顾淑馨、林添贵译，海南出版社，1998，第206页。
② 外交部网站，https://www.fmprc.gov.cn/web/wjb_673085/zzjg_673183/wsgls_674701/。

根据以上相关《宪法》和相关行政规定，可以得出：其一，在政治性议题上，如出入境、外国人宗教活动管理、领事业务等，地方政府只是在严格执行中央政府的有关规定，并没有独立的对外决策权。有学者称之为"代理型互动模式"，指中央政府是委托人，地方政府是代理人，代理中央政府委托的业务。其二，地方政府在那些只涉及辖区范围内的对外事务，如招商引资、经贸合作等，有一定的自主权。有学者称之为"协调型互动模式"，[1]此时地方政府主动提出外事方案，请求中央政府的政策协调。

以地方外交中最为活跃的城市外交为例，改革开放后地方对外交往的空间和灵活度有所提高，地方政府在中央外交授权下主动开展了城市外交。中国的城市外交始于1973年天津与日本神户建立友好城市之时。20世纪80年代后，为了配合改革开放的大战略，城市外交作为招商引资的一个重要平台得到了迅速发展。截至2020年8月，仅上海市已经与59个国家的90个市、县建立了友好城市关系。党的十八大以来，城市对外交往再次被纳入国家顶层设计，成为"一带一路"倡议的重要支点和抓手。[2]因此，中国地方政府的外事活动，无论是在目标设定上，还是在实施的具体过程中，自主行动的空间相对有限。

（二）复合制国家地方政府对外行为的法理依据以及限度

例如美国，美国宪法第1条第10款规定：任何一州都不得缔结任何条约，不得参加任何同盟或联邦；任何一州未经国会同意不得对进出口商品征收税收；任何一州未经国会同意不得征收任何船舶吨位税，不得在和平时期保持军队或战舰，不得与他州或外国缔结协定或盟约，除非实际遭到入侵或遇到刻不容缓的紧迫危险时才能进行战争。美国宪法第6条规定：本宪法和依照本宪法所制定的合众国法律，以及根据合众国授权已缔结或将缔结的一切条约都是全国的最高法律；每个州

---

[1] 陈志敏：《次国家政府与对外事务》，长征出版社，2001，第323页。
[2] 李小林主编《城市外交：理论与实践》，社会科学文献出版社，2016，第57、65页。

的法官都应受其约束，即使州的宪法和法律中有与之相抵触的内容。[①]

根据美国法学家理查德·比尔德（Richard B. Bilder）的解读，美国宪法的一个主要目的是把外交关系牢牢控制在联邦政府的手中，"在处理同外国关系时，联邦政府作为美国唯一代表的大原则已经牢固建立起来了，只有中央政府才享有外交事务上的全部、独一无二的责任，而地方政府的权威是非常有限的"。[②]

然而宪法第十修正案规定："所有没有明确授予联邦政府的权力都保留在州和人民那里。"因此在实际操作层面，地方政府仍然有一定的行动空间。1995年联合国大会期间，克林顿总统邀请各国代表到林肯艺术中心欣赏音乐会。纽约市市长朱利安尼不顾克林顿的劝阻，认为阿拉法特"支持恐怖主义"，坚持要将"支持恐怖主义"的阿拉法特请出林肯艺术中心。1999年11月，美国伊利诺伊州州长乔治·里安访问了古巴，这是1961年美国与古巴断交以来美国官方人士第一次访问古巴，此次访问在美国国内引起很大争议。在气候谈判领域，参议院拒绝批准《京都议定书》后，美国136位市长表示愿意按照《京都议定书》的要求承担相应责任，减少二氧化碳排放。到2020年8月，美国有10个州加入"区域温室气体减排行动"（RGGI）组织，实行州一级的温室气体交换机制。[③] 以上地方政府无视联邦政府的政策，在某些外事领域单独行动的案例表明，在复合制国家，地方政府拥有一定的外事活动空间。

在城市外交领域，不同于中国的中央政府管理部门审批制，美国的城市外交是由半官方机构"国际姐妹城市协会"（SCI）来管理和协

[①] Constitution of the United States, https://constitution.congress.gov/constitution/.

[②] Richard Bilder, "The Role of States and Cities in Foreign Relations," *The American Journal of International Law*, 83, no. 4, (2010): 821–827.

[③] Potomac Economics, *Report on the Secondary Market for RGGI CO_2 Allowances: Secondary Quarter 2020*, RGGI Inc., August 2020, https://www.rggi.org/sites/default/files/Uploads/Market-Monitor/Quarterly-Reports/MM_Secondary_Market_Report_2020_Q2.pdf.

调的。该协会于1956年"白宫公民外交会议"期间由艾森豪威尔政府倡议建立，至今已有会员500个，与全世界140多个国家的2000多个城市建立了姐妹城市关系。该协会为会员提供四个领域的服务：协助会员就交流项目进行沟通，接入城市外交资源网络，提供城市外交方面的治理和政策咨询，以及协助选取姐妹城市。[①]

虽然美国政府并不直接管理城市外交，但城市外交显然是国家外交战略的重要组成部分。1980年美国联邦政府推动"加勒比/中美洲行动"时，美国城镇结好协会（后来的国际姐妹城市协会）就被纳入了这一行动，开始着力发展与该地区的城市外交。1982年里根政府启动了"新国际青年倡议"计划，国际姐妹城市协会就是重要参与者，并获得了9万美元的经费支持。[②] 20世纪80年代以来，国际姐妹城市协会加强了对苏联地区的城市外交，成为美国对苏和平演变战略的一部分。美国地方政府在城市外交过程中仍然具有很强的独立性，可以选择参与或者不参与联邦政府和协会倡导的友好城市项目，也可以选择项目中的部分议题和领域进行合作，而非照单全收，必须执行。

（三）欧洲的情况

以德国为例，联邦德国基本法第32条"对外关系"规定："对外关系属于联邦职责；缔结涉及某州特别利益的外交条约前，应及时听取该州的意见；各州在其立法权限范围内，经联邦政府同意，可与外国签订条约。"基本法第23条"欧洲联盟"中与地方政府有关的规定阐明："有关欧洲联盟事宜，联邦议院与各州通过联邦参议院参与协调；如有关事务主要涉及各州在学校教育、文化或者广播电视的专属立法权限，由联邦委托一名联邦参议院指定的州代表行使联邦德国作为欧盟议员所享有的权利。"在实际政治实践中，州政府并不从事外交，也不设专

[①] Memberservices, Sister Cities International, https://sistercities.org/membership/member-services/.

[②] 李小林主编《城市外交：理论与实践》，社会科学文献出版社，2016，第131—132页。

门负责外交事务的职位，对外事务由州长办公室管理。用于对外事务的预算也很少，而且并不单独开列，只包括在其他开支中，如文化活动、经济活动等。

基于以上宪法体制和行政管理架构，德国各州的对外活动是有限的。从1949年到2004年的55年时间里，由州政府签订的国际条约一共只有144个，其中的119个条约是由16个州中的5个州签署的。由此可见，其他11个州几乎没有对外签约活动。州政府对外交往不活跃的原因是多方面的，如德国州政府没有相关立法权，对方国家地方政府也没有相关授权，而且很多边界事务已经纳入了欧盟的管理范围，无须地方政府进行处理，等等。[①]

欧洲一体化一方面减少了成员国地方政府的外事事务，另一方面又刺激了地方政府的外事功能。从20世纪80年代中期开始，德国州政府开始在布鲁塞尔设代表处。到2010年共有250个欧洲各国的地方政府在布鲁塞尔设立了地区事务办公室。[②] 因此，在欧洲，地方政府的对外行为权限因欧洲一体化而变得复杂，很难用权限增加或者权限减少这个标准一概而论。

根据以上对中国、美国和德国的地方政府（次国家行为体）在对外关系中角色和职能的分析，可以看出无论是单一制国家还是复合制国家，宪法都会尽量将外事权集中在中央，只给予地方政府在其管辖范围内的事务上有限的对外权力。但在联邦制国家，只要法律没有明文规定属于中央的权力，原则上就属于地方和人民，因此地方政府在国际谈判中到底能扮演何种角色，一方面取决于它们对宪法提供的空间的理解和利用，另一方面取决于地方政府对政治发展中出现的新议

[①] Rudolf Hrbek, "The Federal Republic of Germany," in Hans Michelmann ed., *Foreign Relations in Federal Countries* (Montreal: McGill-Queen's University Press, 2009), pp. 157–158.

[②] Rudolf Hrbek, "The Federal Republic of Germany," in Hans Michelmann ed., *Foreign Relations in Federal Countries* (Montreal: McGill-Queen's University Press, 2009), p. 160.

题、新权力结构提供的可能性的把握。

这一节比较分析了国际谈判中国家行为体、超国家行为体和次国家行为体各自的优势、劣势以及行为特征。鉴于以欧盟为代表的超国家行为体在对内对外谈判中的国家间主义的特点,以及单一制国家和复合制国家中宪法对于次国家行为体亦即地方政府外交职能的限制,有理由认为,以中央政府为代表的国家行为体仍然是国际谈判中最主要的行为体。

第二节　准政府行为体和非政府行为体

二战后政治民主化潮流蔓延到外交领域,改变了国际谈判生态。国际谈判行为体不再只是代表政府的职业外交官和其他政府官员,非政府组织(NGO)、专业技术人员,甚至普通民众等非政府行为体的代表也成为国际谈判的重要参与者。在低级别的政治议题谈判中,这一特点表现得尤为充分。例如,关于《京都议定书》的气候谈判,德国"环境和发展非政府组织论坛"、"国际地球之友"、"世界自然基金会"、"科学家关怀联盟"(UCS)等非政府行为体,和政府行为体一起共同参与了谈判进程。此外,谈判桌上的非政府行为体,还包括某一专业领域的专家,如在解救人质的危机谈判中,职业谈判专家会临危受命代表政府进行谈判。在有关毒品、网络犯罪等涉及专业领域的国际谈判中,药剂师、网络工程师,甚至民间黑客(Hacker)高手等专业人员也会视需要出现在谈判过程中。

一、准政府行为体

在国际谈判桌上,准政府行为体是一类特殊的行为体。他们其实是一国国内的反政府武装,对一国的某一地区实行了有效控制,并建立了相应的政权组织,但他们的身份通常没有得到国际社会绝大多数国家的承认。他们在国际谈判桌上的席位显然不是中央政府授权的，但他们对一国某一地区的实际控制为他们争取到了谈判桌前的一个席位。

阿富汗塔利班（以下简称"阿塔"）曾经是国际社会中比较典型的准政府行为体。1994年阿塔兴起，1996年9月攻占喀布尔，建立政权。1997年10月改国名为"阿富汗伊斯兰酋长国"，在阿实行伊斯兰统治。2001年"9·11"事件后，阿塔政权在美国军事打击下垮台，再次沦为准政府组织，以坎大哈为据点，与临时过渡政府和以美国为首的多国部队对抗。1994年以来，阿塔对阿富汗部分领土的实际控制，使其成为阿富汗和平进程谈判中不可忽视的一方。表2-1是作者从艾哈迈德·拉希德的《塔利班：宗教极端主义在阿富汗及其周边地区》[①]一书中整理的1994年至2009年与阿塔有关的谈判。

表2-1 阿富汗塔利班参与或被邀请的谈判（1994—2009年）

时间	谈判对象	结果
1995年2月11日	阿富汗总统拉巴尼派出的代表团	塔利班提出加入临时政府的三大条件
1997年5月26日	马利克武装	谈判破裂
1997年10月8日	巴基斯坦提出转口贸易协定	塔利班拒绝
1998年4月1日	反塔武装	5月4日谈判破裂
1998年10月14日	联合国特使卜拉希米	奥马尔同意释放所有伊朗囚犯
1998年11月7日	各方建议就组成联合政府进行谈判	塔利班拒绝
1999年1月10日	其他派别在白沙瓦达成第一次和平和民族团结协议	塔利班拒绝，并称问题只能通过军事途径解决
1999年2月2日	美国代理国务卿塔尔博特要求引渡本·拉登	塔利班拒绝
1999年3月3日	土库曼斯坦外长谢赫莫拉多夫	奥马尔在坎大哈与之进行会谈

[①] 艾哈迈德·拉希德：《塔利班：宗教极端主义在阿富汗及其周边地区》，钟鹰翔译，重庆出版集团，2015，第272—293页。

续表

时间	谈判对象	结果
1999年3月11日	土库曼斯坦和反塔势力参加的阿什哈巴德多边谈判	不久便宣告破裂
1999年3月30日	第二轮阿什哈巴德谈判	陷入停滞
1999年4月10日	反对派建议举行会谈	奥马尔拒绝
1999年4月29日	与巴基斯坦、土库曼斯坦谈判重启阿富汗境内运输天然气的管道工程	发起谈判
1999年5月12日	土库曼斯坦	达成协议，塔利班从土库曼斯坦进口天然气和电力
1999年6月2日	乌兹别克斯坦外长阿齐兹·卡米罗夫建议塔利班参加谈判	塔利班声明只有在自身被承认为代表阿富汗合法政府的基础上，才会参加下一轮的"6+2"会谈
1999年6月26日	阿富汗前国王查希尔·沙赫在罗马举行多边协商会谈	塔利班拒绝了沙赫的任何和平努力
1999年7月19日	"6+2"集团会议在塔什干开幕	塔利班派员列席会议，并未停止战争准备，会议无实质性成果
2002年1月5日	阿富汗临时政府	谈判破裂
2008年11月17日	阿富汗领导人卡尔扎伊建议谈判	塔利班拒绝，声称谈判只能在外国军队撤离阿富汗的情况下进行

资料来源：作者整理。

从这张表中可以看出，阿塔对军事谈判和政治谈判均持拒斥态度。原因有三：第一，认为谈判没有意义，他们的诉求只能通过军事途径解决；第二，身份合法性没有得到国际社会承认；第三，外国军队应先撤军的谈判前提条件没有得到满足。这三个理由及其背后的政治信念在准政府行为体中有比较普遍的代表性。准政府行为体均以武装起家，他们信奉暴力工具学，对于他们来说谈判桌上的口舌之争远不如战场上的厮杀来得有效。他们相信战场上得不到的，在谈判桌上也照样得不到。至于身份的合法性，则是准政府行为体最为敏感的问题。他们进行了暴力斗争，付出了巨大牺牲，得到了部分土地的控制权，这些用生命和鲜血换取的所得需要得到承认。外国军队则是他们最忌惮的外部力量，他们可能成为政府军背后的支持，只有将外国军队排挤出当地局势，反政府力量才有信心取得对政府军的优势。阿塔一直都是以"将外国军队赶出阿富汗"为口号来团结和号令其追随者的。

从阿塔的案例中也可以看出，和准政府行为体达成谈判协议非常困难。由于准政府行为体长期不为国际社会所承认，以及此前在战场上的相互厮杀，有关谈判方心存芥蒂，甚至互相仇视。因此，消除敌意，建立互信，营造友好的谈判气氛，避免谈判陷于互相指摘、批评，是决定谈判胜负的关键一步，也是最难的一步。即使达成了和平协议，执行过程中也可能遭遇信任赤字导致的诸多挑战。

2018年10月，美国政府开始与阿塔进行接触谈判。2020年2月29日，美国和阿塔在卡塔尔多哈签署和平协议。根据这份协议，美国承诺在135天内将驻阿美军规模从1.3万人减少到8600人，剩余的美军和北约联军士兵将在14个月内全部撤离阿富汗。与此同时，阿塔承诺不允许其成员以及包括基地组织在内的其他组织成员，利用阿富汗国土威胁美国及其盟友的安全。[①] 但和平协议未能得到执行。签约后的第三天即3月3日晚上，塔利班武装分子因不满阿富汗政府拒绝释放战俘，袭击了昆都士地区三个军事哨所，杀死了至少10名士兵和4名警察。3月4日，美军在阿富汗赫尔曼德省对阿塔武装分子发动空袭进行报复。和平协议墨迹未干，阿富汗再陷战争和混乱。

国际关系中比较著名的准政府组织还有中东和谈中的巴勒斯坦解放组织（以下简称"巴解组织"）以及越南停战谈判中的越南南方民族解放阵线。在1988年11月巴勒斯坦国成立之前，虽然巴解组织是中东事态的主要当事方，但以色列一直不承认巴解组织的合法身份，并拒绝与之进行谈判，中东和平进程也因此毫无进展。1993年1月，以色

---

① Secretary Pompeo's Remark to the Press, Press Briefing Room, Washington D.C., March 5, 2020, https://www.state.gov/secretary-pompeos-remarks-to-the-press/.

列解除禁止与巴解组织接触的禁令，双方领导人拉宾和阿拉法特开始秘密接触。经过在奥斯陆的14轮秘密预先谈判，以色列与巴解组织就加沙和杰里科先行自治问题达成原则协议。同年9月，巴解组织同以色列正式谈判，并在华盛顿签署《巴勒斯坦自治原则宣言》，也称《奥斯陆协议》。该协议被认为是巴以和平进程中的里程碑式成果。[1] 在巴以和谈中，承认准政府行为体巴解组织的合法身份，成为巴以和谈有效启动的前提条件。

在越南停战谈判中始终存在越南南方民族解放阵线是否具有平等谈判地位的问题。中国前驻越南大使李家忠在他的回忆录中记录了国际谈判史上罕见的一幕：谈判各方为了谈判桌的形状谈了三个月。

> 四方谈判开始前，越南北方代表和美方代表仅为谈判桌的形状问题就争论了近三个月。越南北方代表建议谈判桌应为正方形，每个代表团在方桌的一边就座，这样可以体现出四方谈判者平等的谈判地位。但美方不同意，起初建议谈判桌为长方形，美方和西贡傀儡政权代表团坐在桌子的一边，越南北方和越南南方代表团坐在对面；继而又提出了三种桌子形状：（1）两个半月形桌子并在一起；（2）两个半月形桌子相对，中间隔开一定距离；（3）两个半月形桌子相对，中间隔开一定距离，两头分别放有两张长方形小桌以供书记员使用。美方的意图就是要把四方谈判变成实质上的两方谈判，以此来贬低越南南方民族解放阵线的地位。为了这个具体的技术问题，双方总共谈论了14次，最后才商定谈判桌的形状为圆形。[2]

---

[1] Leslie Derfler, *Yitzhak Rabin, A Political Biography* (New York: Palgrave Macmillan, 2014), pp. 143–160.

[2] 李家忠：《从未名湖到环剑湖：我与越南》，四川出版集团·四川人民出版社，2004，第146页。

之所以各方为了谈判桌形状这一看上去无关宏旨的问题争论那么久，是因为谈判桌的形状以及座序关系到谈判各方的身份和地位问题。越南北方代表极力为越南南方民族解放阵线争取一个平等的身份和谈判地位，而美方和西贡傀儡政权则极力贬低其身份和地位。关于越南南方民族解放阵线身份的斗争始终贯穿于美越停战谈判的全过程。实际上在最后签订停战协议时，越南南方民族解放阵线的平等地位仍然没有完全得到美国的承认。在签订停战协议时，越南南方民族解放阵线和越南北方代表在同一页上签字，西贡傀儡政权和美国在另一页上签字。对此基辛格评论说："谈判是从1968年争论谈判桌的形状开始的，实际上，在1973年也是以争论同样的问题结束的。"[1]

准政府行为体是国际及国内秩序变迁过程中的特有产物，但他们的出现是有其历史必然性的。国际社会唯有尊重他们的身份，倾听他们的诉求，才可能解决他们作为重要方涉入其中的危机和冲突。

二、非政府行为体

在环境类议题的多边谈判中，非政府组织是非常重要的行为体。1997年12月，在日本京都《联合国气候变化框架公约》第三次缔约方大会上，协约国代表有1534人，非协约国代表有29人，但非政府组织则有278个团体共计3865人参加。[2] 2009年，哥本哈根《联合国气候变化框架公约》第15次缔约方大会召开期间，非政府组织的参与达到了一个新高度。2015年，在巴黎《联合国气候变化框架公约》第21次缔约方大会期间，青年全球气候网络（YOUNGO）举办了第11次青年气候会议，全球有5000多名青年人参与了会议。[3] 从京都到哥本哈根，再

---

[1] 亨利·基辛格：《基辛格越战回忆录》，慕羽译，海南出版社，2009，第345页。

[2] "关于环境防止全球变暖京都会议"，京都府网站，http://www.pref.kyoto.jp/cn/04-02-04.html。

[3] 联合国气候变化青年会议（COY）：https://unfccc.int/topics/action-for-climate-empowerment-children-and-youth/youth/youngo/coy。

到巴黎，环保类非政府组织不仅数量在急剧增加，其行动理念和组织方式也发生了很大变化，以至于可以清晰地区分出两类环保类非政府组织：常态型和动员型。

世界自然保护联盟（International Union for Conservation of Nature）是目前世界上最大的常态型环保类非政府组织，成立于1948年。世界自然保护联盟的世界自然保护大会（World Conservation Congress）负责设定该组织在全球的环保目标，并且指导该组织如何将自己的政策目标融入各国地方政府、中央政府以及国际组织的相关战略目标中。在涉及环保类的国际谈判中，如气候谈判、生物多样性谈判，世界自然保护联盟的重要性丝毫不逊于政府行为体。它对谈判议题的设定、谈判进程的推动、谈判协议的达成均有深刻的影响。以世界自然保护联盟2018年年报为资料来源，[①] 可以分析该组织影响国际多边谈判的一般路径。

首先，向国际社会的主要环保谈判机制派驻代表团，确保人力资源配备到位。派驻的团组可以是常设的，如世界自然保护联盟在联合国纽约总部派驻常设观察团；也可以是临时的，如向《生物多样性公约》等几大公约的缔约方大会派遣代表团。世界自然保护联盟常设联合国总部的代表团推进目标时，不会采取单边行动，他们往往会同其他非政府组织，如世界动物保护协会，甚至主权国家如法国政府共同组织对话活动，将最新的环保科学知识和理念输入联合国总部外交官们的观念体系中，以达到长期地、间接地、无形地影响国际多边谈判的目的。在全球水资源管理方面，世界自然保护联盟与世界水资源论坛的世界水资源委员会有着长期的合作，共同致力研究出适应性强的水资源管理框架。

其次，为重要政策文件提供科学数据和科学理念。世界自然保护

---

① International Union for Conservation of Nature, *United for Life and Livelihoods, Annual Report 2018,* pp. 18–19.

联盟设有专家委员会，全球有1.5万名专家和科学家志愿成为该委员会委员，为世界环保组织提供科学知识以及政策建议。在政府间生物多样性和生态系统服务科学政策平台（IPBES）的第六次会议采纳的五个评估报告中，世界自然保护联盟的秘书处和委员会成员都有所贡献。世界自然保护联盟提供的数据也被评估报告采用。世界自然保护联盟的专家们还为《海洋法公约》政府间大会第一次会议提供了国际法律机制方面的技术支持，专家们提出的关于海洋保护区潜在的结构、功能和潜力的建议也被采纳。在《联合国气候变化框架公约》第24次缔约方大会上，世界自然保护联盟继续强调，保护自然对于签约国达到减缓和适应气候变化的目标是不可或缺的。世界自然保护联盟的专家们还为解决气候变化问题提供必需的关于土地、海洋、森林、水资源等领域的专业知识。

再次，提出具体的政策建议。在《生物多样性公约》第14次缔约方大会上，世界自然保护联盟代表团建议将基于科学的目标融入《2020年后全球生物多样性框架》中，以确保可以更准确地量化和跟踪缔约方的承诺。缔约方各国接受了世界自然保护联盟代表团的建议，同意制定国家战略和计划，鼓励更多的国内行为体包括私营机构，一起努力实现《2020年后全球生物多样性框架》目标。

最后，世界自然保护联盟还可以通过资金支持影响气候谈判协议的执行。世界自然保护联盟参加了全球环境基金（GEF）第六次大会，并将全球环境基金新设的可持续森林管理和可持续城市项目的相关主题纳入世界环保组织的工作中。世界自然保护联盟为《联合国防治荒漠化公约》的75个国家提供资金，帮助它们实现到2030年土地退化零增长目标。

通过派驻代表团、提供科学数据和科学理念、提供政策建议、提供资金支持等四种路径，世界自然保护联盟这类常规性非政府组织能够有效影响国际多边谈判的议程设定、政策出台以及落实，而且其影响力是长期且稳定的，这一特点与动员型非政府组织形成了鲜明的对照。

哥本哈根世界气候大会前后，关注气候变化的非政府组织开始尝试一种新的影响路径：进行全球范围的大众动员。其中影响力最大的动员型非政府环保组织是全球气候行动联盟（Global Campaign Climate Action），它还有一个更广为人知的名称："Tck Tck Tck 运动"。取这个形象的名称意在提醒人们，《联合国气候变化框架公约》第15次缔约方哥本哈根大会已进入倒计时状态，大家必须迅速行动起来。在它极强的动员能力之下，哥本哈根世界气候大会现场公民参与运动的规模达到了前所未有的高度，仅"Tck Tck Tck 运动"一个非政府组织就动员了1500万人以各种形式参加到这场运动中来，当时在哥本哈根街头参加游行的就有10万人之众，[①] 凸显出非政府组织在气候变化谈判中的作用正在发生深刻变化。

除全球气候行动联盟之外，同时期类似的比较有影响力的动员型非政府组织联盟还有气候行动网络（Climate Action Network）和气候公正网络（Climate Justice Network）。气候行动网络曾经是在《联合国气候变化框架公约》秘书处登记过的最大的全球公民团体网络，全球共有450个非政府组织加入该网络。在与《联合国气候变化框架公约》的缔约国进行谈判时，他们以网络为平台聚集在一起，采取统一行动。这种方式聚合了之前分散在世界各地的环保力量，使之成为气候谈判桌上一个不可忽视的存在。但随着成员的增多，成员之间观点、立场和理念的差异也日益扩大，这反倒削弱了气候行动网络作为一个统一行动体的统合力和影响力。2007年，"国际地球之友"退出气候行动网络。

同年，一批拥有激进"左"翼理念且不满现有气候体制的非政府

[①] 喻捷：《NGO 与气候变化》，载郑国光、罗勇等：《气候变化绿皮书》，社会科学文献出版社，2010，第246页。

组织成立了气候公正网络，他们一度在《联合国气候变化框架公约》缔约方大会的巴黎峰会、曼谷峰会、哥本哈根峰会以及坎昆峰会期间非常活跃。与"Tck Tck Tck运动"不同，气候公正网络拒绝在联合国框架之下行动，他们批评联合国是代表全球资本主义和民族国家利益的机构。他们认为："那些寄希望于哥本哈根的人，到头来会明白自己多么天真。越来越多的人会逐渐醒悟，只有社会运动，而不是政府才有力量对解决气候危机作出必要的改革。"① 但事实证明，主张脱离政府单干的动员型非政府组织在主权国家仍然是资源垄断者的当今国际社会，将面临发展后劲不足、影响力不够的问题。相较于动员型非政府组织，常态型非政府组织如世界环保组织在国际谈判中，依托政府搭建的平台，往往能够发挥更大的作用。

从以上分析可以看出，至少在环境类议题的多边国际谈判中，非政府行为体的活跃度非常高。常态型非政府组织如世界环保组织和动员型非政府组织如"Tck Tck Tck运动"发挥各自的优势，共同影响相关国际谈判的进展。在这场与强大的政府行为体的博弈中，他们必须联合更多的力量，例如媒体和公众。

三、媒体与公众

媒体，在某些国家被称为行政、立法、司法之外的"第四种权力"，深刻地影响着国家政治进程。在国际政治中，媒体没有无冕之王的威风，对国际谈判的影响也相对比较有限。一份研究美国人谈判行为的报告指出，媒体在谈判议程设定上扮演着重要角色，但是对谈判本身以及谈判结果的影响有限。②

---

① 喻捷：《NGO与气候变化》，载郑国光、罗勇等：《气候变化绿皮书》，社会科学文献出版社，2010，第247页。

② "U.S. Negotiating Behavior," United States Institute of Peace, Special Report 94, October 2002.

如果说在当代社会媒体和民众在国际事务中还有一些影响的话，是拜政治民主化以及传播工具现代化所赐。无论精英们喜欢不喜欢，"CNN效应"实实在在地产生了。在监督政府、评论内政外交这件事情上，新闻的制造者——媒体人和新闻的受众——公众是有共识的，是两者互动的结果。媒体实时的国际报道将民众本来并不熟悉的国际事务推送到面前，民众难免品头论足一番。尤其当事件产生了人道主义灾难的时候，民众的质疑和反对之声会通过媒体表达出来。鉴于民众的情绪可能会影响他们在下次选举中的投票行为，政治精英们不得不有所回应，正是在这个意义上，媒体和民众影响了政府决策这一说法是成立的。因此，它在时间维度上只是晚近的事情；在空间维度上，它是政治民主化国家特有的现象。

在西方传统国际政治中，国际事务是贵族精英们专属的封闭领地，媒体和公众从来都是被拒之门外的。精英对民众存在一种根深蒂固的偏见，哥特战争时期的拜占庭帝国统帅贝利萨留斯（Belisarius）曾傲慢放言："民众是一种最不可理喻的事情，就他们的本质来说，他们既不能忍受当前的处境，又不能为未来做准备，而在每一种情况下只知道如何冒失地去干那不可能的事情，并且不顾一切地把他们自己毁掉。"[①] 这种优越感在西方历代精英之间传递，历久而不衰。1815年重建国际秩序的维也纳会议的主角之一、英国外交大臣卡斯尔雷（Viscount Castlereagh）坚信：外交是精英的专属领地，与"群氓"无关。在他们看来，没有客观理性的公众舆论，只有暴躁偏执的公众情绪。

但政治民主化进程不可阻挡地出现了，"愚蠢"的普罗大众如今摇身一变成为手握选票的现代公民。卡斯尔雷的继任者英国首相格莱斯顿（William Ewart Gladstone）面对的是全新的时代。在这个新时代，政治精英为了赢得选举，不得不"讨好"之前不屑一顾的"群氓"。

---

① 普洛科皮乌斯：《战争史》（上），王以铸、崔妙因译，商务印书馆，2010，第532页。

1879年，在苏格兰中洛锡安地区竞选活动中，格莱斯顿从火车车厢窗口向民众发表关于外交政策的演说。这一举动赢得了选民的极大好感，却令维多利亚女王感到十分吃惊。但正如丘吉尔所言，女王的异议只是旧时代的回音而已。[①] 如何倾听民众的观点，甚至迎合民众的情绪成为新时代的政治家们不得不修炼的一门新学问。

第一次世界大战后，国际事务为政治精英所"垄断"的局面进一步被打破。美国总统伍德罗·威尔逊（视格莱斯顿为偶像）主张"公开地缔结公开的条约"，他"坚定地相信自己在为全世界大多数沉默的、还没有机会和地方表达他们心声的人们说话"。[②] 虽然一些研究者认为，威尔逊总统的许多行动是不明智的，但没有人质疑他那令人崇敬的动机，以及他在民众中唤起的参政议政的热情。第二次世界大战后，信息技术和传媒业的发展使得公众参与外交事务在技术上成为可能。公众不断将目光投注到外交政策领域，他们要求更多的知情权和发言权。随着国际谈判议题的低政治化，越来越多关系到普通公众民生的问题摆上了国际谈判桌，媒体和公众评论外交事务也有了现实的合理性。

但民众和政治精英的视角和理念是不同的，甚至是对立的。在战争与和平的问题上，在鸽派民众看来，战争就意味着勇敢的年轻人在东南亚的沼泽地里死去，意味着出现更多辛迪·希恩（Cindy Sheehan）这样有着丧子之痛的"反战母亲"，意味着弹片穿过无辜老人、妇女的肉体，意味着落叶剂将健康的孩子变成痛苦的畸形儿。但这些充满人道主义色彩的和平吁求，在现实主义政治家听来都是噪音，是要极力予以排除的干扰。他们熟稔的国际政治游戏规则是基于权力，而不是基于什么人道主义的，游戏者需要的恰恰是鄙俗的世故，而不是什么

[①] 温斯顿·丘吉尔:《英语民族史》，薛力敏、林林译，南方出版社，2004，第1064页。
[②] 亚历山大·乔治、朱丽叶·乔治:《总统人格：伍德罗·威尔逊的精神分析》，张清敏译，中央编译出版社，2014，第201页。

"高尚的天真"。乔治·F.凯南,20世纪美国资深外交家,对公众参与外交事务同样持怀疑态度。他甚至将美国愚蠢的外交政策归咎于与现实主义逻辑相悖的自由民主原则。他形容民主这个"史前怪物","安静地待在原始淤泥中,不注意周围的环境,很难发怒,一旦意识到它的利益正在受到侵扰,就怀着盲目的决心四面出击,不仅摧毁它的对手,也在很大程度上毁坏了它的天然栖息地"。他认为民众似乎只有两种状态:"不加区别的冷漠"和"不加区别的神圣地愤怒"。[1]凯南对民众的刻薄评论在西方精英政治家中并不鲜见。

基辛格以及他的团队在越南停战谈判期间,一直就处在精英和民众的观念对立所带来的紧张冲突中:一方面,他们不得不倾听国内民众如"河内简·方达"们的声音;另一方面,他们深信,任由民众片面地吁请和平和道德只会妨碍外交家从战略的高度守卫国家利益,他们不得不对民众的强烈反战意愿保持警惕。这是精英和民众之间的一场博弈,而精英罕见地铩羽而归,基辛格在其回忆录中对此多有抱怨。

回忆录中谈道,越南停战谈判进行了将近四年仍然看不到确定的成果,迫于国内压力,基辛格在1972年10月26日记者招待会上安抚了一下民众,他表示"我们相信和平在望,我们相信协议近在咫尺"。这句应对民众的技巧性表述后来成了他自己递给媒体和公众的一根绳子,让他反受其缚。感恩节谈判中,越南民主共和国(也称北越)从原来的立场上后退。失望之极的基辛格向尼克松建议中断谈判以向越方施压。尼克松回复说,由于国内已经有了对谈判的期望,中断谈判不可能了。之后,尼克松在给基辛格的两封私人备忘录中再次表示:"和平在望"的说法令他们受困于国内舆论环境。[2]为了打破谈判桌上久拖不决的僵局,尼克松决定12月下旬对越南北部进行一轮轰炸。这个决定

---

[1] 乔治·F.凯南:《美国大外交》,雷建锋译,社会科学文献出版社,2013,第94页。
[2] 亨利·基辛格:《基辛格越战回忆录》,慕羽译,海南出版社,2009,第307、320、336页。

同样遭到了国内媒体和民众的冷嘲热讽。《基督教科学箴言报》《圣路易斯邮报》认为轰炸从未起过作用，政府应尽快抛弃南越，结束越战。其他媒体指责政府不道德和欺骗的骂声也是此起彼伏，不绝于耳。[①]

美国谈判代表受制于国内媒体和公众这一事实，还被精明的越南民主共和国的谈判代表加以利用了。1972年12月，美越谈判再次陷入僵局。美方认为此次僵局是对方造成的，因为他们在谈判中非常强硬，但越方在室外迎送美方代表时却表现得很热情。这给守候在外的记者一种印象：越南对谈判是很积极的，造成谈判进展不畅的是美国。"圣诞轰炸"后双边恢复了谈判。这次正好相反，越南人在谈判房间内列队欢迎美国谈判代表，表现得非常热情，但在记者看得见的门外，表现非常冷淡，不仅没有人在外面迎接，黎德寿也拒绝同基辛格握手。他们要给媒体一个印象，是美国的轰炸令谈判气氛变得冰冷。对于基辛格来说，在四年多的谈判过程中，除了要应付谈判桌上的越南北方代表和越南南方代表，与本国媒体和民众的缠斗某种意义上更为费神。他发现自己"经常为了谈判记录而谈判"。为此，他不断提醒尼克松（也是提醒他自己）：不要迎合国会中某些人的态度或者公众舆论，不能只考虑公众关系，而是要根据国家利益行事。[②]

既然媒体和公众已经成为谈判场中的一个角色，与其被动地受其牵制，不如主动地加以利用，以推动国际谈判进程。媒体本质上只是媒介，它可以是公众发声的平台，也可以为政治家所用，成为他们的喉舌。利用媒体影响、动员，甚至操控公众，可谓现代政治家的基本功。

当然，愚弄欺骗媒体和公众并不是聪明的做法。聪明的外交家会通过媒体"放飞试探性风筝"，试探公众的反应以推动谈判进程。例

[①] 亨利·基辛格:《基辛格越战回忆录》，慕羽译，海南出版社，2009，第337页。
[②] 亨利·基辛格:《基辛格越战回忆录》，慕羽译，海南出版社，2009，第343、318、327页。

如，1979年，英国主持津巴布韦各派在伦敦召开制宪会议的谈判过程中，时任英国外交部新闻司司长的冯恩爵士（Sir Nicholas Fenn）就将会议进展的真实情况提供给媒体，使公众了解谈判中的分歧和阻力。[①]这一做法实际上是在为公众接受最终的谈判结果进行铺垫，避免引起强烈反对。

第三节　第三方调停者

当谈判当事方难以通过彼此的妥协解决问题时，他们会诉诸第三方。因此，第三方也是谈判过程中常见的行为体。由第三方参与的活动通常有调停（mediation）、斡旋（good offices）、和解（conciliation）、仲裁（arbitration）和司法解决（judicial settlement）。[②]其中，和解、仲裁和司法解决是在当事方谈判完全失败后选择的第三方介入的方式，调停和斡旋则是在谈判进行过程中的介入。鉴于斡旋又常被认为是调停的一种，这一节主要讨论调停者这一行为体。

调停者是国际谈判的重要参与方，根据调停者参与程度的不同，调停可分为四种：第一，斡旋（good offices）。调停者只提供谈判场地或者前期事务性联络工作，不涉及谈判本身的内容。这是最轻程度的介入。第二，协调立场（facilitate）。调停者在有关谈判当事方之间传递信息，听取当事方在谈判议题上的利益诉求以及面临的困难等，主动协调双方立场，寻找各方共同利益并给出建议，促进谈判当事方的相互理解。第三，提供方案（formulate）。深度介入谈判，在充分协调双方立场的基础上，提供双方均可接受的解决方案甚至提供协议文本。

[①] Sir Nicholas Fenn Interviewed by Jimmy Jamieson on Tuesday 16 February 2010 at Marden, Kent, p. 34, https://www.chu. cam. ac. uk/media/uploads/files/Fenn.pdf.

[②] 它们之间的区别参见杰夫·贝里奇：《外交理论与实践》，庞中英译，北京大学出版社，2005，第199—200页。

第四，操控（manipulate）。提供智力经验以外的其他资源，对谈判当事方施加压力，迫使其作出让步，接受谈判方案。但第四种调停被认为挑战了传统调停理论对调停者中立身份的强调。

调停可以应谈判当事方要求进行，也可是调停者主动进行的行为。比如对于朝鲜半岛核问题，中国就是"主动出面调停、斡旋，平衡各方利益关切"。[①] 在国际谈判中参与调停的行为体有国际组织、主权国家、宗教团体，以及个人外交家。他们在资源占有、被当事方接受的程度，以及调停效果上各有不同。

一、国际组织

根据《联合国宪章》，联合国安理会有权对国际争端进行调查和调停。联合国秘书长本人或者秘书长的特派代表经常扮演调停者角色。实际上，几乎世界每个有冲突的角落都有联合国安理会派出的调停人员。但联合国调停的效果备受质疑。

一方面，我们看到联合国的调停有效缓解了一些局部冲突，如两伊战争、柬埔寨局势、萨尔瓦多内战。其中持续时间最长的案例是联合国在阿富汗和平进程中取得的成果。1988年5月，在联合国的敦促下，苏联开始撤出阿富汗。1996年7月11日，德国外交官诺尔伯特·霍尔（Norbert Holl）出任联合国派驻阿富汗特使。1997年7月28日，联合国命令调停专员阿尔及利亚外交官拉赫达尔·卜拉希米（Lakhdar Brahimi）对阿富汗情况进行调研并提交相关报告。1998年3月，卜拉希米在塔利班和反塔武装之间进行斡旋。1999年2月，卜拉希米对沙特阿拉伯和巴基斯坦进行访问，寻求阿富汗问题的解决方

[①] 戴秉国:《战略对话：戴秉国回忆录》，人民出版社、世界知识出版社，2016，第205页。但是根据傅莹2017年在布鲁金斯学会发表的关于朝核问题的报告，中国是"应美国的请求，2003年开始调停朝核问题"。Fu Ying: The Korean Nuclear Issue: Past, Present, and Future: A Chinese Perspective, *Strategy Paper 3*, the John L. Thornton China Center at Brookings Institution, May 2017, p. 1。

案。2000年1月18日，西班牙外交官弗朗塞斯克·旺德雷尔（Francesc Vendrell）被任命为联合国秘书长阿富汗事务特别代表。经过联合国的长期努力，2001年11月27日，联合国促成的波恩会议开幕，12月5日，各方签署了《关于成立阿富汗临时政府的协议》，同意组织临时政府。[①] 12月22日，临时政府成立，阿富汗和平进程取得了阶段性重要进展。但阿富汗的和平事业一波三折。2021年，卜拉希米仍然在呼吁国际社会关注阿富汗国内局势的发展，以及人道主义援助的迫切性。[②]

另一方面，联合国调停无效的例子也不胜枚举。1991年，在联合国调停下，摩洛哥与西撒哈拉人民解放阵线（亦称"波利萨里奥阵线"）签署了停火协议，并同意通过公民投票决定西撒哈拉的前途。但至2003年，西撒哈拉问题仍然没有得到解决。摩洛哥拒绝了联合国秘书长安南私人特使贝克提出的报告，认为摩洛哥的建议没有被采纳，是"一种倒退"。2007年，缅甸局势发生动荡。联合国缅甸特使甘巴里前往缅甸，试图在军政府和反对党领导人昂山素季之间充当调停者角色。11月，甘巴里宣称未能完成秘书长潘基文赋予他的使命，既没有促成缅甸军政府与反对党的会谈，也未能说服政府释放被关押的示威者。

关于联合国的调停效果，曾执教于美国约翰斯·霍普金斯大学的调停问题专家萨迪亚·图瓦尔（Saadia Touval）教授认为，那些看上去是联合国调停成功的案例，只是因为当事方已经精疲力竭了，正好借坡下驴，并不是联合国的功劳。他认为，联合国等国际机构内在的特质限制了他们的调停作用。例如，他们没有权威，也没有政治杠杆，缺乏可信性承诺和威胁，也不能给出有效的策略使得谈判一以贯之、灵活机动，且动力十足。[③]

---

① 艾哈迈德·拉希德：《塔利班：宗教极端主义在阿富汗及其周边地区》，钟鹰翔译，重庆出版社，2015，第272—287页。

② Lakhdar Brahimi, "The international community must act respobsibly on Afghanistan," The Elders, https://theelders.org/news/international-community-must-act-responsibly-afghanistan.

③ Saadia Touval, "Why the UN Fails," *Foreign Affairs,* 73, iss. 5 (1994): 44–57.

联合国调停效果有限，还跟联合国的中立性有关。理论上，中立是调停者必须秉持的立场，唯其如此，才能为谈判当事方所接受。但在实践中，情况要复杂得多。瑞典乌普萨拉大学伊萨克·斯万森（Isak Svensson）教授基于124个协议文本进行的实证研究显示：有所偏袒的调停比中立的调停更可能产生一个利于民主与持久和平的协议。[①] 图瓦尔教授也曾经坦言：带偏见的调停在解决国际冲突时，往往是最有效的。联合国特有的公正性，使他们在被接纳介入冲突的时候有比较优势，但在之后具体的调停过程中，公正性反而成为一种束缚，限制了他们的思路和工作方式。

鉴于联合国调停官员能够从组织中调用的资源有限，调停者的个人能力和素质就成了决定调停成功与否的第一个关键要素。卓越的调停者被认为应该具备"约伯一样的忍耐力，英国人的认真和坚定，爱尔兰人的机智，马拉松选手一样的身体耐力，橄榄球前卫的闪躲能力，马基雅维利的狡诈，精神科医生的人格探究技巧，犀牛的躲藏能力，以及所罗门的智慧"。[②] 作为一门与人打交道的工作，懂得人情世故也是必不可少的素质。有学者认为，如果调停者善于运用"给面子"的技巧，也能更好地帮助谈判当事方在不伤及自尊和关系的情况下从敏感的冲突中找到实质性的解决方案。[③] 正是意识到了调停工作的艰难，联合国调停专员卜拉希米感慨道："我们不敢自诩能解决问题，我们的信条是：时时努力，因势利导。"[④]

如果参与调停的国际组织是自带资源的功能性国际组织，如世界银行，可资调停者调用的物质性资源就会丰富很多，从而调停成功的

[①] Isak Svensson, "Who Brings Which Peace? Neutral versus Biased Mediation and Institutional Peace Arrangements in Civil Wars," *Journal of Conflict Resolution*, 53, no. 3 (2009): 446.

[②] Daniel Bowling and David Hoffman, "Bring Peace into the Room: the Personal Qualities of the Mediator and Their Impact on the Mediation," *Negotiation Journal*, 16, Iss. 1 (2000).

[③] Eric van Ginkel, "The Mediator as Face-Giver," *Negotiation Journal*, 20, Iss. 4 (2004).

[④] Lakhdar Brahimi, *The Elders*, https://www.theelders.org/profile/lakhdar-brahimi.

概率也大为增加。1960年9月19日，在世界银行调停下，印度和巴基斯坦签订了《印度河水资源条约》，这个案例一直被国际社会认为是最成功的国际组织调停案例之一，美国总统艾森豪威尔更是将之喻为"在这个令人失望的世界里的一道光"。[①]

这一久远的案例之所以值得重新提及，是因为该案例建立起来的机制，直到今天仍然在发挥作用。印度河水资源谈判是在世界银行行长尤金·布莱克（Eugene Black）的调停下开始的，历经九年签订了条约。条约在印度和巴基斯坦之间建立起一个关于河水利用的合作和信息交换机制。根据条约，成立了印度河常设委员会，委员会的委员来自印度和巴基斯坦两国。对于可能出现的问题，条约设计了一套思路清晰、操作性强的处理程序：一般性问题交由委员会处理，分歧交给一个中立的专家小组解决，冲突则由一个由七位委员组成的仲裁法庭来裁定。条约签订以后，印度和巴基斯坦虽然仍然经历了多次冲突和对峙，但都能够在条约提供的解决灌溉和水力发电问题的框架下解决问题。

1960年签订的条约到今天仍然在起作用（虽然遇到了新问题），足以证明条约本身的成功是不容置疑的。为什么世界银行调停的这个案例比联合国介入的绝大多数调停案例都要成功呢？这便涉及调停者应具备的第二个关键要素：外在物质性资源。世界银行作为国际金融组织，它除了具备联合国秉持的公平、中立、正义之外，还有一个一般性国际组织难以企及的优势：资金实力雄厚。条约中第五款规定世界银行将为印度提供6200万美元的资金，用来重建灌溉和水利系统。在条约签订当天还签署了一份为巴基斯坦提供资金援助的协议，规定将为巴基斯坦提供不超过7000万美元的资金，用来重建灌溉和水利系统。

[①] *Fact Sheet: The Indus Waters Treaty 1960 and the Role of the World Bank*, The World Bank, June 11, 2018, https://www.worldbank.org/en/region/sar/brief/fact-sheet-the-indus-waters-treaty-1960-and-the-world-bank.

世界银行运用其一贯擅长的资金筹集和分配能力，规定了出资国澳大利亚（5.13%）、加拿大（7.63%）、德国（9.86%）、英国（19.20%）和美国（58.18%）的出资比例，精确到小数点后两位。[①] 这种对资源的征集和调配能力成为1960年《印度河水资源条约》案例成功的重要保障。

二、主权国家

主权国家参与调停的优势和劣势要视国家身份而定。美国这样的超级大国由于调配资源的能力强，其调停效果明显优于国际组织和其他中小国家。1992—1995年波黑危机为我们比较国际组织调停和大国调停提供了范例。在1995年以前，欧盟和联合国一直是国际社会对前南危机进行调停的主要力量，但危机迟迟没有得到解决。1995年，美国乘波黑危机陷入僵局之际参与进来。1995年8月，美国更是撇开五国联络小组，单独提出解决波黑问题的新方案，派出自己的特使助理国务卿霍尔布鲁克进行游说、斡旋，甚至主持和谈会议，从而迅速取代欧盟和联合国的调停者角色。同年11月，在美国主导之下，有关三方南斯拉夫联盟、克罗地亚和波黑的领导人在美国俄亥俄州代顿市签署了《代顿和平协议》，结束了战争。同样是波黑地区的事务，25年后的2020年9月4日，还是在美国调停下，科索沃和塞尔维亚实现了经济关系正常化，[②] 使得"1930年以来西方最失败的集体安全困境"的解决看到了曙光。[③]

为什么欧盟和联合国难以调停的国际危机，美国却可以成功化

---

① World Bank, Indus Basin Development Fund Agreement, p. 5–7, 1960, http://documents1.worldbank.org/curated/en/239781468100481033/pdf/Loan-0266-Pakistan-Indus-Basin-Project-Development-Fund-Agreement.pdf.

② Remarks by President Trump, President Vucic of Serbia, and Prime Minister Hoti of Kosovo in a Trilayeral Meeting, Foreign Policy, White House, September 4, 2020, https://www.whitehouse.gov/briefings-statements/remarks-president-trump-president-vucic-serbia-prime-minister-hoti-kosovo-trilateral-meeting/.

③ Richard Holbrook, *To end a War*, (New York:the Mordern Library, 1998), p. 21.

解？实际上并非美国的外交官具备高于联合国和欧盟调停者的调停技巧，而是美国将大国政治中唯我独尊的权力逻辑在前南危机解决过程中运用得淋漓尽致。早在1992年2月，在欧共体的介入下，塞尔维亚、波斯尼亚和克罗地亚领导人在里斯本达成了协议，那个时候还没有任何暴力发生。3月，美国驻南斯拉夫大使沃伦·齐默尔曼（Warren Zimmermann）拜访了波斯尼亚的穆族领导人，后者随即拒绝接受协议。虽然大使否认与他有关，但《纽约时报》的记者大卫·拜恩德（David Binder）以及促成里斯本协议的欧共体调停者何塞·库蒂莱罗（Jose Cutileiro）都对美国大使的行为颇多质疑。[①] 由于美国的干预，和平进程延宕的事情并非孤例。1995年8月克罗地亚"风暴行动"后，军事力量对比和局势明显地朝着有利于穆族和克族的方向发展。克罗地亚共和国政府军对境内塞族的巨大军事胜利，直接促成了波黑"以战逼和"局面的出现。而这一决定着整个形势逆转的"风暴行动"是受到美国的怂恿、支持和帮助的。对此，英国外交官大卫·欧文（David Owen）勋爵明确指出："华盛顿的领导对战争延长以及造成的悲惨后果负有不可推卸的责任。"[②]

尽管批评者甚众，但这种霍尔布鲁克所称的"强势介入"[③]的调停方式在美国很有市场。图瓦尔教授是这种理论的倡导者，而且他的观点深刻影响了一些重要谈判的参与者，如在美国国务院工作了24年、多次参与阿以谈判的美国总统顾问阿隆·大卫·米勒（Aron David Miller），以及在布什政府中担任国务院政策规划部主任、在克林顿政

[①] Alex N. Dragnich, "The Dayton Accords: Symbol of Great-Power Failings," *Mediterranean Quarterly*, 17, Iss. 2 (2006): 49.

[②] David Owen, *Balkan Odyssey* (New York: Harcourt, Brace & Company, 1995), p. 354.

[③] Derek Chollet, *The Road to the Dayton Accords, A Study of American Statecraft*, Palgrave Macmillan, 2005, Forword by Richard Holbrook.

府中担任中东问题特别协调人的丹尼斯·罗斯（Dennis Ross）。[①]那么美国式大国调停到底是世界和平之福祉，还是世界和平之隐患？这是一个问题。

中小国家虽然没有大国特有的资源，但在国际关系中如果能发挥"巧实力"，且运用得宜，也能在特定议题上扮演调停者角色。调停国际冲突是中小国家提高在国际社会存在感和美誉度的不二之选。中小国家参与调停的前提条件之一是其立场的中立性。永久中立国在中立性上具有天然的优势。目前，国际公认的中立国有瑞士、奥地利、瑞典、芬兰、爱尔兰、哥斯达黎加、土库曼斯坦。但在国际关系中许多参与调停的国家并不是永久中立国，而是与冲突当事国有着特殊联系的国家。例如，1962年斯里兰卡调停中印边界冲突谈判，1973年中国调停柬埔寨局势，1980年阿尔及利亚调停美国和伊朗的人质危机谈判，2004年起中国调停美朝核危机谈判，等等。

中国是联合国安理会常任理事国，理应对世界和平和安全承担更多的责任。党的十九大报告指出，中国将继续发挥负责任大国作用，积极参与全球治理体系改革和建设，不断贡献中国智慧和力量。参与地区或者全球性热点问题的解决是发挥大国作用、参与全球治理的一个主要方式。2002年以来，中国先后向中东、朝鲜、达尔富尔、阿富汗、叙利亚等热点地区和国家派出特使，参与该地区的冲突解决与和平重建。为了顺应国际调解发展态势的需求，体现中国的大国担当，2023年2月，中国在香港特别行政区设立国际调解院筹备办公室。2023年3月，在中国的调停下，伊朗和沙特阿拉伯两国握手言和，恢复了外交关系。

[①] Saadia Touval, 76, Expert on Mediation Issues, https://www.mediate.com/saadia-touval-76-expert-on-mediation-issues/.

三、宗教团体

宗教团队在冲突解决中扮演角色的经典案例当属教皇子午线（Papal Meridian）一案。1492年由西班牙国王斐迪南二世资助的哥伦布发现了美洲新大陆，当时的教皇亚历山大六世公开表示："我将哥伦布已探寻及正在探寻之新地，全部托付给了西班牙管理。"葡萄牙国王认为这侵犯了他的特权和专利，决心通过与西班牙一战捍卫自己的权利。教皇只好出面调停。1493年5月4日，教皇作出决断："两国以子午线为界，子午线以西归属西班牙，子午线以东归属葡萄牙。"之后，西班牙和葡萄牙进行了多轮谈判，就全球殖民利益进行了分配，终于在1494年签订了《托尔德西里亚斯条约》（Treaty of Tordesillas），接受了教皇的调停意见，将西班牙和葡萄牙的势力范围分界线定在从佛得角群岛以西370里格（约1770公里）处。

1984年智利和阿根廷之间的比格尔海峡争端也是在罗马教廷的调停下获得解决的。在此之前，冲突双方原本是提请英国政府进行裁决的。仲裁法庭在1977年4月22日作出裁决，对1881年7月23日的《阿根廷—智利边界条约》的有关条文进行分析。该条约第3条规定，"比格尔海峡南部的岛屿全归属于智利"。智利是否由此享有其南部皮克顿（Picton）、努埃瓦（Nueva）和伦诺克斯（Lennox）3座小岛及其邻近岛屿的主权？法庭认为，1881年条约所适用的"占有原则"已为拉丁美洲国家独立后在解决领土争端中所广泛适用。对条约第3条的解释只能在考虑整个领土条款的基础上进行。从1881年条约的规定看来，比格尔海峡西边的入口处的北段，其结果是把皮克顿、努埃瓦和伦诺克斯3组小岛落在智利一边，因此海峡的北段基本上构成阿根廷的南部世界。法庭根据对条约的解释裁定这3座小岛及其邻近岛屿均归属于智利。阿根廷不接受这个裁决，并于1978年1月25日宣布裁决无效。1979年1月8日，两国签订协定同意接受罗马教皇的调停，并接受教皇于1980年12月12日提出的建议。两国于1984年10月19日签订协定解决了这项争端。教皇进行调停有着特别的优势。研究过比格尔海峡调停案例的学者认为,这个优势并不是来自宗教教义或者宗教忠诚,而是来自教皇的道德权威赋予他的中立地位、在全世界范围的人脉网络、为国家领导人合法性背书以及保守秘密的能力。他还提到,教皇不具有传统的世俗权威反倒成为教皇出任调停者的一个优势。[1]

在南非民族和解[2]过程中,宗教力量也发挥了难以替代的作用。1994年5月,纳尔逊·曼德拉成为南非历史上第一位黑人总统,他面临的是一个在40多年种族隔离政策之下,积怨已深且相互仇恨的各个种族组成的破裂的国家。如果按照纽伦堡审判式的举措处理历史上遗留下来的种族问题,势必进一步深化仇恨,撕裂南非。新南非决定探索一条新的路径以重建国家。1990年底,南非各教会召开勒斯滕堡(Rustenburg)大会。会议上,荷兰新教教会著名神学家威利·扬克尔(Willie Jonker)代表阿非利卡人请求黑人的宽恕。南非圣公会大主教德斯蒙德·图图(Desmond Tutu)站起身来说:"我接受这感人和真诚的宽恕请求。"[3] 1995年11月29日,南非政府宣布组成真相与和解委员会,享有厚望的诺贝尔和平奖得主图图大主教担任委员会主席。真相委员会将自己的宗旨确立为"在弄清过去事实真相的基础上,促进全国团结与民族和解"。其具体做法是:(1)尽可能全面地调查自1960年3月1日至1994年5月10日这段历史时期内,各种严重侵犯人权事件的真相;(2)人权事件受害者出席听证会,向委员会讲述自己及家人遭受的侵权事件的历史真相以恢复他们的公民尊严,但同时自动放弃了通

---

[1] Thomas Princern, "Mediation by a Transnational Organization: the Case of the Vatican," in Jacob Bercovitch and Jeffrey Z. Rubin, Mediation in International Relations, Multiple Approached to Conflict Management (New York: Palgrave Macmillan, 1992), p. 150.

[2] 在《联合国宪章》中,和解和调停是两种不同的、由第三方介入的和平解决冲突的方式。图图大主教在南非民族和解过程中扮演的角色,严格地来说不属于调停者。

[3] 德斯蒙德·图图:《没有宽恕就没有未来》,江红译,上海文艺出版社,2002,第228页。

过法律寻求补偿的机会;(3)人权事件施害者出席听证会,向委员会讲述自己实施过的严重侵犯人权的暴行,委员会对其实施大赦。通过这样一种和解的方式,施害者和受害者彼此宽恕,放下了沉重的历史负担,共同迈向未来。

四、个人外交家

在国际调停舞台上有一个特殊的群体,他们以个人身份进行国际调停,并且发挥着极为重要的作用。他们被称为个人外交家,或者"二轨"调停者。2007年曼德拉创建了一个特殊的组织——"资深人士"(The elders)[①]。该组织由一群共同致力于世界和平的独立身份的各国前领导人组成,其中包括联合国前秘书长潘基文,联合国派驻多国的特使、阿尔及利亚前外交部长拉赫达尔·卜拉希米(Lakhdar Brahimi),挪威前首相格罗·哈莱姆·布伦特兰(女,Gro Harlem Brundtland),利比里亚前总统、诺贝尔和平奖得主埃伦·约翰逊-瑟利夫(女,Ellen Johnson-Sirleaf),智利前总统里卡多·弗洛伊兰拉戈斯·埃斯科瓦尔(Ricardo Froilán Lagos Escobar),爱尔兰前总统玛丽·罗宾逊(女,Mary Robinson),哥伦比亚前总统、诺贝尔和平奖得主胡安·曼努埃尔·桑托斯·卡尔德龙(Juan Manuel Santos Calderón),芬兰前总统、诺贝尔和平奖得主马尔蒂·阿赫蒂萨里(Martti Oiva Kalevi Ahtisaari),美国前总统、诺贝尔和平奖得主吉米·卡特(Jimmy Carter),以及南非大主教、诺贝尔和平奖得主德斯蒙德·图图,等等。这些政治家在退休之前曾任某一国家的领导人或者联合国资深官员,他们在任内处理过诸多国际国内冲突,积累了大量关于冲突管理和冲突解决的经验。他们热爱和平,对人类的苦难有悲悯情怀,决心在退休后继续以独立身份为世界和平作贡献。

[①] Who we are, the Elders, https://theelders.org/who-we-are.

芬兰前总统马尔蒂·阿赫蒂萨里在一年内成功调停了印度尼西亚政府和"自由亚齐运动"之间长达30年的冲突，成为个人外交家调停成功的经典案例。2000年阿赫蒂萨里卸任芬兰总统，开始投身推动和维护世界和平的事业。2004年底，阿赫蒂萨里介入"自由亚齐运动"和印度尼西亚政府的和平谈判。2005年1月，印度尼西亚政府和"自由亚齐运动"的代表在赫尔辛基开始谈判。谈判进行了5轮，持续了6个月，最终于2005年8月15日签订了谅解备忘录。[1] 除了印度尼西亚，阿赫蒂萨里以联合国调停专员的身份在纳米比亚独立问题、科索沃问题、伊拉克问题、北爱尔兰问题、非洲之角等冲突的解决中扮演了重要角色。2008年，阿赫蒂萨里凭借"30多年来在各个大陆为解决国际冲突而作出的重要努力"获得诺贝尔和平奖。[2]

不同于主权国家，个人调停者没有可以支配的物质资源，他们有的是自己的智慧和经验。阿赫蒂萨里有近30年丰富的调停实践。从这些实践中，他总结出了一些重要的经验，为调停活动提供了源源不断的智力资源。从阿赫蒂萨里的经验来看，这些做法包括：（1）善于从非政府组织中汲取资源，利用既有资源参与解决相关问题。（2）尊重各方的尊严和面子，鼓励各方谋求一个对大家都体面的结果。（3）推荐使用一揽子解决方案，即：要不都解决，要不都不解决。如此任何一方都无法宣称在某个问题上取得阶段性胜利，并通过媒体向外界吹嘘。通过这种方式，防止出现令对方觉得丢失颜面，从而令后续谈判更加困难的情况发生。（4）在双方之间培养信任，说服双方互相作出让步。（5）不纠结于过去，而是着眼于未来，解决长期发展稳定问题。第（6）尽量照顾那些不在谈判桌旁的群体的利益，如女性，尽量解决所

---

[1] Martti Ahtisaari, "Lessons of Aceh Peace Talks," *Asia Europe Journal*, 6, iss 1 (April 2008): 10.

[2] Martti Ahtisaari Facts, the Nobel Peace Prize 2008, The Norwegian Nobel Institute, https://www.nobelprize.org/prizes/peace/2008/ahtisaari/facts/.

有方的利益关切。(7) 适可而止，遵守调停的限度。①

调停者具备什么条件最有利于调停的进行？在分析以上四类调停者的基础上，可以得出几条基本结论：

第一，中立似乎不再是调停者介入冲突解决的前提条件。理论上，调停者在一场冲突中必须秉持中立立场，因为只有这样，他们的调停者身份才可能为冲突双方所接受。但现世界的调停实践要复杂得多。1994年，法国试图参与卢旺达种族屠杀事件的调停，但暗中支持胡图族领导的政府对抗图西族的卢旺达爱国阵线。法国的做法事后备受质疑，并导致了2006年卢旺达与法国断交。美国在这场种族大屠杀中也未能扮演中立和公允的角色。在某种意义上，卢旺达种族屠杀成为西方大国在非洲争夺势力范围的牺牲品。正如美国在调停前南地区冲突时，也未能做到客观中立、不偏不倚。

第二，调停者在调停时具备的资源越多，越有可能调停成功。这个资源既包括物质资源，也包括智力资源。例如，《印度河水资源条约》和《代顿协议》的达成就与世界银行和美国具备的经济和军事资源有关，印度尼西亚亚齐问题的解决则与阿赫蒂萨里的智力资源有关，比格尔海峡争端的解决得益于教皇的全球人脉网络和道德威望。

第三，调停者在他所调停的问题上没有直接利益，但有安全、声誉等方面的间接利益。图瓦尔教授指出，"调停者如同中间商，居间谋利"。② 这种利益并不是与议题有关的直接利益，而是通过调停保持地区稳定、增加调停者对谈判方的影响力、扩大调停者的国际地位等方面的间接利益。这也通常是调停者的动机所在。

第四，在国际组织、主权国家、社会团体及个人外交家四个层次

---

① Martti Ahtisaari, "Lessons of Aceh Peace Talks," *Asia Europe Journal*, 6, iss 1, (April 2008): 10–14.

② Saadia Touval, *The Peace Brokers: Mediatators in the Arab-Israeli Conflict, 1948–1979* (New Jersey: Princeton University Press, 1982), p. 321.

上，仍然是超级主权国家的调停力度最大。如果主权国家在调停过程中愿意投入资源，能够尽量做到公正，且启用富有经验的调停者代表其进行调停，则调停的成功率会更高。

本章小结

本章分析了政府行为体（超国家、国家、次国家三个层面）、准政府行为体、非政府行为体、媒体公众，以及第三方调停者对国际谈判进程的参与和影响方式。英国社会学教授齐格蒙特·鲍曼（Zygmunt Bauman）指出，共同体主义本质上是一种"弱者的哲学"[1]，但人们一旦结成了共同体，分散的力量得以凝聚汇集，共同体就会变得强大而持久。主权国家作为国际政治中最稳定、内聚力最高、可支配资源最多的共同体，一方面已经取得了对国内次级行为体的压倒性优势，另一方面又谨慎地防止超国家行为体对其权力的抽离。因此，在可预见的相当长时间内，政府行为体，尤其是国家层面的政府行为体，仍然是国际谈判的关键行为体。其他行为体对谈判进程的影响力，仍然要取决于主权国家的意志和决心。

---

[1] 齐格蒙特·鲍曼:《共同体：在一个不确定的世界中寻找安全》，欧阳景根译，江苏人民出版社，2003，第70页。

第三章 国际谈判议题

"高级政治"和"低级政治"这一分析框架在国际关系领域被广为引用。"高级政治"指涉及国家和国际安全,涉及战争与和平的地缘战略性议题;"低级政治"则指那些关于经济、社会、人口、环境等政府与人民之间关系的全球性议题。[①] 虽然这样的二分法分析框架有其局限性,但在分析国际谈判议题时,高级政治议题和低级政治议题的区分较为准确地描述了传统谈判议题和新型谈判议题的区别。

第一节 高级政治议题

高级政治议题指关系到国家生存的安全、军事、政治等方面的议题,是传统国际谈判中的主要内容。常见的高级政治谈判议题有结盟、停战、裁军、领土边界划分以及建立外交关系。

一、结盟

自均势观念在欧洲形成并被广泛接受以来,联合和结盟便成为外交中的永恒命题,缔结盟约也就成为国际谈判的重大议题之一。以均势理论为前提的联盟理论认为,联盟起源于两种动力:制衡强者或者追随强者。[②] 制衡性联盟指的是,当国际体系中出现了一个强大国家且

[①] Charles William Kegley and Shannon Lindsey Blanton, *World Politics: Trend and Transformation*, (Wadsworth: Cengage Learning, 2010–2011), p. 44.

[②] 斯蒂芬·沃尔特:《联盟的起源》,周丕启译,北京大学出版社,2007,第17—20页。

表现出咄咄逼人的进攻性时，其他国家可能迫于安全的需要结成防御性联盟以对其进行制衡。国际关系史上最著名的制衡性联盟应为18世纪末到19世纪初出现在欧洲的反法同盟。1793年至1815年，大革命之后的法国迅速将"自由、平等、博爱"理念抛诸脑后，一心只想谋取在欧洲的霸权。"旧制度"的君主们惊讶于法国革命对既有秩序"放肆而严重的挑衅"，又害怕拿破仑"长驱直入、大肆扩张的威胁"，[①]以及建立欧洲合众国的旷世野心，决定暂时放下彼此的分歧和算计，先后缔结了七次反法同盟，与法国进行了长达20年的战争，直到把拿破仑囚禁于圣赫勒拿岛。第二次世界大战期间，世界秩序再次面临被独裁者的妄念所支配的危险。1942年1月1日，英国、美国、苏联、中国等26个国家在华盛顿签署了《联合国家宣言》，组成反法西斯联盟，遏制德国、意大利、日本统治世界的野心。

追随强者的联盟则是指，当一个强大国家出现并在国际社会有明确的战略目标时，其他认同其目标的中小国家愿意以结盟的方式追随其后。冷战期间，以美国和苏联为首各自构筑的北大西洋公约组织和华沙条约组织，可视为两个追随性同盟体系。追随性同盟中有明确的盟主和同盟成员之分，盟主和成员之间存在明显的力量不对等。盟国追随盟主期望从中获得安全保护、经济援助以及其他利益，盟主则期望在实现自己的全球战略目标的过程中，盟国会和它共同行动，提供在政治上、军事上，甚至经济上的支持。

美日同盟关系始自1951年签订的《美日安全保障条约》，该条约规定任何一方受到武力攻击时，缔约国应采取行动对付共同的威胁。通过向日本提供安全保障，美国将日本纳入亚太防御体系中。随着地区安全局势的发展，1960年1月19日，美日签订了《美日共同合作和安全条约》（《新美日安保条约》）。该条约进一步明确了美国对日本的防

[①] 温斯顿·丘吉尔：《英语民族史》，薛力敏、林林译，南方出版社，2004，第803页。

卫义务，而且同时删除了损害日本国家安全的不平等条款，美日的合作范围得以扩大，同盟关系得以加强。1978年，日本和美国制定了《防卫合作指针》，具体规定了"日本有事"时自卫队和美军的任务分工。1997年，日美修订防卫指针，将日美军事合作扩大到与朝鲜半岛局势等相关的"周边事态"。

从美日同盟的发展过程以及条约内容的修订可以看到，同盟关系里盟主和成员之间围绕权力和利益的博弈是长期和持续的。盟主需要通过提供更全面的安全保障，把盟员牢牢稳定在同盟体系之内，确保美国在东亚军事威慑的持续存在,[1] 而盟员则尽量争取更加平等的政治地位以及减少在军事方面的义务。因此，在同盟内部长期存在着"追随"与"自主"的较量，这一拉锯战形成了同盟的缝隙，缝隙的大小则取决于同盟国感知到的来自外部威胁的大小。作为盟主，必须善于利用甚至制造外部威胁，以巩固同盟的团结和凝聚力；作为同盟成员，则要利用每一个外在威胁带来的机会，改善自己在同盟内部的政治地位，以及在本国安全事务上的自主性，以避免被盟主"当作棋子来摆弄"[2] 的命运。需要指出的是，同盟条约不仅仅关系到签约国的安全利益，同样也影响到同盟防御的潜在或显在目标国的安全利益。美日同盟追求自身安全的做法，实际上增加了对象国的不安全感。

冷战时期另一个追随性同盟是以苏联为首、以华约为主要安全机制的社会主义同盟体系。新中国成立后，面对国际社会美苏对峙的冷战格局，选择了"一边倒"的外交政策，倒向社会主义阵营，并与苏联结成同盟。中苏结盟谈判时同样需要仔细厘清相互的权利义务关系，这是结盟谈判的主要内容。

中苏结盟谈判是在斯大林与毛泽东、维辛斯基与周恩来两个层面

---

[1] Yukinori Komine, *Negotiating the U.S.-Japan Alliance:Japan Confidential* (Routledge, 2017), Conclusion.

[2] 孙崎享：《日美同盟真相》，新华出版社，2014，序言部分，第4页。

进行的。毛泽东和斯大林博弈的是需不需要签订一个新的条约以代替旧的条约。毛泽东在出访前就在多个场合表示了他对中苏同盟关系的期待。1949年12月底，中方代表团来到莫斯科后的第一次会谈中，毛泽东就提出了签订新约的问题，被斯大林打断。一种分析认为，斯大林不打算签订新约，是因为旧约是雅尔塔体系的一部分，斯大林担心如果苏联废除了1945年与旧中国签订的《中苏友好同盟条约》，美英就找到了借口修改涉及千岛群岛和南库页岛的相关条款，而后者是苏联在雅尔塔体系中获得的重大地缘利益。但毛泽东有所坚持，要求再次举行会谈，讨论中苏条约等相关问题。在这次会谈中，苏方大谈越南、日本、印度等兄弟党的问题，回避了中苏条约问题。之后的一个星期，毛泽东和斯大林进行了心理较量：斯大林不见毛泽东，等着他自行放弃；毛泽东则干脆闭门不出，等着世界舆论发酵，以向斯大林施压。两位意志坚定的领导人都从本国利益出发，坚持各自的立场。最后斯大林派莫洛托夫和米高扬到毛泽东下榻处，表示苏联同意签署新的条约。这一回合，毛泽东暂时胜出。

斯大林作出让步是有考虑的。在斯大林同意重新签订中苏同盟条约的那一刻起，苏联方面已经开始着手准备新条约的协议文本。当周恩来1月20日抵达莫斯科时，苏联方面拟制的协议文本已经至少修改了六稿。对于苏联草拟的《中苏友好同盟互助条约》草案，中国并无异议。在冷战格局之下把日本以及美国视为共同敌人，是中苏结盟的动力所在。条约规定："缔约国双方保证共同尽力采取一切必要的措施，以期制止日本或其他直接间接在侵略行为上与日本相勾结的任何国家之重新侵略与破坏和平。一旦缔约国任何一方受到日本或与日本同盟的国家之侵略，因而处于战争状态时，缔约国另一方即尽全力给予军事及其他援助；缔约国双方均不缔结反对对方的任何同盟，并不参加反对对方的任何集团及任何行动或措施；双方根据巩固和平和普遍安全的利益，对有关中苏两国共同利益的一切重大国际问题，均将进行彼此磋商。"① 这些都是符合中方利益的，也是中方想签订条约的主要诉求所在。

但旅顺、大连和中长铁路涉及双方非常具体的利益，中苏在谈判过程中为此起了争执。谈判学中有个耳熟能详的黄金法则，即：在谈判中绝对不能使用对方起草的协议文本。在苏方已经修订了六稿的协议文本中，他们将苏方在中长铁路、旅顺港，以及新疆和东北的利益充分而巧妙地安排进了文本中。中方决定不予接受，自己又起草了一份，并于1月26日提交给苏联。苏方深感意外，因为中国草案几乎推翻了苏联原有的所有设想。在经过激烈争论和慎重考虑之后，苏方还是基本接受了中国的草案，即：将其历史上获得的在大连、旅顺口以及中长铁路的权利和利益交还给中华人民共和国。但苏联增加了一条："对于苏联运入、调出旅顺口的物资和原料免征一切税收，免受中国海关检查。苏联军队和军用物资可以沿中长铁路自由调运，运费按照中国军队调运的现行价格计算。"② 针对这一条，中国没有明确表示反对，但提出了一条"反提案"："中国军队和军用物资也可以自由地沿着苏联境内的铁路调运"，实际上是委婉拒绝苏方的建议。苏方对此表示十分气愤："作为同盟者，苏联无偿地转让了巨额财产，包括中长铁路、大连、旅顺以及在这些地区我们拥有的一切权利，而中国却连苏联在一条铁路上调动军队都不愿意同意。如果连这样的让步中方都不能作出，那我们还算什么同盟者呢？"③

其实觉得委屈的不仅仅是苏联。多年以后毛泽东对苏联驻华大使尤金说起这段往事时还愤愤不平："在斯大林的压力下，搞了东北和新

---

① 《〈中苏友好同盟互助条约〉的缔结》，外交部网站，https://www.mfa.gov.cn/web/ziliao_674904/wjs_674919/2159_674923/200011/t20001107_7950025.shtml。
② 沈志华主编《中苏关系史纲》，社会科学文献出版社，2011，第119页。
③ 沈志华主编《中苏关系史纲》，社会科学文献出版社，2011，第121页。

疆两处势力范围、四个合营企业。"[①] 正如杨奎松教授所说的，中苏结盟的过程中，既有两国民族利益的分歧，也有俄国人的优越和中国人的历史屈辱感之间的民族情感碰撞。[②] 这在同盟缔约过程中及同盟管理过程中并非异常现象。联盟（尤其追随性联盟）内的国家有强弱之分，相互依赖是不对等的。实力对比和相互依赖的不对等必然带来双方心理上的不平衡。互相算计和防备也就成为同盟之间的日常。在共同威胁明确时，同盟之间的罅隙可暂时抛在一边；一旦外在威胁常规化或者弱化而不需要同盟严阵以待时，同盟内部的矛盾就会浮现出来，乃至逐渐扩大，最终反噬了同盟的基础。1980年，《中苏友好同盟互助条约》到期，中苏决定不再续签。

二、停战

停战谈判是高级政治议题国际谈判中较为常见的一类，如停止朝鲜战争的板门店谈判、停止越南战争的巴黎谈判。停战谈判的双方是战场上兵戎相见的仇敌，这一敌对关系延续到谈判桌上，使得停战谈判成为一场残酷的心理较量，充满了冷暴力和精神折磨，谈判进程漫长而痛苦。

在朝鲜停战谈判中，曾经出现了谈判桌上长达132分钟的沉默对峙。在1951年8月10日下午的会议上，美国提出了"海空优势补偿论""防御阵地与部队安全论"，并据此理论要求将停战线从实际控制线北移。中朝方面首席代表南日将军批驳了对方的荒谬言论。美方代表特纳·乔伊拒不发言，以沉默表示他们的坚决态度。他的助手们或抽烟，或在纸上胡乱涂画，或盯着中朝方代表，就是一言不发。中朝

[①] 中华人民共和国外交部、中共中央文献研究室编《毛泽东外交文选》，中央文献出版社、世界知识出版社，1994，第323页。

[②] 杨奎松：《中苏国家利益与民族情感的最初碰撞——以〈中苏友好同盟互助条约〉签订为背景》，《历史研究》2001年第6期，第114页。

方代表尽管对此种做法十分愤怒鄙视,但都很沉着冷静。一分钟,两分钟,一小时过去了。在静默了将近一个小时的时候,坐在参谋席位上的柴成文按照分工离开会场,回到离会场仅有百米之远的工作队"前指",向李克农汇报请示。李克农指示:就这样"坐"下去。这场静坐一直僵持了132分钟。[①]

在停战谈判中拒绝妥协是极为常见的现象。越战历史的研究者皮埃尔·阿塞林(Pierre Asselin)观察到,1968年至1971年美越谈判第一个回合中,双方虽然一直在谈,但没有实质性进展。原因是双方在实质性议题上都没有妥协的意愿。如果能够通过军事手段达成目标,为什么要在谈判桌上让步和妥协呢?在第一轮谈判中,黎德寿拒绝双边撤军的时间表,拒绝战争降级,拒绝柬埔寨中立化,拒绝停火,拒绝在南越建立混合选举委员会,拒绝让双方的专家讨论协议的具体条款,因为河内仍然认为可以通过军事手段达成目标。[②]美国方面,尼克松本人对谈判也一贯持怀疑态度。他相信只有让河内在军事上遭受重大挫折,才会让对方按照美方能够接受的条件来谈判。1971年12月5日,他给在前方谈判的基辛格发去电报,明确表达了把战争选项作为加强谈判进程的意愿:"一旦谈判中断,将不得不加强军事压力。"基辛格认为,他甚至想在谈判前就命令B-52轰炸机轰炸河内、海防地区的设施。[③]事实上为了配合谈判的进展,美国先后多次采取军事行动,轰炸了柬埔寨、老挝、越南北部等。

在朝鲜战场上,同样可以看到双方对谈判场与战场两个空间之间复杂关系的理解。志愿军司令员彭德怀制定的策略是:"打的坚决打,谈的耐心谈。"[④]开城谈判开启后的2年17天里,战争与谈判始终相伴

[①] 柴成文、赵勇田:《板门店谈判》,解放军出版社,1992,第168—169页。
[②] Pierre Asselin, *A Bitter Peace, Washington, Hanoi, and the Making of the Paris Agreement* (North Carolina: the University of North Carolina Press, 2002), p. 30.
[③] 亨利·基辛格:《基辛格越战回忆录》,慕羽译,海南出版社,2009,第87、326页。
[④] 柴成文、赵勇田:《板门店谈判》,解放军出版社,1992,第118页。

相生。这段经历给美国人留下了不可磨灭的回忆。"可怕的战争与和谈一起继续进行,战斗变得异常残忍。板门店谈判越接近于达成协议,猪排山的重要性就越大,于是战斗就变得越血腥。仅在炮击战的第一天,第二师和第七师的九个炮兵营就向对方阵地发射了37 655颗炮弹,第二天又发射了77 349颗炮弹。光凭这一点这场战斗就足以记入史册,这在炮兵战斗中绝对是一个史无前例的纪录。"[1] 1953年3月5日斯大林去世,莫洛托夫重新回到外交部。他认为"我们本来不需要这场战争,是朝鲜人强加于我们的"[2]。之后谈判进入了快车道。1953年4月26日,板门店谈判恢复,7月27日,双方在停战协议上签字。

从谈判议题来看,停战谈判中最为常见的议题包括:停战线划分、撤军以及战后的政治安排。在1954年的日内瓦会议上,谈判方就中南半岛上停战线的划分进行了长时间的谈判。越南北方坚持以北纬16度线为停战线,法国则坚持将停战线划在北纬18度。在周恩来的反复沟通和努力下,各方同意在北纬17度线以南、9号公路以北划定一条临时军事分界线,有关参战方分别在分界线两侧集结。关于撤军问题,一度成为日内瓦会议的难点。1954年6月16日,周恩来总理与英国外交大臣艾登的会谈推进了进程。周恩来表示可以说服越南撤出在老挝和柬埔寨的军队,但同时老挝和柬埔寨也不能成为美国的军事基地。[3] 关于政治解决,协定规定,越南将在1956年7月举行全国自由选举,老挝和柬埔寨将在1955年举行自由选举。

1953年朝鲜停战谈判中除了停战线划分和撤军问题,出现了一个特殊议题:战俘问题。1929年缔结、1949年8月修订的《关于战俘待

---

[1] 大卫·哈伯斯塔姆:《最寒冷的冬天:美国人眼中的朝鲜战争》,王祖宁、刘寅龙译,台海出版社,2017,第648—650页。

[2] 菲·丘耶夫摘编《莫洛托夫秘谈录——与莫洛托夫140次谈话》,刘存宽等译,社会科学文献出版社,1992,第95页。

[3] 刘文利:《越南外交50年(1945—1995)》,越南人民公安出版社,中国现代国际关系研究院翻译,第109页。

遇之日内瓦公约》第118条明文规定,"战争结束战俘应该毫不迟延地释放并遣返"。但按照1953年8月14日《志愿军总部对志愿被俘归来人员慰问信》中的说法:"'遣返俘虏'是停战谈判中斗争最久、最激烈的问题。在这个问题上,美国侵略者曾在谈判会议上蛮横无理地坚持强迫扣留的办法,妄想扣留我方大部分被俘同志,交给李、蒋匪帮充当炮灰。"[1] 美方也认为:"遣返战俘问题成为和谈的一个重要制约因素,这无疑使谈判进程更加艰难。"[2] 经过艰难的谈判,1953年6月8日终于达成了《中立国遣返委员会的职权范围》,阻碍停战协议谈判达一年之久的战俘遣返问题终获解决。[3] 至于朝鲜停战后的政治安排问题至今也没有解决。朝鲜半岛人民仍然在等待一个国际和平条约和岛内的政治制度安排带给他们永久的和平。

停战谈判的另一特点是协议执行率低。停战协议或许是国际谈判协议中执行率最低的。以老挝问题为例,1954年日内瓦会议各方就老挝国内的政治解决及其和平中立地位均达成了协议,但美国没有在最后宣言上签字。日内瓦会议结束后两个月,美国另行签订了《东南亚集体防务条约议定书》,将老挝划入了东南亚军事联盟的保护区域。1954年11月,美国策动亲美分子政变,推翻富马首相的政府。新政府发动对桑怒、丰沙里两省的进攻,挑起老挝内战。之后富马首相重新夺取政权,组成了包括桑怒、丰沙里两省的联合政府,但很快又被萨纳尼空右翼势力推翻。如此,老挝国内左右两派在国际势力的支持下,反复夺权,国无宁日,民不聊生。1961年5月至1962年7月,关于老挝问题的日内瓦国际会议再次通过了国际协议,确认老挝的中立地位。但协议签订后不到一年时间,老挝国内又陷入左右之争的内乱。

---

[1] 张泽石:《我的朝鲜战争:一个志愿军战俘的自述》,时事出版社,2000,第444页。
[2] 大卫·哈伯斯塔姆:《最寒冷的冬天:美国人眼中的朝鲜战争》,王祖宁、刘寅龙译,台海出版社,2017,第645页。
[3] 不直接遣返之战俘的具体安排参见柴成文、赵勇田:《板门店谈判》,解放军出版社,1992,第259页。

三、裁军

裁军谈判有多边谈判和双边谈判两种机制。日内瓦裁军谈判会议是目前唯一的全球性多边裁军谈判机制，现有65个成员。该机制在历史上有不同的名称，如十国裁军委员会（1959年），十八国裁军委员会（1961年），十七国裁军委员会（1962年），裁军委员会会议（1969年），裁军谈判委员会（1978年），裁军谈判会议（1984至今）。裁军谈判会议不附属于联合国，但其秘书长由联合国秘书长指派，而且每年需要向联合国大会提交工作报告。[①] 虽然由于各国利益诉求不一，裁军谈判的过程缓慢而艰难，但还是取得了一些有目共睹的成果。国际关系中耳熟能详的一系列条约，如《部分禁止核武器条约》（1963年）、《外层空间条约》（1967年）、《不扩散核武器条约》（1968年）、《禁止生物武器公约》（1972年）、《禁止化学武器公约》（1992年）、《全面禁止核实验条约》（1996年），都是在日内瓦裁军谈判会议机制下达成的。1997年以后，由于各方对谈判议题的优先性意见不一，致使裁军谈判陷入僵局长达12年。2009年，裁军谈判会议在战略裁军和不扩散核武器等议题上再次取得实质性进展。

区域性多边裁军机制中最重要的是1989年3月9日开始的"维也纳欧洲常规力量裁军谈判"。在该谈判之前，1973年至1989年北约和华约曾进行过中欧共同均衡裁军谈判，历时15年，共计472次会谈，无果而终。新一轮裁军谈判进展迅速，华约6国和北约16国于1990年11月19日签署了《欧洲常规武器力量条约》。条约规定，在条约生效4个月到一年的时间里，双方必须将全部裁减武器的25%销毁，2年内销毁60%，3年内全部销毁。这是第一个较大幅度全部裁减欧洲常规武器的

[①]《裁军谈判会议提交联合国大会的报告》，裁军谈判会议，CD/2179, 13 September 2019, https://www.unog.ch/80256EDD006B8954/(httpAssets)/6D527AB4B4D98521C12584CC005A755B/$file/CD_2179_C.pdf。

条约。①这个条约被认为给从大西洋到乌拉尔的广大欧洲地区带来稳定和安全。1999年11月19日,各成员国签署了《欧洲常规武装力量条约修改协议》,以适应苏联和华约解体后新的裁军模式。

双边裁军谈判机制最著名的当属冷战时期美苏限制和削减战略武器谈判。该谈判机制下每一个重大的突破,都是在两国领导人的亲自参与下达成的。1972年5月26日,美国总统尼克松在莫斯科与苏共中央总书记勃列日涅夫签订了《限制反弹道导弹防卫系统条约》和《限制进攻性战略武器的某些措施的临时协定》,迈出了"热核时代走向军备控制的第一步"。②1973年6月,苏共中央总书记勃列日涅夫在访美期间与尼克松总统签署了《关于进一步限制进攻性战略武器会谈的基本原则》和《美苏防止核战争协定》。1974年6月27日至7月3日,尼克松再次访问苏联,两国签订了《苏美限制地下核试验条约》和《苏美关于限制反弹道导弹防御系统条约议定书》。1976年5月28日,勃列日涅夫和美国总统福特分别在莫斯科和华盛顿签署了《苏美两国和平利用地下核爆炸条约》及其议定书。1977年5月,美国国务卿万斯同苏联外交部长葛罗米柯在日内瓦会晤,签订了《关于为了和平目的研究和使用外层空间的合作协议》。

20世纪80年代,随着美国和苏联各自国内政坛的权力变化,新出任的美国总统里根和苏共中央总书记戈尔巴乔夫给美苏战略谈判进程带来了富有意义的巨大改变。这也是世界史上政治家改变历史进程的经典案例。

第一,美苏谈判地位发生变化,"以实力求和平"成为可能。20世纪80年代初,苏联在军事领域占据优势地位。为改变双方战略力量的不对称,1983年,里根政府宣布美国将发展战略防御计划("星球大战"

---

① 曹祖平:《苏美欧洲常规力量裁军谈判的特点》,《东欧中亚研究》1992年第3期,第42—47页。
② 理查德·尼克松:《尼克松回忆录》,裘克安等译,世界知识出版社,2001,第743页。

计划）。虽然该计划使得美国军费开支大幅增加，且受到反对党、欧洲盟友，甚至里根女儿帕蒂的激烈批评，但"星球大战"计划确实改变了美苏战略态势对比，迫使苏联郑重考虑裁军谈判。至少里根自己对此确信不疑："美国在其后五年中之所以能在寻求和平及与苏联改善关系的努力中取得历史性突破，最重要的原因就是战略防御计划的实施和美国军事力量的全面现代化。"[1]

第二，战略武器谈判目标发生改变。之前美苏裁军谈判都是以限制战略武器为目标，如限制反弹道导弹防卫系统、限制进攻性战略武器、限制地下核试验，等等。限制的意思是不再扩大但保持在现有规模下发展，所以仅以限制战略武器为目标永远无法达至和平和安全目的。自1969年限制战略武器谈判开始到20世纪80年代中期，苏联战略武器的数量增加了数千枚。按照当时谈判达成的协议，苏联核武器的数量还会进一步增长。1982年前后，美国反复发出信息，邀请苏联共同开启削减战略武器谈判。1986年美苏雷克雅未克首脑峰会期间，里根成功说服戈尔巴乔夫接受了"削减"而不是"控制"战略武器的新谈判目标。回国后戈尔巴乔夫向政治局报告说："苏联以前的谈判立场从此一去不复返了。一个崭新的局面已经开始。以前我们总是在谈论限制核武器，现在我们谈的是削减和废除核武器。"[2] 毫不夸张地说，这一转变在裁军史上具有里程碑式的意义。

第三，谈判结果发生实质性改变。美苏战略武器谈判在勃列日涅夫后期、安德罗波夫及契尔年科时期一度迟滞不前。1983年11月，苏联退出了日内瓦中程导弹谈判，之后又退出了有关远程导弹的削减战略武器谈判。1985年3月，新当选的苏共中央总书记戈尔巴乔夫提出了"新思维"，给美苏战略武器谈判带来了全新的结果。1986年1月15

---

[1] 罗纳德·里根：《里根自传》，张宁等译，世界知识出版社，1991，第493页。
[2] 戴维·霍夫曼：《死亡之手：超级大国冷战军备竞赛及苏联解体后的核生化武器失控危局》，张俊译，广西师范大学出版社，2014，第253—254页。

日，戈尔巴乔夫发表声明，提出了使人类全面摆脱核威胁的声明。他认为在核时代不可能靠军事手段建立起可靠的安全，他愿意通过对话和理智的妥协，解决最棘手的超级大国军备竞赛问题。1985年11月19日，里根和戈尔巴乔夫在日内瓦进行会晤，互相确认了是"可以打交道的人"，并在结束会谈后发表了重要声明。在声明中，双方表示"核战争是不被允许的"，"双方将不寻求超越对方的军事优势"。[①] 1986年，戈尔巴乔夫和里根在冰岛会晤，双方立场开始接近。1987年12月，戈尔巴乔夫访问美国并签署了《美苏消除两国中程和中短程导弹条约》。[②] 这是美苏战略武器裁军谈判以来取得的重大突破。

冷战结束后，苏联解体造成的权力真空一度给裁军和国际安全带来新的挑战。一方面，政治家们没有抓住有利时机进行核裁军，大国之间的裁军谈判只是在之前达成的协议框架之下的延续；另一方面，核扩散的风险在急剧上升，一个非法的核材料和核技术供应网络愈演愈烈，越来越多的国家秘密获得了发展核武器的能力。最危险的是一些极端势力罔顾国际社会的反对，执意发展核武器以求自保。国际社会需要投入更多的努力以确保人类拥有一个更加安全的未来。2008年12月，"全球零核倡议"组织在巴黎成立。2010年，美俄签署了新的《削减战略武器条约》，承诺可验证、不可逆转地削减两国核弹头至1550枚。2015年7月，联合国通过《伊朗核问题全面协议》，伊朗核危机暂时得到解决。但好景不长，2018年美国宣布退出该协议，恢复对伊朗的制裁。作为回应，伊朗放弃了曾承诺的核活动限制，全球无核化前景扑朔迷离。但正如国际原子能机构前任总干事巴拉迪所说，在经历了诸多的沮丧和愤怒之后，仍然要相信这些看起来十分棘手的问题是

[①] 米·谢·戈尔巴乔夫：《真相与自白：戈尔巴乔夫回忆录》，述弢等译，社会科学文献出版社，2002，第245、258页。

[②] 条约规定：条约生效后一年半内美苏销毁全部中短程导弹及发射装置和辅助设施。还要求条约生效后，任何一方不能生产中程及中短程导弹。苏联解体后，俄罗斯继承了该条约。2018年，美国特朗普政府宣布退出该条约。

能够通过外交途径得以解决的。[1] 这是谈判者应该秉持的信念。

四、划界

领土边界问题是主权国家之间矛盾和冲突的主要来源之一，也是当今世界不稳定的主要根源之一。领土边界议题在主权国家国际谈判中的优先重要性视该国的地理地缘特征而定。对于美国这样的国家，基本没有领土边界问题带来的困扰，而对于欧亚大陆上的国家，历史上由于边界领土之争引起的战争数不胜数，关于领土边界的谈判同样不胜枚举。

领土边界议题是高级政治议题谈判中最复杂、最困难的，涉及多层次国家利益。首先，它被认为是主权问题，涉及政治利益。比如韩国和日本之间存在独岛（日本称"竹岛"）之争，就是涉及主权归属的政治问题。1965年6月，日韩邦交关系正常化，两国一致同意"日韩两国的所有纷争，首先要通过外交途径解决，外交途径不能解决的，通过两国政府认可的手段进行调解解决"。日本政府提出与韩国就该岛纷争进行对话。但韩国官方则不容置疑地认为，"独岛自古以来是韩国领土，这个问题不能作为两国纷争进行对话"。日本方面多次建议将该岛争议提交海牙国际法庭裁决，但韩国外交通商部认为，"独岛问题已不是外交纠纷问题，而是主权问题"，而主权问题是不容谈判的。2020年7月14日，日本政府发布年度防卫白皮书，书中主张该岛是日本领土，遭到韩国外交部强烈抗议。[2] 对于实际控制南千岛群岛（日本称"北方四岛"）的俄罗斯而言，南千岛群岛的主权同样是不容谈判的。普京在接受日本电视台和日本《读卖新闻》采访时强硬表示："只有日本认

---

[1] 穆罕默德·巴拉迪：《谎言与交锋：揭秘全球核较量的真实世界》，蒋宗强译，中信出版社，2011，第256页。

[2] 陆睿、耿学鹏：《韩国强烈抗议日本再次主张独岛为日本领土》，新华社首尔2020年7月14日电。

为它和俄国有领土纠纷问题，俄罗斯从来不认为它和日本有领土纠纷问题。"①

其次，争议领土具有战略安全价值，涉及军事利益。南千岛群岛虽然只占俄罗斯总面积的0.029%，但该群岛位于战略要冲，是俄罗斯从鄂霍次克海进入太平洋的海上通道。对俄罗斯而言，只要控制了该群岛，鄂霍次克海就可以完全封闭成为俄罗斯的一个内海，而且可以守护堪察加半岛。堪察加半岛上的核潜艇基地，至今仍是俄罗斯最大的海军基地。伊图鲁普岛（择捉岛）、库纳施尔岛（国后岛）更是俄罗斯在这一岛链中的军事基地。近年来，俄军开始在岛上部署先进的岸舰导弹和其他类型的防御作战武器。更重要的是该群岛是俄罗斯远东地区最重要的情报阵地，是监视日本自卫队和驻日美军活动的最佳地点，部署在岛上的大功率无线电监听站，为俄军总参谋部收集大量有价值的情报。

再次，争议领土尤其是海上领土往往蕴藏丰富资源，涉及经济利益。仍以南千岛群岛为例，岛屿周围海域每年可捕捞200万吨水产品，大陆架已探明的油气和各种金属矿产极其丰富。这种情况在其他岛屿之争中普遍存在。据2012年探测报告指出，南千岛群岛周边大约蕴含2000吨黄金、1万吨水银、16亿吨石油。据统计，南千岛群岛及大陆架总资源价值达458亿美元。②此外该群岛周围的海域也是世界三大著名渔场之一，素有"鱼类宝库"之称，当地人曾用"海胆乱滚，螃蟹重叠"来形容这里丰富的水产。择捉岛和国后岛则有丰富的地热资源。

最后，边界领土问题涉及的利益巨大，双方立场存在根本冲突，解决起来困难重重。如上所述，"北方四岛"的归属涉及政治、军事、

---

① "Interview by Vladimir Putin to Nippon TV and Yomiuri Newspaper," The Kremlin, December 13, 2016, http://en.kremlin.ru/events/president/news/53455.

② 曾辉:《北方四岛主权之争：俄日爆发武装冲突的可能性》，2018年4月28日，https://www.sohu.com/a/229836194_550967。

经济等多重利益。该群岛传统上属日本占有领土，二战中被苏联占领，成为雅尔塔体系下的一个既成事实。早在20世纪50年代，日本就提出了对"北方四岛"的主权。经过谈判，1956年10月19日，苏联和日本在莫斯科签订联合宣言，苏联表示同意在和平条约签订后将"北方四岛"中南部的两个小岛，色丹岛和齿舞岛交还日本。日本则坚持只有将"北方四岛"都交还日本才能签订和平条约。两国立场之间有着不可调和的冲突。1981年，日本政府将每年的2月11日定为"北方领土日"，开展相关活动，强化日本国民对"北方四岛"的领土意识。进入21世纪后，两国在"北方四岛"问题上的立场日趋强硬。2005年开始，多位俄罗斯政府官员表示，日俄关于"北方四岛"问题的任何谈判都必须以日本承认俄罗斯对全部四岛的主权为前提。为加强对该群岛的实际控制，俄罗斯投资180亿卢布，于2007—2015年在岛上进行开发建设。[①]日本也毫不示弱，2009年7月日本议会通过法律，宣示"北方四岛"是被苏联非法占领的日本领土。2011年11月起，俄罗斯时任总统梅德韦杰夫四次登岛视察，引起日本对俄罗斯的外交抗议。2019年6月22日，普京总统通过媒体表示，俄罗斯不会放弃南千岛群岛。目前，关于该群岛主权归属问题以及两国和平条约的谈判尚未出现实质性进展。

虽然边界领土谈判是最难达成协议的，但并非不可为。中国在陆地上同14个国家接壤，与8个国家海上相邻或相向。中国一向主张在和平共处五项原则基础上通过谈判解决边界争端。20世纪60年代，中国分别同缅甸、尼泊尔、蒙古、巴基斯坦和阿富汗等国家，通过谈判解决了边界问题。21世纪初，中国又同俄罗斯、哈萨克斯坦、吉尔吉斯斯坦、越南等国家谈判解决了陆上边界划界问题。美国麻省理工学院中国防务问题专家傅泰林（M.Taylor Fravel）在研究了1949年以来中

[①] Dmitry Gorenburg, "The Southern Kuril Islands Dispute," *PONARS Eurasia Policy Memo*, no. 226, (2012): 3.

国领土边界冲突以后发现，中国并不像有的海外中国问题专家认为的那样倾向于用武力解决问题。[①] 目前，中国与印度、不丹之外的其他（2个）陆地邻国的边界已经确定。在海洋疆界上，目前尚不具备谈判解决南海和东海海上疆界的条件，中国亦不主张以武力改变现状，提出"主权在我，搁置争议，共同开发"的原则，留待后人解决。除和平共处五项原则之外，中国古代"六尺巷"的礼让精神在今天的领土之争中也有其现实意义。1958年，毛主席接见苏联驻华大使尤金时谈到"六尺巷"，意在表达中苏两国关系应建立在谦让平等的基础上。国际关系错综复杂，只有本着平等、互让的精神进行谈判，国家间的领土冲突才可能得到和平解决。

在领土边界问题的谈判中，有一种比较特殊的情况必须提及，即：以武力为后盾的不平等谈判以及谈判达成的不平等条约。中国近代史上的《南京条约》《北京条约》《马关条约》均属此类。这些条约是强权国家以武力为后盾强加给另一方的。虽然以外交方式缔结了条约，但条约是非正义的，自然也不能作为之后有关谈判的基础和前提。在中英关于香港问题的谈判中，中国不仅收回了根据《展拓香港界址专条》租让的九龙半岛大部分和新界，还收回了根据《南京条约》和《北京条约》割让的香港和九龙半岛尖端。

五、建交

通过谈判建立外交关系是新中国独有的创造性外交实践。在国际关系中，如果一国政府发生更替，则该国对外关系中的权利义务关系均由新政府承担，无须重新建立外交关系。新中国成立初期的外交政策之一是"另起炉灶"，即同旧中国的屈辱外交彻底决裂，对内不使用旧中国的外交机构和外交队伍，对外不承认旧中国同其他国家建立的

---

① M. Taylor Fravel, Strong Borders, Secure Nation, Cooperation and Conflict in China's Territorial Disputes (New Jersey: Princeton University Press, 2008), p. 300.

外交关系，新中国的对外关系要在谈判的基础上重新建立起来。对于这一新的外交实践，时任英国外交大臣贝文表示不理解："两国谈判相互关系中的问题，应该是在建交之后，而不是建交之前。中国提出的先谈判，后建交，在国际关系史上是没有先例的。"[①] 但之后各国纷纷适应且接受了新中国的外交规则。新中国通过谈判建立外交关系的实践不仅为发轫于西方的外交注入了新的规则，也为国际谈判研究提供了一个全新的高级政治议题：建交谈判。

1949年10月1日，毛泽东主席在开国大典上宣读了中央人民政府公告："本政府为代表中华人民共和国全国人民的唯一合法政府。凡愿遵守平等、互利及互相尊重领土主权等项原则的任何外国政府，本政府均愿与之建立外交关系。"10月2日，苏联副外长葛罗米柯来电承认中华人民共和国。之后其他社会主义国家也纷纷表示承认新中国，表示愿意与台湾当局断交，与中华人民共和国建立外交关系。经请示毛主席同意后，中央人民政府决定，社会主义国家只要承认新中国并与台湾当局断绝关系，则无须进行建交谈判，可直接建立外交关系。与资本主义国家须先谈判后建交的原则是在处理中缅建交问题过程中确立的，最早见诸毛泽东主席访问苏联时发给刘少奇和周恩来的电报中："缅甸政府要求建立外交关系问题，应复电询问该政府是否愿意和国民党断绝外交关系，同时请该政府派一负责代表，来北京商谈建立中缅外交关系问题，依商谈结果再定建立外交关系，此种商谈手续是完全必要的，对一切资本主义国家都应如此。如果某些资本主义国家公开宣布和我们建立外交关系，则我方亦应去电该国，叫他派代表来华商谈建立外交关系问题。"[②]

英国是西方资本主义国家中较早承认新中国并愿意与我建交的国

[①] 陈敦德：《新中国外交谈判》，中国青年出版社，2005，第168页。
[②] 中华人民共和国外交部、中共中央文献研究室编《毛泽东外交文选》，中央文献出版社、世界知识出版社，1994，第117页。

家，但中英建交到1972年3月13日才完成，其间经历了22年。1950年1月6日，原英国驻北平总领事包士敦向中国外交部送交了英国政府关于承认新中国的电函。1月13日，外交部西欧非洲司司长宦乡应包士敦的请求，在外交部会客室与之进行了会晤，初步谈了关于建交问题的几件小事情，但包士敦此行的重点是代美国前领事柯乐布递交信函。1月17日，刘少奇电告在莫斯科的毛泽东，英国政府已决定派出胡阶森代办来京谈判建交问题。1月20日毛泽东回电："对英国的答复应该拖一下。"2月8日，毛泽东再次就中英建交问题作出指示：

> 其中最重要者为英国与蒋介石反动派残余的关系问题，因英国既已与我中华人民共和国中央人民政府建立外交关系，即不应同时再与国民党政府做任何外交来往，而英国代表在联合国安全理事会及其他组织中并继续承认国民党代表为合法，拒绝接受我中华人民共和国代表，这在建立中英外交关系上是不可能不解决的先决问题。其次，英国香港政府对国民党政府在港的官方代表、机关及其所属的一切国家资财采取如何态度，也需弄清楚，因这类事情也是属于与国民党政府断绝关系的问题。[1]

这一指示充分体现了新政府在建交谈判中的核心利益诉求，即：要求对方毫无保留地断绝与台湾当局的一切关系，只承认新政府的唯一合法地位。这一核心诉求在之后所有的建交谈判中都是焦点。但英国在这个问题上态度还不够明朗。英国虽然宣布承认新中国并与国民党断交，但1950年1月13日在联合国就苏联提出的驱逐国民党代表的提案中，英国投了弃权票而不是赞成票。这成为中英建交谈判的一个障碍。

---

[1] 陈敦德：《新中国外交谈判》，中国青年出版社，2005，第174页。

1950年3月2日和17日，中英关于建交的第一次、第二次正式谈判在外交部会客室举行。谈判主要围绕毛泽东指示中提出的两个问题：联合国投弃权票问题及国民党在港资财问题。英国对投弃权票问题的答复是：放弃表决是因为当时不可能达成多数之决定。一旦赞成是多数，英国自然也会投赞成票。关于国民党在香港的资财问题，英国政府认为中央政府有权执行管理国民党在港资产。但如果国民党拒绝交出财产，香港当局无法解决纠纷时，中央人民政府应诉诸法院。对此两项答复，中国政府均表示不能满意。随后英国试图推动新中国在联合国代表权问题，并指示英国驻古巴、厄瓜多尔外交官做驻在国工作，争取其驻联合国代表投票支持新中国，但由于美国的阻挠，收效不大。

1950年6月25日朝鲜战争爆发，英国参加了"联合国军"，中英很快由谈判桌上的对手变成了战场上的敌人。更有甚者，英国枢密院将两航起义后留港的71架飞机改判给了"美国民用运输公司"。[①] 但英国谈判代表一直停留在北京，双方的联系没有中断。1954年日内瓦会议期间，周恩来总理和英国外交大臣艾登经过多次商谈达成协议，同意在两国之间建立起代办级外交关系。1970年5月1日，毛泽东主席在天安门城楼接见了英国驻华代办谭森，之后中英互换大使问题又提上了议事日程。此时期谈判的障碍主要在于英国拒绝撤掉之前设在台湾淡水的"领事机构"以及在联合国自相矛盾的投票。1971年6月22日，英国外交部驻议会次官向中国驻英临时代办裴坚章表示愿意满足中方条件。之后双方就联合公报的协议文本进行谈判，并最终于1972年3月13日签字生效。[②]

在与法国、日本和美国的建交谈判中，台湾问题同样都是谈判中

---

① 潘瑾：《中英建交谈判的长期复杂过程》，载外交部外交史研究室编《新中国外交风云·第三辑》，世界知识出版社，1994，第148页。

② 潘瑾：《中英建交谈判的长期复杂过程》，载外交部外交史研究室编《新中国外交风云·第三辑》，世界知识出版社，1994，第143页。

的核心问题。1963年9月26日,法国总统戴高乐在给即将访华的特使富尔的指示中紧紧抓住中国关心的两个问题。

> 如果可能,你要设法弄清楚在什么条件下中法关系能够正常化,尤其是关于以下两个问题:一、法国在中华人民共和国进入联合国以及未来中国政府可能取代目前的中国代表进入安理会问题上的立场;二、法国与台湾当局的关系。我们认为保持同台湾的这种关系是合乎我们意愿的,更确切地说是适宜的,即使必要时可以适当降格。中华人民共和国对此的立场是什么样的?假如法国在北京派出一名大使的同时,仍然在台湾保留一名代办,哪怕是更低级别的官员,中国政府是否能够接受,这是一个无法回避的问题,也是一个不容低估其重要性的问题。[①]

富尔来华后与周恩来总理和陈毅进行了多次会谈,阐述了法国在台湾问题上的立场。1963年11月2日,周恩来总理给出了中方关于台湾问题如何解决的建议案。

> 关于台湾问题,中法对下列各点达成了默契:一、法兰西共和国政府只承认中华人民共和国政府为代表中国人民的唯一合法政府,这就自动地包含着这个资格不再属于在台湾的所谓"中华民国"政府;二、法国支持中华人民共和国在联合国的合法权利和席位,不再支持所谓"中华民国"在联合国的代表权;三、中法建立外交关系后,在台湾的所谓"中华民国"政府撤回它驻在法国的"外交代表"及其机构的情况下,法国也相应地撤回它驻

[①] 《戴高乐就与中华人民共和国初步接触给富尔的指示》(1963年9月26日),转引自姚百慧:《中法建交多国档案》(三),载李丹慧主编《冷战国际史研究》第12期,世界知识出版社,2011,第369—370页。

在台湾的外交代表及其机构。[1]

经过后续的一系列谈判,1964年1月27日,中法同时发表建交公报,实现了建交。谈判是妥协的艺术,虽然中国在台湾问题上适当作出了让步,[2] 但中法建交打破了中国在西方世界的孤立状态,改善了中国在国际社会的地位和影响力。

本节结合案例分析了常见的高级政治议题谈判的一般特点。高级政治议题涉及国家在国际社会的身份和地位,涉及一国的地缘战略安全,这些均关乎国家的重大核心利益。因此,在此类议题的谈判中,演绎的是现实主义国际政治的权力逻辑,谈判的对抗性强、信任度低,成果少、成本高。在低级政治议题谈判中,谈判的底层逻辑以及由此带来的特征都会有所不同。

第二节 低级政治议题

低级政治议题指的是国际谈判中出现的关乎民生的经济、社会类议题,如环境保护、走私贩毒、人权、经贸合作等。在国际谈判中,低级政治议题所占比例呈上升之势,充分体现了国际关系和国际政治正在发生的变化。

一、国际贸易

贸易谈判是所有参与全球化进程的行为体都必须熟稔的业务。虽然无法统计每天在世界各地进行贸易谈判的具体人数,但无疑他们是

---

[1] 《周总理谈话要点》(1963年11月2日),转引自姚百慧:《中法建交多国档案》(三),载李丹慧主编《冷战国际史研究》第12期,世界知识出版社,第374页。
[2] 《外交部对西方未建交国家几个政策问题的指示》(1964年3月17日),外交部档案馆藏,档案号:110-01990-01。

国际谈判大军中最庞大的一支。他们在不同程度上都是大卫·里嘉图的门徒，穿越时空，走进里嘉图那本著名的经济史著作《经济学及赋税之原理》，从中寻求从事国际贸易事业的合理性来源。里嘉图在该书第七章"国外贸易论"中有一段精彩的论述，为保持原文风格，摘录如下。

> 在交易完全自由的制度下，按照自然趋势，各国都把资本劳动，投在最有利的用途上。个人利益的贪图，极有关于全体幸福。勤勉的，得到鼓舞；熟练的，加以奖励，且按最有效的方法，利用自然赋予的特殊才力，则劳动分配方法，将最有效，最经济。同时，一般生产额的增加，将普施福利于全文明世界，在共同利害关系上，把世界结成一体。①

这段话的意思是，各个国家自然禀赋不同，擅长做的事情不一样。每个国家都做自己擅长的事情，这样生产效率最高，人类社会总财富达到最大化。在此基础上，各国自由地进行交换，共享同一个文明世界。里嘉图出版此书的时间是1817年，彼时国际贸易的规模远不及今日世界，推行贸易的方式也不像今天这样普遍采用和平谈判的方式。正如我们所熟知的，以英国为代表的西方打开中国、印度、日本等东方的市场时极尽暴力和强制。尽管里嘉图时代推进贸易的方式已经完全过时，但正如《世界是平的》的作者托马斯·弗里德曼（Thomas L. Friedman）所说："没有任何证据表明，平坦的世界使里嘉图的比较利益理论过时。"② 国际贸易仍然是全世界人民实现生产最大化和消

---

① 大卫·里嘉图：《经济学及赋税之原理》，郭大力、王亚南译，上海三联书店，2008，第74页。

② 托马斯·弗里德曼：《世界是平的——21世纪简史（3.0版）》，何帆译，湖南科学技术出版社，2008，第214页。

费最大化的不二之选。正如《伟大的贸易》一书的作者威廉·伯恩斯坦（William J. Bernstein）所言："贸易让我们进入全球经济大繁荣的时代。"[1]

国与国之间如何进行贸易互惠，如何解决贸易争端，需要通过谈判达成的多边或者双边贸易机制来安排。世界贸易组织（以下简称"世贸组织"）是目前世界上唯一的全球性多边贸易机制，其前身是签订于1947年10月30日的《关税及贸易总协定》（以下简称"关贸总协定"）。它和世界银行、国际货币基金组织并称战后世界经济管理机制的三大支柱。关贸总协定先后发起了八轮多边贸易谈判，推动有关贸易国制定出多边贸易规则，以降低各国之间的关税和非关税壁垒。1995年1月1日世贸组织建立，取代关贸总协定。世贸组织作为当今唯一的世界性国际贸易组织，世贸组织成员的贸易额已经占据全世界贸易额的95%，对促进世界经济和贸易发挥着重要作用。2001年起多哈部长级会议启动了新一轮多边贸易谈判"多哈发展议程"。2006年多哈回合谈判中止，没有取得任何成果。目前，世贸组织正在进行关于电子商务、渔业补贴、信息技术协议履行等领域的谈判。但正如美国研究世贸组织问题的专家威廉·艾伦·芮恩施（William Alan Reinsch）所判断的，"世贸组织的权威正在日渐削弱"[2]，国际多边贸易谈判机制处在危机之中。

中国是全球多边贸易机制世贸组织最大的受益国之一。作为最大的发展中国家，中国的加入也为世贸组织的发展作出了巨大贡献。中国曾经是关贸总协定创始会员国。1949年后，中国在关贸总协定的席位被台湾当局占据。1986年7月10日，中国正式提出恢复关贸总协定缔约国地位的申请。在贸易制度审议阶段，中国要回答的核心问题是，

---

[1] 威廉·伯恩斯坦：《伟大的贸易——贸易如何塑造世界》，郝楠译，中信出版社，2020，第21页。

[2] William Alan Reinsch, "Undermining the WTO," Center for Strategic & International Studies, April 27, 2020, https://www.csis.org/analysis/undermining-wto.

中国的经济到底是计划经济还是市场经济。随着1992年邓小平南方谈话，1992年10月党的十四大提出，中国经济体制改革的最终目标是建立社会主义市场经济体制，这一核心问题迎刃而解。之后，中国入世谈判进入了实质性谈判阶段。

实质性谈判分两步走：先是围绕市场准入问题与37个国家分别进行双边谈判，之后是关于中国加入世贸组织的法律文件的多边谈判。双边谈判的主要议题是降低关税、取消进口限制和开放服务贸易。经过艰苦的谈判，发达国家不得不同意中国以发展中国家身份加入世贸组织，使得中国在市场开放的时间、领域和程度上都获得了必要的过渡期。双边谈判中最艰难的是与美国的谈判。在谈判的最后关头，中美双方在汽车进口关税、特殊保障条款、过渡期条款、准入标准、电影大片引进数量等七个议题上无法达成共识，谈判陷入僵局，美国贸易谈判代表巴尔舍夫斯基准备放弃谈判启程回国。中方谈判代表审时度势，启动应急预案，越级向中央领导汇报情况，国家领导人亲自与巴尔舍夫斯基就七个问题进行了面对面的谈判，并最终达成了协议。[1]

中美双边贸易协定的达成是中国入世谈判的关键一步。之后中国与欧盟也很快达成了协议。2000年7月，中国与大多数成员达成双边协定。2001年9月，中国加入世贸组织的法律文件《中国加入世界贸易组织议定书》以及《中国加入世界贸易组织工作组报告书》谈判完成。2001年11月10日，世界贸易组织第四届部长级会议通过了《关于中国加入世界贸易组织的决定》，12月11日中国正式恢复了在世贸组织的成员国身份。[2]

进入21世纪以来，全球性多边贸易体系世贸组织面临诸多挑战，尤其在2008年金融危机及多哈回合无果而终后，世界出现了贸易保护

---

[1] 胥大伟：《入世：中国拥抱世界》，《中国新闻周刊》总第910期，2019年8月5日；李岚清：《突围——国门初开的岁月》，中央文献出版社，2008，第339页。

[2] 具体谈判过程参见石广生主编《中国加入世界贸易组织谈判历程》，人民出版社，2011。

主义的回潮。各国寻求建立区域性贸易机制或者双边贸易机制以应对全球性贸易机制供给不足的问题。梳理中国外交部及美国国务院网站上近年来进行的谈判，不难发现区域性和双边贸易谈判已经成为两国外交谈判中的重要组成部分。就中国而言，近年来进行的自贸区谈判涉及日本、韩国、新西兰、挪威、巴拿马、尼泊尔、海湾地区国家、巴基斯坦、新加坡、加拿大、毛里求斯、秘鲁、摩尔多瓦以及巴布亚新几内亚等国，此外还有与美国、欧洲和世贸组织进行的贸易商务投资类谈判。区域性自贸区谈判已经成为中国外交谈判中的第一大类，超过了领土边界类谈判、海洋资源开发管理类谈判，以及领事、法务类谈判。美国近年来进行的贸易谈判主要有：美墨加三国协议谈判、美国欧盟数字税谈判、美日贸易协定谈判、中美贸易谈判等。根据美国贸易谈判代表办公室公开资料，美国已经与20个国家签订了自由贸易协定。[1]

区域性贸易谈判中有一个现象尤其值得中国注意，即美国正在试图绕开多边贸易机制，建立起美国主导的由多个双边和小多边贸易机制组成的基于新的贸易规则的国际贸易体系。2017年1月23日，特朗普宣布美国退出《跨太平洋伙伴关系协定》（TPP）谈判，宣布今后将寻求在"一对一"的双边贸易谈判基础上实现美国人民的利益和福祉。[2] 2018年11月30日，美国、墨西哥、加拿大三国领导人签署《美国—墨西哥—加拿大协定》，取代过去的《北美自由贸易协定》。这一协定基本为之后美国与其他国家签订的自贸区协定提供了一个模板。根据新协定第32章"例外与一般规定"中的第10款"非市场经济国家

---

[1] 这些国家是澳大利亚、巴林、加拿大、智利、哥伦比亚、哥斯达黎加、多米尼加、萨尔瓦多、危地马拉、洪都拉斯、以色列、约旦、韩国、墨西哥、摩洛哥、尼加拉瓜、阿曼、巴拿马、秘鲁、新加坡。Free Trade Agreements, Office of the United States Trade Representative, https://ustr.gov/trade-agreements/free-trade-agreements。

[2] "Withdrawal of the United States from the Trans-Pacific Partnership Negotiations and Agreement," Dipnote, January 23, 2017, https://www.state.gov/us-TPP-withdrawal/.

自由贸易协定",成员国如果与非市场化经济体签署自贸协定,需要提前三个月通知其他成员国,需要告知缔约目标,并提前至少30天将协议文本提交其他成员国审查,以确定是否会对《美国—墨西哥—加拿大协定》产生影响。[①]根据这一被称为"毒丸"(poison pill)的条款,如果加拿大或者墨西哥要同中国签署自由贸易协定,需提前三个月告知美国,并至少提前一个月将协议文本交由美国审查,向美国说明其与中国签订自由贸易协定的意图和目标。美国商务部长罗斯在接受路透社采访时表示,"毒丸"条款意在堵住贸易协定漏洞,抵制非市场经济国家在知识产权和工业补贴上的做法。罗斯还暗示"毒丸"条款在设定一个先例,以便将来更容易添加到其他贸易协议中,如正在谈的美欧跨大西洋贸易和投资伙伴协定(TTIP)以及美日自贸区协议,成为将来美国和其他国家达成双边贸易协定的先决条件。[②]这些特殊条款的存在以及新的贸易协定的安排,客观上有将中国排除在外的可能。

改革开放尤其加入世贸组织后,中国一直对国际贸易持开放态度。2015年12月,中国国务院印发了《关于加快实施贸易区战略的若干意见》,要求进一步优化自由贸易区的建设布局,加快建设高水平自由贸易区。但美国正在筹建的新的贸易体系已经造成了对中国正在进行的自贸区谈判的干扰。2020年11月15日,经过八年谈判,中国与东盟十国、日本、韩国、澳大利亚、新西兰成功签署了《区域全面经济伙伴关系协定》(RCEP),建成世界上规模最大的区域性自贸区。该自贸区涵盖全球29.7%的人口和28.9%的国内生产总值,是亚太繁荣和世界和平的重要保障。2020年12月30日,中欧领导人共同宣布如期完成《中欧投资协定》谈判。但遗憾的是,2021年5月,欧洲议会以中国内政

---

① Charpter 32 Exceptions and General Provisions, https://ustr.gov/sites/default/files/files/agreements/FTA/USMCA/Text/32_Exceptions_and_General_Provisions.pdf.

② "US Mulls' Poison Pill" to Counter China in Future Trade Deals-Wilbur Ross, https://sputniknews.com/us/201810061068657796-usmca-poison-pill-ross/.

问题为由投票冻结了该协议。

二、气候变化

1962年，蕾切尔·卡逊（Rachel Carson）关于环境保护的著作《寂静的春天》在美国问世。美国前副总统戈尔认为这是"现代环境运动的肇始"，[1]它像一道闪电，唤醒了人们对环境问题的关注，将环境保护提上了国家甚至国际社会的议事日程。1972年6月5日，联合国在斯德哥尔摩召开人类环境会议，这是世界各国政府共同讨论环境问题的第一次国际会议。会议通过了《联合国人类环境会议宣言》和《行动计划》，提出了"只有一个地球"的口号，号召各国政府和人民为改善人类环境而共同努力。1988年世界气象组织和联合国环境规划署联合设立了政府间气候变化专家委员会（IPCC）。1990年该委员会发表了第一份有关气候变化的评估报告。报告认为按照当时的温室气体排放现状，地球上的气温将以每10年0.3℃（变化区间为0.2—0.5℃）的速度增加，海平面将以每10年6厘米（变化区间为3—10厘米）的速度上升。报告估计到2030年海平面将上升20厘米，到21世纪末，海平面将上升65厘米。[2]而这种变化被认为部分是由人为原因造成的，如排放温室气体、砍伐森林、城市化等。面对来自大自然的严峻挑战，世界各国政府都行动起来，开始了一场旷日持久、规模宏大的气候变化谈判，共同探索人类应对气候变化的解决方案。

1992年5月9日，联合国气候变化框架大会通过了《联合国气候变化框架公约》（UNFCCC）。该公约于1994年3月21日正式生效，到目前为止共有197个缔约方。1997年12月21日，在日本京都召开了《联合国气候变化框架公约》缔约方第三次大会，会上通过了到目前为止

---

[1] 蕾切尔·卡逊：《寂静的春天》，吕瑞兰、李长生译，吉林人民出版社，1997，第12页。
[2] J. T. Houghton, G. J. Jenkins and J. J. Ephraums, *Climate Change, the IPCC Scientific Assessment,* Intergovernmental Panel on Climate Change, 1990, p. xi.

约束力最强的一份文件:《京都议定书》。《京都议定书》是联合国在气候变化谈判上的一个里程碑，各主权国家就应对气候变化作出了政治承诺。议定书肯定了气候变化谈判的基本原则，即:"共同但有区别的责任"和"公平原则"，制定了严格的减排标准和规范，使得各缔约国减排责任可比较，减排结果可核查。[①]之后历届缔约方大会通过的文件如"巴厘路线图""坎昆决议"和"哥本哈根协议"等，其约束力均不及《京都议定书》。2012年《京都议定书》即将到期之际，经过缔约国各方艰苦的谈判，《联合国气候变化框架公约》缔约方第八次大会通过了《多哈修正案》，对《京都议定书》第二承诺期（2013—2020年）内各缔约国量化减排指标作出了规定。但该修正案等待生效的过程颇为漫长。2020年10月2日，《联合国气候变化框架公约》秘书处宣布，随着牙买加和尼日利亚在当日批准了《多哈修正案》，该修正案将在90天后生效。2015年达成的《巴黎协定》是继《京都议定书》后第二份具有法律约束力的全球气候协议，它提供了一个持久的框架，为未来几十年全球应对气候变化的努力指明了方向，标志着一个向零排放世界转变的开始。

　　国际气候变化谈判经历了漫长的过程，其间挫折不断，至今也仍然前途不甚明朗，归其主因无外乎两点：一是缺乏政治领导，二是各方诉求差异巨大。当今世界唯一的超级大国美国在全球气候变化谈判进程中经常性缺席不可谓不遗憾。美国虽然签署了《京都议定书》，但过后没有得到国会批准，使得美国始终游离在气候谈判之外，以至于"巴厘路线图"不得不在《联合国气候变化框架公约》正式谈判机制之外单独就美国与有关国家的谈判轨道作出安排。奥巴马上台后曾作出一些姿态，但在有约束力的减排目标上仍然不作承诺。特朗普上台后，美国的气候变化谈判政策更是出现严重倒退，不仅废除了奥巴马时期

[①] 联合国气候变化框架公约,《联合国气候变化框架公约京都议定书》, December 10, 1997, https://unfccc.int/sites/default/files/resource/docs/chinese/cop3/g9860114.pdf。

的《清洁能源计划》，而且公开宣布退出《巴黎协定》。一个在气候正义问题上持"不正义"立场[1]的国家是无法领导气候变化谈判进程的。欧盟在巴厘岛第十三届联合国气候变化框架大会以后，积极担当和发挥领导者角色。但哥本哈根会议无果而终后欧盟热情锐减。至于发展中国家，国际社会有关研究认为，即使美国退出《巴黎协定》，只要中国和印度有足够政治意愿接受美国退出带来的额外成本，气候变化谈判仍然可以达成目标。[2]但中国、巴西、南非、印度基础四国显然没有足够的政治意愿，实际上也无足够的能力去领导气候变化谈判进程。

除缺乏政治领导之外，不同国家联盟之间诉求的差异也增加了气候谈判的复杂性。

第一，发达国家和发展中国家立场迥然有异。根据全球变暖责任的不同，《联合国气候变化框架公约》缔约方可分为发展中国家和发达国家两大阵营。哥本哈根会议上两大阵营的分歧表现得较为充分。在会上发达国家敦促当前温室气体排放量较大的发展中国家承诺更多的减排目标，发展中国家则要求发达国家在1990年的基础上，到2020年温室气体排放量减少35%—40%，到2050年减少95%以上；还要求发达国家拿出国内生产总值0.5%—1%的资金向发展中国家提供资金支持，帮助发展中国家的减排能力建设。发展中国家强调发达国家有义务和责任向发展中国家转让技术并与知识产权问题相分离。

第二，在发达国家阵营中各个国家对减排的态度是有所不同的。发达国家阵营存在欧盟和伞形国家[3]两大板块。欧盟整体上对减排持

---

[1] 孙承、李建福：《美国气候正义：立场变迁与实质辨析》，《山西大学学报（哲学社会科学版）》2019年第2期，第101—109页。

[2] Oleg Smirnov, "Collective Risk Social Dilemma and the Consequences of the US Withdrawal from International Climate Negotiations," *Journal of Theoretical Politics*, Vol. 31, Issue 4, 2019, pp. 660–676.

[3] 伞形国家指2009年联合国哥本哈根气候峰会上形成的国家集团，由美国、加拿大、澳大利亚、新西兰、挪威、日本等非欧盟发达国家组成。这些国家在地图上的分布很像一把"伞"，也象征地球的"保护伞"，故此得名。

积极态度，但在欧盟国家内部还是略有差别。对减排持积极态度的是德国、英国和北欧国家，他们对行动迟缓的其他欧盟成员有所不满，后者希望被分配的减排配额小一些。伞形国家中的美国在发达国家中属排放密集型国家，对减排态度比较消极，不仅没有签署《京都议定书》，而且在特朗普政府时期退出了《巴黎协定》。美国之外的其他伞形国家则态度居中。

第三，发展中国家阵营中也存在分歧，基础四国和小岛屿发展中国家的立场差别较大。根据世界银行数据，2020年中国、南非、巴西、印度的人均温室气体排放量分别是7.8公吨、6.7公吨、1.9公吨以及1.6公吨，与1990年相比分别增长了410.53%、108.06%、146.15%以及266.67%。[①] 基础四国处于经济发展的高增长期，极力避免国际上过多的减排承诺影响国内经济发展的规模和速度，强调"共同但有区别的责任"，强调发达国家的资金投入以及技术转让。在2011年德班气候峰会上，四国曾经成功地利用平台进行框架内的合作，以巩固自己的立场，扩大自己的声音。小岛屿发展中国家与贫穷的发展中国家联盟受到气候变化的冲击和影响最大。根据政府间气候变化专门委员会（IPCC）科学报告评估，到21世纪末，海平面将升高65厘米，这对于某些海岛国家意味着被海洋淹没的威胁。他们对排放量大的发展中国家常有怨言，要求其在气候变化谈判中承诺更多的减排。

第四，由于基于国家身份的联盟难以应对气候变化谈判中所有议题的谈判，一种基于议题的联盟的出现就成为必然，这增加了气候变化谈判的复杂性。正如瑞典前环境部长安德烈亚斯·卡尔格伦（Andreas Carlgren）所说："发达国家和发展中国家两个阵营固守原有的

---

① 世界银行数据：二氧化碳排放量，https://data.worldbank.org.cn/indicator/EN.ATM.CO2E.PC?end=2020&locations=BR-CN-IN-ZA&start=1990&view=chart。

原则立场无助于实现气候正义。"[①] 在哥本哈根会议和坎昆会议中，由小岛屿国家联盟、拉丁美洲、欧洲、东南亚和非洲的29个国家组成了卡塔赫纳（Cartagena）对话组。该对话组跨越南北联盟，反对延迟谈判和固守某个集团的利益，协调和沟通不同集团之间的分歧，提出建设性的意见。但这一对话组中没有包括主要的排放大国，发挥的作用有限。中美都是排放密集型国家，也曾尝试在类似的立场上建构气候联盟，但因为美国国内政策的起伏多变，并无实际进展。

《联合国气候变化框架公约》签约谈判方众多，再加上复杂的政治生态，使得气候变化谈判的进程漫长而艰难。为了打开这沉闷的谈判局面，有国家提出开启新的谈判机制。但新启的谈判，无论在议题的广泛性、深度还是实施力度上都难以和联合国气候谈判框架相提并论。气候变化谈判本质上是政治与科学的较量，科学证明了人类共同应对气候变化谈判是个可期的目标，但如果缺乏足够的政治意愿，通过气候变化谈判应对气候变化也是不可行的。缔约方需要有更强的政治意愿和更高的政治智慧，从人类命运共同体的高度和守护地球家园的责任出发，履行承诺，落实行动。谈判者则应在现有气候变化谈判框架下，敏锐观察政治生态的变化，掌握气候科学的最新研究成果，相应调整联盟策略，逐步推进气候变化谈判进程，维护本国人民及世界人民的长远利益。

中国是发展中国家，但中国也是国际社会负责任的大国。在气候变化这一关乎人类共同利益的议题上，中国国家领导人态度积极，勇于担当责任。2020年9月22日，中国国家领导人在联合国一般性辩论大会上向全世界宣布，"中国将提高国家自主贡献力度。采取更加有力的政策和措施，二氧化碳排放力争于2030年前达到峰值，努力争取2060年前实现碳中和"。2021年9月21日，中国国家领导人在联合国

[①] Andreas Carlgren, "Climate Negotiations and How to Build Sustainability into Our DNA," *The Heythrop Journal*, Vol. 59, Edition 6, LIX (2018), p. 904.

大会上再次强调,"中国将力争2030年前实现碳达峰,2060年前实现碳中和,这需要付出艰苦努力,但我们会全力以赴"。2022年8月,中国科技部、发展改革委、生态环境部、交通运输部等九部委联合印发了《科技支撑碳达峰碳中和实施方案(2022—2030年)》,对推动实现碳达峰和碳中和进行全面部署。中国国家领导人在联合国的两次讲话以及九部委的联合部署充分表达了中国作为大国在气候变化问题上的积极态度和坚定决心,这也是中国为全球气候治理提供的中国智慧和中国方案。

三、生物多样性

保护生物多样性这一议题正式提上联合国议程是在1987年。1987年,联合国环境规划署组成生物多样性临时工作组,探讨签署一项具有国际法约束力的生物多样性公约的可能性。1989年,该工作组增设法律和技术专家小组,为公约提供法律和专业支持。1991年,该工作组发展为政府间谈判委员会(Intergovernmental Negotiating Committee,INC),就公约的具体条款进行谈判,并于1992年达成了《生物多样性公约》(Convention on Biological Diversity,CBD)。该公约的三大目标是保护生物多样性、可持续利用多样性生物、公平公正地分享利用遗传资源所产生的惠益。[①]《生物多样性公约》于1993年12月29日正式生效。到目前为止,缔约方大会已经举行过十四次,讨论解决公约执行过程中出现的相关问题以及国际社会关心的新议题。其中2000年1月29日达成的《卡塔赫纳生物安全议定书》(Cartagena Protocol on Biosafety)和2010年10月29日在名古屋通过的《关于获取遗传资源和公正和公平分享其利用所产生惠益的名古屋议定书》(Nagoya Protocol on Access and Benefit-sharing,ABS)是两个关键性成果。

---

① *Convention on Biological Diversity, United Nation*, 1992, p. 3, https://www.cbd.int/doc/legal/cbd-en.pdf.

在环保类的国际多边公约体系中，资金的来源和使用始终是最重要的问题。全球环境基金（Global Environment Facility，GEF）是履行《生物多样性公约》及其他四个国际性公约的主要国际基金机制。另外，日本生物多样性基金及生物多样性集资倡议也是该公约资金机制的一部分。全球环境基金是世界银行1990年创建的项目，每四年由39个发达国家进行注资，其中不超过1/3的资金会用于保护生物多样性。基金以项目的形式发放，希望使用基金的发展中国家需要提出立项申请，在实施项目过程中要接受监督，项目结束后要接受评估和审查。发达国家和发展中国家在资金机制上的立场明显不同，发达国家一方面表示愿意继续投入基金，以确保相关目标的完成；另一方面也关心项目的实际效果，强调项目管理的效益。发展中国家则希望国际社会加大对基金的投入，同时希望简化提取资金的程序。

同样能反映发达国家和发展中国家立场差异的议题还有是否将"共同但有区别责任的原则"引入《生物多样性公约》中。日本、澳大利亚、欧盟、加拿大反对在生物多样性议题中增加"共同但有区别责任的原则"；马来西亚、中国、巴西则支持引入该原则。在其他问题上，各个国家的立场会因具体议题而有所变化，很难用发达国家还是发展中国家身份来判断。对于"具有生态和生物意义的海洋区域的决议草案"（EBSAs），中国、巴西明确表示反对。同样是发展中国家的印度尼西亚并不反对，但强调划定具有生态和生物意义的海洋区域时应注重社会和文化标准。埃及甚至和澳大利亚、欧盟、加拿大等发达国家一样，支持该协议草案的实施。在是否把生物多样性与气候变化相关联这一问题上，日本加入了中国和巴西，反对两议题的关联；欧盟、加拿大、挪威则和马来西亚、哥斯达黎加、玻利维亚、墨西哥、南非等发展中国家一起，主张两个议题可以关联且有所互动。[①] 这种复杂的利益格局

[①] 李楠主编《〈生物多样性公约〉机制与谈判》，世界自然基金会北京代表处，2020，第31—49页。

要求谈判者在谈判进程中要耐心寻找某个议题上的共同利益者，尝试与之建立临时的议题联盟，争取己方的利益主张在协议中有所体现。

《生物多样性公约》的缔约情况也比较复杂。公约缔约方有196个，具体加入方式分为五种：第一种，157个批准国（Ratification）。此类国家在条约开放缔约时就签署了该条约，之后获得了国内的正式批准。中国属于这种情况。第二种，5个核准国（Approval）。有的国家为了确保加入条约，不采用立法批准的方式，而是采取行政核准，如东欧的捷克和斯洛伐克。第三种，28个加入国（Accession）。这些国家在开放缔约时没有签署，但后来加入了公约，并得到了国内批准。第四种，5个接受国（Acceptance）。接受是指在某个条约开放缔约期结束后，某国以行政而非立法的方式表示同意接受该条约的约束。其效果相当于一种简化了的加入手续。日本是《生物多样性公约》接受国。第五种，1个演替国（Succession）。① 需要特别指出的是，美国不是《生物多样性公约》签约国。1992年里约热内卢地球峰会上美国拒绝签约。1993年6月4日，美国总统克林顿决定签约，但在参议院未获得三分之二多数通过。

中国是雨林国家集团（LMMC）② 中的一员，对生物多样性议题比较积极。中国在《生物多样性公约》开放缔约时便签署了该公约，并于1993年完成了国内批准程序，正式成为《生物多样性公约》的一员。中国政府积极参与了后续有关协定的谈判。2000年8月8日中国签署了《卡塔赫纳生物安全议定书》，并于2005年经国务院核准；2010年中国接受了《关于获取遗传资源和公正和公平分享其利用所产生惠益的名古屋议定书》。2021年10月，中国昆明承办了《生物多样性公约》第

---

① 《生物多样性公约》网站，https://www.cbd.int/information/paties.shtml。
② 雨林国家集团（the Linked-Minded Megadiverse Countries，LMMC）是拥有地球上大多数物种的国家组成的国家集团，目前有17个成员，多数是哥伦比亚、印度尼西亚这样的热带雨林国家。

15次缔约方大会（COP15），来自140多个缔约方及30多个国际机构和组织共计5000余位代表，通过线上线下相结合的方式参加了大会。大会通过《昆明宣言》，释放出全力加强生物多样性保护的积极信号。《生物多样性公约》缔约方第15次大会是中国首次承办的全球性环境议题峰会，是中国参与全球治理，贡献中国方案、中国智慧的良好时机。峰会在中国召开对于中国青年人也是一次难得的近距离观察和学习全球事务的机会，对于全体公民则是近距离了解国际社会环保理念和环保行动的机会，对于中国的国际化程度的提高以及彰显大国地位都有重要意义。

四、人质危机

人质危机谈判涉及的是安全类议题谈判。一般来说，安全议题属于高级政治议题。但人质危机引起的安全问题属非传统安全，因此也被视为低级政治议题。人质危机往往有着复杂的政治背景，加上时间压力以及谈判主体的特殊性，都使得人质危机谈判的过程具有高度不确定性。尽管如此，仍然有很多案例表明，人质危机是可以通过谈判解决的，如1980年美国驻伊朗大使馆人质危机、1989年黎巴嫩真主党人质危机、1996年日本驻秘鲁使馆人质危机、2000年菲律宾航空人质危机。

人质危机谈判是一类特殊的谈判，对谈判者的个人特质如胆识、使命感、同情同理心以及情绪控制能力等[1]，都有极高的要求。黎巴嫩人质危机谈判的主谈人季安多米尼克·皮科（Giandomenico Picco）就是这样一位出色的谈判者。

1975年黎巴嫩内战爆发，国内伊斯兰教派和基督教派因为巴勒斯坦欲以黎巴嫩为基地对以色列发动进攻而互相对峙。区域内国家和西

---

[1] Gary Noesner, Stalling for Time: My Life as an FBI Hostage Negotiator (New York: Handom House, 2010).

方国家纷纷卷入。截至1987年，共有来自超过9个国家的26名人质被伊斯兰教什叶派政党真主党所控制，另有7名以色列士兵在1982年以色列入侵黎巴嫩南部的军事行动中失踪。与此同时，以色列方也关押了数百名什叶派武装人员。国际社会如国际红十字会一直在积极采取行动，但收效甚微。美国在通过谈判解救人质这件事情上也很谨慎。一是"不与恐怖主义组织进行任何形式的谈判"本来就是美国的政策；二是因为1986年美国曾陷"伊朗门事件"丑闻，使其对谈判解救人质问题更是迟疑。在这种背景下，联合国介入，皮科临危受命，九次只身被"绑架"着前往真主党人驻地，最终安全地带回了所有人质。从主谈人皮科先生的回忆录中，[①] 可以总结出此次人质谈判的四个特点。

第一，建立信任很难，但必须建立信任。计划通过绑架人质达到某种诉求的个人或者组织都是绝望而偏执的。他们对敌人充满仇恨，对前来谈判的人也充满警惕和不信任。试图直接在绑架者黎巴嫩真主党人和代表被绑架者利益的谈判人皮科之间建立信任几乎是不可能的事情，需要有关键连接点介入，才能串联起信任度链条。这个关键的连接点就是时任联合国秘书长德奎利亚尔。在之前调停两伊战争的过程中，德奎利亚尔展现的人格魅力和他对伊朗的帮助让伊朗政府对德奎利亚尔有了基本的信任。鉴于伊朗和掌握人质的黎巴嫩真主党都属于伊斯兰教什叶派，双方关系密切，德奎利亚尔决定派出深受信任的时任联合国秘书长政治事务助理季安多米尼克·皮科来完成这个高难度的任务。德奎利亚尔几乎将整个谈判全权交由具有"独狼"作风的皮科来处理，只对皮科提出"尽量保证自己安全"的要求，其他具体谈判事项一概不过问。他甚至多次拒绝聆听皮科关于谈判进展的汇报，以防自己提出的建议对他产生干扰。至此，谈判一方黎巴嫩真主党人和谈判另一方联合国特使皮科之间断裂的信任链条通过德奎利亚尔以

---

① Giandomenico Picco, *The Fog of Peace: The Human Face of Conflict Resolution* (London: I. B. Tauris & Co. Ltd, 2014), pp. 38–46.

及伊朗政府连接了起来。事实证明，信任对后续谈判的成功至关重要。与通常的国际谈判不同，这次行动绝大部分是在私下秘密进行的，且没有签订任何的纸质协议，全靠口头承诺达成共识，但令人称奇的是谈判期间几乎没有发生严重的毁约事件。皮科在多年以后谈及这段经历时，总结说："当我只身去贝鲁特解救人质时，我一无所有，没有钱，没有权力，只有个人之间的信任。"[①]

第二，理解并尊重劫持者核心利益需求。皮科坦言，他对黎巴嫩真主党谈判中的核心利益诉求有个理解的过程。1990年4月11日，皮科在伊朗的安排下，借道大马士革进入贝鲁特，在伊朗大使馆武装人员的护送下，前往真主党控制区与黎巴嫩内政部长、真主党官员等要员会面。在会面中，真主党人先是向皮科控诉以色列和美国的罪行并矢口否认绑架人质，但又隐晦地表示如果以色列能先表现出诚意，承诺释放所有在押的黎巴嫩士兵，真主党就会尽力敦促控制人质的团体释放人质。由于皮科始终没有得到来自美国或以色列任何释放人质的确切承诺，他在谈判中几乎没有筹码，他决定用联合国的黎巴嫩"特别援助重建计划"来增加他的谈判力。然而皮科没有想到，真主党人对联合国的重建援助居然没有表现出任何兴趣。这让皮科意识到，真主党是由信仰汇集起来的组织，他们看中的未必是金钱这样的一般性物质利益，而是尊严、团结等精神性诉求，而他们的特殊需求长久得不到国际社会的理解。劫持人质事件频发，人质谈判不成功，在某种意义上与他们的需求得不到尊重和理解有关。

第三，重视谈判中每个人的作用。黎巴嫩人质谈判成功，固然与德奎利亚尔和皮科的个人魅力和能力有关，但这是个需要更多人一起来完成的事业，皮科找到这些人，并借助这些人推动了谈判进程。皮科在他的回忆录中提到，在整个过程中起到关键性作用的那些人，比

[①] A keynote Address by Giandomenico Picco on the Annual Conference on Cultural Diplomacy in the United Nations 2017, http://youtu.be/52o6MLz1n_4.

如时任伊朗伊斯兰会议议长的拉夫桑贾尼。拉夫桑贾尼被认为是温和派及务实保守派。在国内他支持自由市场的地位，赞成国有产业私有化；在国际上他以温和形象示人，避免与美国和其他西方国家发生冲突。皮科首先利用个人关系联系了时任伊朗驻联合国大使塞勒斯·恩赛里（Cyrus Nsseri），私下请他联系拉夫桑贾尼，帮助促使真主党释放人质。然而由于时任伊朗总统哈梅内伊正采取对西方强硬的敌对政策，拉夫桑贾尼矢口否认伊朗与真主党有任何关联，但同时又暗示皮科，真主党其实是有释放人质意愿的。1989年，拉夫桑贾尼出任伊朗总统，此时美国也产生了新的总统，伊美关系随着领导人的更换而有所缓和。美国国家安全顾问斯考克罗夫特找到联合国秘书长，希望通过秘书长向伊朗传达老布什总统愿意用解冻部分伊朗在美国的冻结账户，换取伊朗对黎巴嫩人质解救的帮助。为了避免伊朗领导人微妙的心理干扰事情的发展，皮科小心地将斯考克罗夫特的提议包装成德奎利亚尔的建议传达给了拉夫桑贾尼。虽然当时拉夫桑贾尼没有表示出热情，但很快他就开始在各种公开场合表达自己支持人质解救的立场。此后不久，黎巴嫩南部什叶派的宗教领袖谢赫·侯赛因（Sheikh Ohammes Hussein Fadlallah）在访问伊朗时也公开表示：人质绑架违反了伊斯兰教法。从这两件事情在时间和地点的关联性上，我们不难推测出拉夫桑贾尼已经开始起到作用了。

第四，人质危机谈判者需具备非凡的胆魄和信念。1990年8月9日凌晨，皮科走在空无一人的贝鲁特街头等待与真主党人的会面，他不知道接下来将会发生什么。他突然听到了汽车刹车的声音，然后就被人抓住塞进了一辆汽车。他的头被按在地上，有人警告他，不许四处张望。几分钟后，他被从车里拽出来，接着又被塞进另一辆车中，还是被人把头按在地上，不许四处张望。经事后认定当时把他带到贝鲁特真主党某个组织总部的是真主党的高层人物伊迈德·穆格尼耶（Imad Moughniy eh）和穆斯塔法·巴德尔丁（Mustafa Badruddin）。进入总部后，皮科被扒光衣服进行搜身，还被套上了头套。谈判时，四周有荷枪实弹的蒙面武装人员看守，只要回答稍有疏漏，皮科的下场可能就是身首异处，或者像之前的谈判者泰瑞·威特（Terry Waite）一样成为新的被羁押人质。[1] 但皮科仍然选择前来谈判。这样"绑架式"的谈判，他去过九次，每次都能冷静地与绑匪进行谈判。在谈判释放第二名人质时，绑匪找各种借口推迟释放，皮科坚决反对。他强硬地表示，如果绑匪不在当天释放第二名人质，就是不守诺的行为，这种行为将导致整个抵抗组织的国际信誉受损，也会让外界认为他们缺乏组织纪律。绑匪仍然顽固坚持自己的主张，并声称自己在所有扣押人质的组织里都有绝对的话语权。但皮科表示了抗议，他决定放弃与人质会面，以免给人质造成不切实际的期待。最后绑匪犹豫了，在一番商量之后决定同意在第二天释放人质。皮科相信：如果有任何人能够把人质活着带出来，这个人就是他自己。[2] 他在演讲中曾说，在他看来，成功的定义不是取得多大的财富或是多高的官职，而是"你一辈子救过多少人的性命"。

皮科的经历让我们对国际谈判的功能有了更多的信心。只要谈判者具备足够的勇气和智慧，即使谈判对手是恐怖主义分子这样行为充满不确定性的群体，同样可以谈出双方都能接受的方案，从而把彼此从困境中解脱出来。

本章小结

低级政治议题纳入国际谈判深刻地改变了国际谈判场域的生态。

---

[1] Giandomenico Picco, *Man Without a Gun: One Diplomat's Secret Struggle to Free the Hostages, Fight Terrorism, and End a War* (New York: Crown Publishers, 1999), pp. 158–160.

[2] Anita Bartuolomew, "Life in the Balance," https://www.anitabartholomew.com/Negotiations2.htm.

第一，谈判行为体发生变化。传统外交中，谈判桌是外交家和政治家的舞台，但随着经济、气候变化等低级政治议题进入外交谈判领域，在相关议题上有专业知识以及利益攸关度的国际组织官员、地方政府官员、专家学者、非政府组织等非传统外交官随之进入谈判场。第二，公开性增加。低级政治议题与普通民众生活有较大相关性，媒体和公众对国际谈判的关注度提高，因此传统国际谈判的保密性正在面临挑战。第三，与传统外交谈判以双边为主的情况有所不同，低级政治议题谈判往往在多边框架下进行，以应对非传统安全特有的跨国性和流动性。第四，低级政治议题谈判对谈判人员的专业知识、国际规则意识以及多边谈判策略提出了更高的要求。

第四章　国际谈判战略

在国际谈判实践中，谈判者的谈判行为大相径庭：有的谈判者寸步不让，咄咄逼人，甚至使用威胁或骗术迫使、诱导对方接受自己提出的方案，达成一个单方面对己有利的协议；有的谈判者则充满理性，耐心倾听对方的诉求，善于用事实和逻辑的力量来影响对方，寻求一个各方都能接受的解决方案。谈判行为的差异源于谈判者思维的差异，即谈判者如何认识谈判目标，如何定义谈判中的利益，以及如何认识谈判手段中涉及的伦理问题。关于谈判目标和手段的问题，均属谈判战略的研究范畴。

第一节　谈判战略及分类

一、谈判战略的概念

在中文语境中，"战略"一词常出现在"大战略""军事战略""国家安全战略"等宏观话题中，而与"谈判"共同出现的多是"技巧""策略""谋略"等微观操作层面的词汇。这给大家一个印象，凡言及战略的，必是宏观的大问题，而谈判只是微观层面的技术问题，与战略无关。不得不说这是对"战略"和"谈判"这两个概念的双重误解。战略，如下文定义的，包括目的和手段两部分，技巧、策略、谋略只是手段层面上的，但手段最终是用来服务于目的。如果只把谈判视为手段和工具，或者假设谈判目的无须讨论，是对谈判内在价值的矮化，也限制了谈判实践者的想象空间和行为空间。人类历史上许多改变历史进程的成功谈判，并不仅仅是因为谈判者具有高超的谈判技巧和谋略，而是因为他们对谈判目标的深刻理解，即给所有谈判当事方以正义，带领大家共同摆脱当前困境，而不只是个人利益最大化。

战略的概念分广义和狭义两种。狭义的战略概念见诸军事领域，指的是"在计划和指挥大规模军事活动时联合和使用战争手段的科学和艺术"。[1] 如著名的军事理论家克劳塞维茨对战略的定义是"战略是为了达到战争的目的对战斗的运用"。[2] 广义的战略指的是"为了获得某一个特定的目标和结果而使用的计划、方法、措施、行动等"。[3] 如普林斯顿高等研究院的专家爱德华·厄尔（Edward Mead Earle）认为最高形态的战略，即大战略，"是控制和使用一个国家（包括其武装力量）的种种资源的艺术，以求针对其实在、潜在或者纯粹假想的敌人来有效促进和确保其至关重要的利益"。[4] 因此，无论是狭义的还是广义的，战略根本上是关于主体运用特定手段达到特定目的的艺术，跟大小无关，跟领域无关。国家可以有发展战略、安全战略，企业也可以有品牌战略、融资战略，个人亦可以有职业发展战略。谈判当然也有战略。

据此，谈判战略可以被定义为，在谈判中运用谈判方的种种资源（手段），包括谈判主体拥有的实力、谈判结构、谈判过程、谈判技巧等，力图影响谈判对手、以确保己方利益（目的）的科学和艺术。

---

[1] *Webster's Encyclopedic Unabridged Dictionary of the English Language* (New York: Gramercy Book, 1996), p. 1404.

[2] 克劳塞维茨：《战争论》第一卷，中国人民解放军军事科学院译，商务印书馆，1978，第103页。

[3] *Webster's Encyclopedic Unabridged Dictionary of the English Language* (New York: Gramercy Book, 1996), p. 1404.

[4] Edward Mead Earle, ed., *Makers of Modern Strategy* (New Jersey: Princeton University Press, 1943), p. Viii，转引自保罗·肯尼迪：《战争与和平的大战略》，时殷弘译，世界知识出版社，2005，第1页。

二、谈判战略分类

谈判研究者从不同角度区分了谈判战略（见表4-1）。美国马里兰大学谈判问题专家布里吉特·斯塔奇（Brigid Starkey）把谈判战略区分为竞争性战略（competition）和合作性战略（collaboration）两种。当谈判者在某一具体情境之下只追求一种自己所期望的结果并拒绝让步时，其所实施的是竞争性谈判战略。当谈判者可以确定共同利益并且把它作为对话基础时，其所实施的是合作性谈判战略。合作性谈判战略实施者不仅关注己方的利益，而且关注对方的利益，他们会通过多种办法，营造互信氛围并寻找满足双方利益诉求的协议。[1]

美国纽约州立大学心理学教授迪安·普瑞特（Dean G. Pruitt）把谈判战略区分为三种：对抗战略（contending）、解决问题战略（problem solving）、让步战略（yielding）。在对抗战略中，谈判者努力说服谈判对手作出让步以达到自己的目的；在解决问题战略中，谈判者试图提出一些能够使双方目的都得到满足的方案；在让步战略中，谈判者降低自己的目标以确保协议达成。[2] 换句话说，普瑞特的分类标准在于谈判者是以一己之利益为目标，还是试图兼顾双方利益，甚至放弃自己部分利益。

美国历史学家戈登·克雷格（Gordon A. Craig）把谈判战略区分为最优化战略（optimizing）和协作战略（accommodative）。根据他的解释，最优化战略的谈判者为自己设定尽可能高的目标，并且穷尽一切手段来达到目标，他们"尽可能多的索取，不怕显得不讲道理、凶狠好斗或缺乏礼貌"。相反，协作战略的谈判者在谈判中的目标是"有限

---

[1] 布里吉特·斯塔奇、马克·波义耳、乔纳森·维尔肯菲尔德：《外交谈判导论》，陈志敏等译，北京大学出版社，2005，第120—128页。

[2] Dean G. Pruitt, "Strategy in Negotiation," in Victor A. Kremenyuk, ed., *International Negotiation, Analysis, Approaches, Issues* (California: Jossey-Bass Publishers, 1991), p. 78.

度的，一般提出的要求比较合情合理，易为对方所接受"。[①] 因此，克雷格的区分标准在于谈判中为自己确立的利益目标是否合理和有限度。

诺贝尔经济学奖得主托马斯·谢林（Thomas C. Schelling）将战略博弈分为三种：定量博弈（fixed-sum game）、变量博弈（variable-sum game）、混合博弈（mixed-motive game）。定量博弈也叫完全冲突博弈，双方利益完全冲突，彼此互视为"对手"或者"敌人"，双方均重视保密，拒绝沟通，因此也难以达成预期共识。变量博弈也叫完全合作博弈，双方利益相互依存，他们互视对方为"伙伴"，双方均意识到合作和沟通的必要性，并在此过程中不断协调双方的行为，从而实现双方利益的最大化。在混合博弈中，双方虽然存在利益冲突，但他们强调沟通的重要性，无论在显式谈判（谈判双方信息渠道完全畅通和有效情况下的谈判模式）还是在默式谈判（谈判双方信息沟通不完全和无效情况下的谈判模式）中，都会努力进行语言或者行为的沟通。[②] 谢林对战略的研究以博弈论为分析工具，注重的是沟通的有效性，利益是否冲突在他这里只是作为研究沟通条件的背景，但他的分类标准仍然与利益有关。

分配性战略（distributive）和整合性战略（integrative）的区分在商务谈判领域被广泛使用。[③] 汤普森将分配性谈判比喻为分割馅饼，指谈判中争夺的利益是固定的，谈判是一场就既有利益如何分配而进行的零和博弈；整合性谈判则指谈判者致力于通过合作扩大馅饼，从而满足各方的需求，达到多赢的结果。

类似的区分还有哈佛大学法学院罗杰·费舍尔教授提出的立场取

---

① Gordon A. Craig and Alexander L. George, *Force and Statecraft: Diplomatic Problems of Our Time* (Oxford: Oxford University Press, 1990), p. 170.
② 托马斯·谢林：《冲突的战略》，赵华译，华夏出版社，2006，第47—100页。
③ 利·汤普森：《汤普森谈判学》，赵欣、陆华强译，中国人民大学出版社，2009，第33—72页。

向谈判（position-based）和利益取向谈判（interest-based）。①立场取向的谈判者事先确定好立场，并认为实现自己利益的唯一方式就是坚持这个立场，因此在谈判中寸步不让，竞争性非常强；利益取向的谈判者会通过交流和沟通，找出隐藏在对方所坚持的立场背后真实的利益关切。他们相信实现利益的方式可以有多种，愿意在与对方充分沟通的基础上，找到实现各方利益的方案。

谈判研究的著名学者威廉·扎特曼（I. William Zartman）提出的过去取向谈判（backward-looking）和未来取向谈判（forward-looking）的区别，为谈判战略分类增加了新的视角。②过去取向谈判将谈判目标定位在解决目前正在出现的问题和冲突，因此只注重现实的利益、当下的利益，并不注重关系未来如何发展，反而可能受到过往不良关系的干扰；未来取向谈判则试图通过合作建立起预防未来冲突的机制，因此比较重视与对方构建面向未来的合作性关系。

表4-1 谈判战略分类

学者的分类	利益偏好	
	利己、短期、非关系取向	兼顾利他、长期、关系取向
斯塔奇	竞争性战略	合作性战略
普瑞特	对抗战略	解决问题战略、让步战略
克雷格	最优化战略	协作战略
谢林	定量博弈	变量博弈、混合博弈
汤普森	分配性战略	整合性战略
费舍尔	立场取向战略	利益取向战略
扎特曼	过去取向战略	未来取向战略

---

① Roger Fisher and William Ury, *Getting to Yes, Negotiating Agreement Without Giving in* (London: Penguin Books, 1992), pp. 41–55.

② I. William Zartman and Victor Kremenyuk, *Peace Versus Justice, Negotiating Forward-and Backward-looking Outcomes* (Maryland: Rowman & Littlefield Publishers, Inc., 2005), p. 2; 他的灵感当来自Roger Fisher，参见 *Getting to Yes, Negotiating Agreement Without Givingin* (London: Penguin Books, 1992), p. 52。

资料来源：作者整理。

从以上对谈判战略分类的梳理中我们可以看出，虽然学者们分类时使用的称谓多种多样，但总体上可以归为两类：竞争性谈判战略和合作性谈判战略。合作与竞争理论研究的著名学者莫顿·多伊奇（Morton Deutsch）教授在研究竞争与合作理论时，主要关注两类问题：一是卷入某个情境的各方所持有的目标，是积极相互依赖（positive interdependence）还是消极相互依赖（negative interdependence）；二是卷入某个情境的各方的行为，是有助于实现其目标（effective actions）还是无助于实现其目标（bungling actions）。[①] 这两个问题分别与目标和手段有关。因此用竞争和合作来区分谈判战略是适合的。

三、谈判战略的分类标准

竞争性谈判战略与合作性谈判战略的根本区别是如何看待谈判中的利益。任何谈判者的目标都是利益最大化，但竞争性谈判者和合作性谈判者对利益的定义有所不同。（见表4–2）竞争性谈判者的利益偏好是单方面利己的、短期的、非关系取向的。他们只考虑自己如何从本次谈判中最大程度地获取物质性利益，他们不在乎自己独赢的谈判结果是否会损害彼此的关系从而损害长远利益。他们看重的是相对收益，会想尽办法，赢过对方。为了实现这些目标，竞争性谈判者隐藏信息，拒绝进行显式沟通；他们不信任对方，恶意揣测对方的意图，把谈判变成心理战；他们不惜采取欺瞒和施压、威胁等手段。竞争性谈判的结果通常是你得我失，而不是双赢。上文提到的对抗战略、最优化战略、定量博弈、分配性战略、立场取向战略以及过去取向战略，在此意义上均属此类。

[①] Morton Deutsch, "Cooperation and Competition," in Morton Deutsch et al., *The Handbook of Conflict Resolution Theory and Practice* (New Jersey: John Willey & Sons, Inc. 2006), p. 24.

相较于竞争性谈判者，合作性谈判者的利益偏好则兼具利他性及关系取向。他们在考虑自己利益的同时也会考虑对方的利益诉求，他们会尽量维护，至少不破坏和对方的关系；他们注重绝对收益，希望从当前情境之下最大程度获益，而不一定以赢过对方为最终目标。对他们而言，谈判不是只解决自己面临的问题，而是和对方一起解决共同面临的问题。为此，他们会将对方视为平等的合作伙伴，会根据情况给予对方适当的信任，会和对方进行开诚布公的交流，在充分交换信息的基础上，致力于达成一个能够同时兼顾对方利益诉求的解决方案，实现双赢。上文提到的解决问题战略、让步战略、协作战略、变量博弈、混合博弈、整合性战略、利益取向战略以及未来取向战略的谈判，均属此类。

表4-2 竞争性谈判战略和合作性谈判战略的特点

比较之处	竞争性谈判战略	合作性谈判战略
目标	追求当下的、物质性利益最大化	追求长远利益、关系性利益
收益	看重相对收益	相对收益和绝对收益并重
信任	不信任对方	根据情况给予对方适当的信任
交流	拒绝释放信息默式交流	释放信息显式交流
诚信	采用欺诈手段	不采用欺诈手段

资料来源：作者整理。

像任何两分法一样，将谈判战略进行绝对的两分，有将事情简单化的可能。因为任何一次真实的谈判都会在谈判的不同阶段、不同问题上，不同程度地使用以上两种战略，比如谢林就认为所有谈判都是混合博弈。本书使用竞争性谈判战略与合作性谈判战略的两分法框架，只是为了理论探讨的便利，在真实谈判中，既竞争又合作的混合性谈判战略更为常见。

第二节 竞争性谈判战略

竞争（compete）在《韦氏英语百科词典》中被解释为"尽最大努力以胜过别人"，在《辞海》中被解释为"互相争胜"，在《现代汉语词典》中被解释为"为了自己方面的利益而跟人争胜"。[①] 竞争本身并不是贬义词。竞争有建设性竞争和破坏性竞争两种。建设性竞争指在规则之下公平地竞争，破坏性竞争者则无视规则，不能公平地对待他者。本书讨论的竞争性谈判战略中的"竞争"特指破坏性竞争。

《人类简史》的作者尤瓦尔·赫拉利（Yuval Noah Harari）提出过一个有趣的问题："究竟是为什么，在一个以'合作'为最大成功要素的物种里，居然是比较没有合作精神的一方控制着比较善于合作的另一方？"[②] 我们很遗憾地发现，在谈判这个本应该通过合作解决共同困境的领域，居然也是竞争性战略而不是合作性战略大行其道。一个可能的解释是：个体认知的形成无非来自规范和经验两个领域，在规范领域，"黑暗森林法则""一切人反对一切人的丛林法则"，以及其他国际关系现实主义学说共同塑造了竞争理念的天然正当性；在经验事实领域，职场的倾轧、同行之间的竞争压力强化了个体关于生存残酷性法则的认知。但是，竞争性战略真的是达到利益最大化的最佳选择吗？本节将从竞争性谈判战略的五个特点出发，论述竞争性谈判战略的实施通常会导致何种结果，以及谈判结果如何背离了谈判初衷。

[①] *Webster's Encyclopedic Unabridged Dictionary of the English Language* (New York: Gramercy Books, 1996), p. 300；辞海编辑委员会：《辞海》，上海辞书出版社，1979，第1788页；中国社科院语言研究所词典编辑室：《现代汉语词典》第5版，商务印书馆，2005，第726页。

[②] 尤瓦尔·赫拉利：《人类简史》，林俊宏译，中信出版社，2017，第152页。

一、追求当下物质利益最大化

所有谈判者都追求利益最大化，这无可厚非，但竞争性谈判者往往追求当下的、物质性的利益最大化。如果谈判者只追求己方当下的、物质性利益最大化，谈判结果会怎样呢？第一种可能是各方达不成任何协议，危机持续。因为只要有所选择，对方就不会在一份片面满足他方利益的协议上签字。第二种可能是谈判方在特定情势之下被迫在协议上签了字，但由于协议没有公正地体现其利益，该签字方会随着情势的发展寻机拒绝履约。例如，一些中东问题专家尤其是巴勒斯坦的专家认为巴以之间基于《奥斯陆协议》的和平进程之所以失败，就在于奥斯陆进程中没有能够解决以色列施加于巴勒斯坦的非正义，如在1947—1949年战争中，以色列人将巴勒斯坦人驱逐出他们的故土家园，巴勒斯坦人要求重回家园以及解决难民问题，但以色列没有予以回应。[1]

1919年凡尔赛会议结束后的20年危机，是另一个可以用来说明竞争性谈判战略带来负面效应的经典案例。会议在战胜国法国举行，法国谈判者的策略是利用天时地利狠狠打压战败国德国，为自己争取尽量多的利益。凡尔赛会议的主要参与者之一、时任英国首相劳合·乔治的曾外孙女玛格丽特·麦克米兰（Margaret MacMillan）在她的著作《大国的博弈：改变世界的一百八十天》里，对凡尔赛会议上法国的短视和贪婪有生动的描述。

在边界问题上，"年老枯竭而满怀怨恨"的法国总理克里孟梭只关心法国及其安全，他坚持德国边界只能到莱茵河西岸，这样就可以在法德之间建立一个独立的莱茵国作为缓冲地带。这一想法被美国总统

---

[1] Yaacov Bar-Siman-Tov, "Justice and Fairness as Barriers to the Resolution of the Israeli-Palestinian," in Yaacov Bar-Siman-Tov edited., *Barriers to Peace in the Israeli-Palestinian Conflict* (Jerusalem: the Jerusalem Institute for Israel Studies, 2010), pp. 178–179.

威尔逊制止了,他认识到"该地区的人民本质上是德国人,把这块领土从德国拿走,就会在德国各地引起怨恨和继续战斗的决心"。见在土地问题上达不到目的,"贪婪而报复心切的"克里孟梭,决定联合"狡猾奸诈、冷酷无情"的英国首相劳合·乔治,迫使德国接受超过其偿还能力的巨额赔款。[①] 克里孟梭这一自利的行为看似为法国赢得了胜利和利益,却给法国带来灾难性后果:短短20年后,法国被再次卷入了一场规模更大的世界性战争。对此,历史学家麦克米兰评价说:赔款"使得新的魏玛政府一成立就背负沉重的债务负担,纳粹因此可以利用德国人的怨恨情绪"。凡尔赛会议带来的和平条约中"不可思议的羞辱性条款","造成毁灭性的后果","杀鸡取卵的行为、古老恶毒的冤冤相报引发了更多的仇恨"。[②]

凡尔赛会议上,时任英国财政部首席谈判代表的经济学家凯恩斯也对政治精英们深感失望,并且准确预测到了他们自私、傲慢、短视行为的严重后果。他说:"如果我们的目标是使中欧贫困,我敢预测,我们肯定会遭到报复。任何事物都阻挡不了保守力量和拼命挣扎的革命力量之间的最终战争。在这场战争面前,刚过去的德国战争的恐怖就显得不值一提了。而且无论最终的胜利者是谁,这场战争都会摧毁我们这一代的文明和进步。"[③] 凯恩斯不幸言中。

凡尔赛会议上各国巨头们的历史责任本应该是停止战争、恢复和平,而令人匪夷所思的是,他们制造了另一场更大规模的战争——20年后的第二次世界大战。凡尔赛会议的例子充分说明了竞争性谈判战略或许可以给谈判者带来一时的收益,但从更长的时间维度来看,他

[①] 玛格丽特·麦克米兰:《大国的博弈:改变世界的一百八十天》,荣慧、刘彦汝译,重庆出版社,2006,第120—125页。

[②] 玛格丽特·麦克米兰:《大国的博弈:改变世界的一百八十天》,荣慧、刘彦汝译,重庆出版社,2006,第125、331—332页。

[③] 约翰·梅纳德·凯恩斯:《和约的经济后果》,张军、贾晓屹译,华夏出版社,2008,第186页。

们最终得为自己的贪婪和短视付出代价。正如英国军事历史学家和军事理论家李德哈特爵士所指出的："如果你只关心胜负，而不考虑后果，那么你可能难以从当前的和平中受益。几乎可以肯定地说，这样的和平肯定是个糟糕的和平，包含着另一场战争的祸种。"[1]

竞争性谈判战略难以帮助谈判者实现利益最大化这一命题，也在课堂教学的模拟谈判中被反复证实。笔者在课堂教学中多次组织过三边联盟模拟谈判。在联盟谈判中，竞争性谈判者往往激起了其他两方进行联盟的动力，甚至导致自己被踢出局以零收益结束谈判的结果。游戏规则如图4-1[2]所示：A、B、C三方进行联盟谈判，如A和B结成联盟，则两者共分的利益为118，具体的分法取决于两者的谈判，此时C出局收益为0分；如A和C结成同盟，则两者共分的利益为84，此时B出局收益为0分；如B和C结成联盟，则两者共分的利益仅为50，此时A出局收益为0分；如A、B和C三方组成联盟，则三方共分的利益为121。如果在游戏结束之前，三方未能达成以上四种结果中的任何一种，则A、B、C均没有收益。在这场模拟谈判中，对于每个谈判者而言，谈判的基本目标是避免其他两方联合将自己踢出局，在此基础上，为自己争取尽量多的收益。在这个谈判结构中，最理想的谈判结果是三边联合，且A的收益为73，B的收益为40，C的收益为8。

---

[1] Basil Henry Liddell Hart, *Strategy* (New York: Preager, 1967), p. 353.
[2] 模拟谈判游戏来源于美国谈判培训机构Sea-Change Partners提供的非正式出版的材料：*Summer Institute Program on Strategic Negotiation, Conflict Management & Crisis Leadership*, August 2007，在此谨向Keith M. Fitzgerald以及Trevor D. Clark特别致谢。

```
        A
       /\
   118/  \84
     / 121\
    /_____\
   B   50   C
```

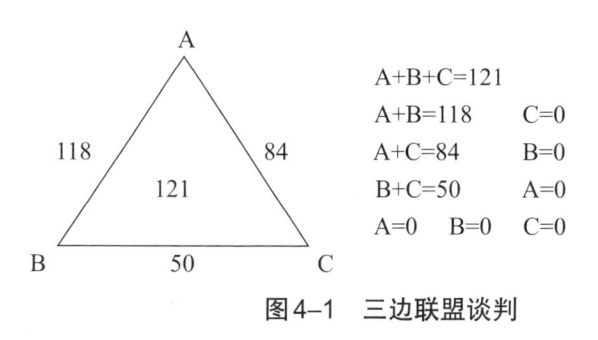

A+B+C=121
A+B=118   C=0
A+C=84   B=0
B+C=50   A=0
A=0   B=0   C=0

图4-1 三边联盟谈判

资料来源：作者整理。

表4-3中列出了38组谈判结果，其中有21组达成了三边联盟，21组中又以第27组和第31组结果最为合理。值得注意的是38组中有17个组达成的是双边联盟，这意味着在这场谈判中有17位学生被踢出局，一无所获。17个出局者中有8个是C，3个是B，6个是A。在这些组中到底发生了什么？经采访询问，这17位学生都不同程度地使用了竞争性谈判战略。他们把自己利益最大化作为谈判的唯一目标，为此目标在其他两者之间来回讨价还价，甚至不惜采取欺骗、毁约等手段。如第1组的B首先提议与C平分50以稳住C，然后以此作为筹码威胁A，向A讨价还价。当A和C意识到B的策略时，迅速绕开B达成协议。第2组的C主动出击，曾建议A、B、C三者按照95∶1∶25的比例来共分121，但A相信这对B是不公平的，同时也看到C对利益过于精明的算计，决定与更温和的B合作。第3组、第4组的A都充分意识到自己在联盟谈判结构中的优势位置，但他们不是站在强者的位置承担责任，为大家找到一个正义的分配方案，而是只想为自己谋取更多的利益。表现在谈判过程中，则是等待观望、待价而沽，甚至恃强凌弱，向B、C提出更多的要求。A的恃强自大引起B、C的反感，促使B、C结成同盟共同反对A。第5组的B在A和C之间反复竞价，引起A和C的不安，从而决定避开B直接达成协议。其他组中A、B、C出局的原因大抵如此。从这个模拟谈判案例中可以看出，竞争性谈判者在谈判中只追求

自己当下的物质利益最大化，极易引起其他方的警觉和反感，并最终遭到其他方的联合抵制而难以实现利益最大化。

表4-3 联盟谈判模拟结果

分组	A	B	C	分组	A	B	C
1	70	0	14	20	0	41	9
2	68	50	0	21	78	40	0
3	0	40	10	22	58	42	21
4	0	45	5	23	65	46	10
5	48	0	36	24	21	51	49
6	60	58	0	25	76	42	0
7	40	40	40	26	67	44	10
8	80	0	4	27	74	36.5	10.5
9	65	53	0	28	70	48	0
10	60	41	20	29	76	42	0
11	0	25	25	30	70	37	14
12	73	46	2	31	73	43	5
13	70	49	2	32	0	49.5	0.5
14	60	38	23	33	77	43	1
15	68	50	3	34	67	52	2
16	65	53	3	35	75	43	3
17	0	49	1	36	68	50	3
18	76	42	0	37	50	40	31
19	43	39	39	38	71.2	47.2	2.6

资料来源：第1—17组的数据来自2008年北京外国语大学国际关系学院二学位班和外交学院外交学系研究生班课堂，第18—29组的数据来自2016年外交学院本科生课堂，第30—38组的数据来自2020年北京大学和外交学院的本科生课堂。

以上基于真实外交谈判案例和模拟联盟谈判案例的分析，均指向竞争性谈判者无法回避的一个悖论，即：在谈判中越追求自己当下的物质利益最大化，就越难以实现其利益最大化。让我们用美国前贸易

续表

谈判代表巴尔舍夫斯基的话来结束对这一问题的讨论。她说:"我遵循几条简单的原则,其中最重要的一个原则是,一场谈判必须以双赢为结局,否则谈判将失败,即使碰巧成功,成功也不会持久,因为所谈的交易将不会完全实现。你得从结局必须是双赢这一概念出发,以此为起点制定策略。"

二、偏重相对收益

绝对收益(absolute return)就是指谈判者在一次谈判中获得的收益,相对收益(relative return)是指谈判者自己获得的绝对收益与对方的绝对收益之间的差值。例如,A在谈判中的收益为60,B在谈判中获得的收益为40,此时A的绝对收益为60,相对收益为正20;B的绝对收益为40,相对收益为负20。竞争性谈判者看重相对收益,这是由竞争的本质属性所决定的。竞争者一定要比对方赢得多,或者比对方输得少。在比谁输得少的情况下,其绝对收益可能处在负值状态,例如以下故事中的渔夫。

这是一个改编自《一千零一夜》的故事。

一个渔夫住在海边以打鱼为生。由于海洋渔业资源越来越少,渔夫经常空手而归,生计困难。一天,渔夫又一无所获,正当他准备收网回家时,网变得沉甸甸起来。他急不可耐地把网拖上来,失望地发现只是捞上来一个瓶子。渔夫打开瓶子,里面冒出一阵青烟,青烟散尽后出现了一个精灵。精灵双膝跪地说:"主人,您救了我,我要报答您。您可以向我要世界上的任何东西,但我有两个条件:第一,您不能向我要无穷无尽不可量化的东西;第二,您向我要的任何东西,我同时会双倍地给您的邻居。现在,请告诉我您的愿望。"

在笔者的谈判课课堂上，多次以此故事作为测试题，测试此种情境下学生或者学员的选择。表4-4列出的是常见的愿望以及此愿望给渔夫们的绝对收益、相对收益和集体收益。

表4-4 渔夫们的愿望及收益

	愿望	渔夫的绝对收益	邻居的绝对收益	渔夫的相对收益	集体收益
1	"请取走我一只眼睛"	半瞎-0.5	双目失明-1	+0.5	-1.5
2	"让我有正常的血压、血糖和血脂"	健康的身体1	高血糖、高血压、高血脂-0.5	+1.5	0.5
3	"我放弃许愿的机会"	0	0	0	0
4	"我想要一条船"	一条船1	两条船2	-1	3
5	"稍等，我要先跟邻居商量一下"	1.5~2	1~1.5	≥0	3

资料来源：作者整理。

以上列表中的第一类许愿者可称为"损人不利己的愚蠢竞争者"。他们看重相对收益（+0.5），想要赢过对方，但智商不够。求胜心切的他们，说出了损人不利己的愿望，宁愿损害自己的绝对收益（-0.5），也要让邻居处境更糟（-1），结果是双输（-1.5）。故事中渔夫的愿望就是"请取走我的一只眼睛"，如此，他的邻居就双目失明，再也无法和他竞争有限的渔业资源了。渔夫虽然赢过了邻居，但输掉了人生。竞争性谈判者看重相对收益，倾其所能击败对手，但往往令自己在更大的时空中处于不利境地。

第二类许愿者可称为"自以为是的聪明竞争者"。他们也看重相对收益，但有办法在自己获益的情况下（1），给对方造成损失（-0.5），能够把相对收益最大化（+1.5）。聪明的竞争者虽然没有损失物质利益，但由于他给对手造成了伤害，他的信誉和名声会遭受质疑，而这可能在未来不可知的时候，给他带来损失。

第三类许愿者虽然没有给对方造成损失（0），看上去人畜无害，但他们本质上也是竞争性思维，可称为"心有余而力不足的平庸竞争者"。虽然他们没有给对方带来损失，但并不意味他们有什么良善的出发点，只不过他们实在是想不出一个损人又利己的"两全之策"，只好白白地放弃了本可以给双方带来好处的良机，以至于自己一无所获（0），大家更是一无所获（0），就像精灵从来没有出现过。

第四类许愿者可称为"利人利己的正常理性人"。他们看重的是绝对收益（1），希望能够乘此机会获得当前他最想得到的东西。对于一个渔夫来说，没有比获得一艘更大更新的打鱼船更令人开心的了。如果邻居因此受益更多，得到了两条船（2），渔夫并不介意。渔夫的正向许愿使得大家的共同收益最大化（3），但唯一不足的是渔夫的相对收益是负的（−1）。虽然渔夫并不介意，但对于专业谈判者来说，这样的结果是不可接受的，毕竟谈判者的最终目标是追求利益最大化。

第五类许愿者具备专业谈判者思维，他们既看重绝对收益也关注相对收益，他们希望能够利用精灵提供的机会最大程度地满足自己的利益需求。为此他需要与邻居合作，共同商讨出一个在此情境之下双方均最大程度获益的方案。他可以通过与邻居谈判，从邻居的两份收益中分出一部分，使自己的相对收益至少不能是负数（当两人各得1.5时），甚至可以是正数（当渔夫所得大于1.5时）。由于许愿的权力是渔夫获得的，理性的邻居能够理解这种权力对于自己的影响力，因此愿意适当妥协。和邻居谈判，还有更重要的意义，两个人的共同讨论和头脑风暴显然比渔夫一个人独自琢磨更可能产生一个更优的愿望，比如他们可以许愿要黄金、城市，甚至国家。为什么一定要继续做个渔夫呢？和邻居商量以后许出的愿望，能够使渔夫的绝对收益最大化（1.5–2），相对收益不会为负（≥0），而且共同受益也最大化（3）。

基于以上分析，优先关注相对收益的谈判者，难以做到个人收益和集体收益最大化；只关注绝对收益的，则做不到个人利益最大化；只有兼顾绝对收益和相对收益，才可以同时实现个人利益最大化和集体利益最大化。

从另一个测试中得出的结果也指向同一个结论：关注相对收益的竞争性思维难以达成利益最大化的谈判目标。测试题假设中美"贸易战"之后中国政府需要调整对美贸易政策。预估政策A将导致中国对美贸易增长10%，美国对华贸易增长12%；政策B将导致中国对美贸易增长8%，美国对华贸易增长6%（见表4–5）。请问被测试者，倾向于选择政策A还是政策B？

表4–5　中国对美贸易政策及对两国双边贸易的影响

政策选项	中国对美贸易增长	美国对华贸易增长
政策A	10%	12%
政策B	8%	6%

资料来源：作者整理。

在这个假设的情景中，如果选择政策A，绝对收益会高于选择政策B，但相对收益会少2%；如果选择政策B，则绝对收益少了2%，但相对收益增加了2%。在测试中，很多测试者选择了政策B，他们表示我们虽然少增长了2%，但美国少增长了6%，相较而言，中国的损失要少于美国。显而易见，当你关注相对收益时，你的绝对收益并没有达到最大化。

三、不信任对方

美国马里兰大学的国际谈判专家斯塔奇教授认为，现实主义者在国际谈判中偏好竞争性战略，因为他们不相信别人会按照博弈规则行事，也不相信别人会被共同利益的观念所说服。[1]不信任是竞争性谈判

---

[1] 布里吉特·斯塔奇、马克·波义耳、乔纳森·维尔肯菲尔德：《外交谈判导论》，陈志敏等译，北京大学出版社，2005，第120页。

战略的基本特点。那么缺乏信任的博弈会产生什么样的结果呢？虚拟游戏"囚徒困境"就是一个很好的例子。

"囚徒困境"的游戏规则是：囚徒1和囚徒2是一起盗窃案的犯罪嫌疑人，同时分别被警察单独审问。如果两人都沉默，则警方没有足够证据起诉他们，两者只须获刑半年；如果一方告发，一方沉默，则告发者因坦白有功被释放且独吞赃物，沉默者因拒不交代罪加一等被判刑10年；如果两人都告发，则各自都被判刑5年。那么囚徒1和囚徒2会怎么选择呢？如果二人之间不存在信任，那么就会判断对方一定会告发自己，在对方告发自己的前提下，自己的最优策略也是告发。因此，在缺乏信任的前提下，个人理性必然导致集体非理性，这是一个双输的结果。

"囚徒困境"不仅存在于理论层面，现实博弈中的"囚徒困境"也颇为常见。有学者研究发现，朝鲜战争前期曾经有过一次和平的窗口，但由于缺乏对彼此的基本信任，谈判机会流失了。

那么问题来了，为什么博弈者不能信任对方呢？或者说怎么才能信任对方呢？谈判者之间确实如现实主义国际关系学者认为的那样完全不可信任吗？谈判者判断能否给予对方信任的依据是什么？根据社会学家：卢曼[1]、里维斯[2]、祖克尔[3]、尤斯拉纳[4]等人的研究，是否给予他人信任可从三个维度进行判断：

其一，谈判者共处的体系中是否存在约束性机制。如果双方共同处在一个能够对成员的行为进行有效奖惩的体系之中，则基本可以判

---

[1] 尼克拉斯·卢曼：《信任——一个社会复杂性的简化机制》，瞿铁鹏、李强译，上海世纪出版集团，2005，第50—79页。

[2] J. David Lewis and Andrew Weigert, "Rust as a Social Reality," *Social Forces*, 63, no. 4, (June, 1985): 972–974.

[3] Lynn G. Zucker, "Production of Trust: Institutional Source of Economics Structure," *Research in Organizational Behavior* (1986): 53–111.

[4] 埃里克·尤斯拉纳：《信任的道德基础》，张敦敏译，中国社会科学出版社，2006，第112页。

断对方行为不会超过体系内的规则,在此情况下可以给予对方相应的信任。然而,国际谈判者所处的国际社会处于无政府状态,没有一种超越所有国家的力量或者规范能够对国家的背叛行为实施有效的惩戒。第二次世界大战结束以后,虽然国际社会作出巨大努力建立起以联合国为中心的组织体系、国际制度和国际法,来引导和约束国家的行为,但是与国内法相比,国际制度和国际法律对国际社会成员国行为的硬约束较弱,缺乏强制性。当然,软性的约束条件还是存在的,如果一个国家在国际社会多次出现背叛行为,至少它的国际声誉是会受到影响的。因此,对于不在乎软性约束力的国家,其行为就是不可预测的,也是难以给予信任的。

其二,关于谈判者过往行为的信息是否充分。如果在之前的交往中,对方的行为一向有原则、有底线且信守承诺的,则有理由相信对方在将要进行的谈判中同样可以做到行为有原则、有底线且信守承诺,反之则无法信任对方。

其三,谈判者之间是否具有共同的认同性身份。谈判者的身份属性也可用来帮助判断能否给予对方信任。比如在冷战时期,资本主义国家之间的信任超过对社会主义国家的信任,反之亦然。

根据以上对信任理论的解读,无政府状态下的国际谈判中是否应该给予对方信任主要取决于过往认知和共同身份,即对对方过往行为的认知以及对谈判对手身份属性的认同。竞争性谈判者在谈判中追求自己当下物质性利益的最大化,关注相对收益,想尽办法赢过对方,因此已经在此过程中塑造了别人对自己的负面认知。如果谈判者在身份上亦没有共同之处,则建立信任几乎是不可能的。

根据信任理论,在朝鲜停战谈判中,中美之间互不信任在当时特定历史情境之下是非常理性的。从体系层次来看,当时中国所处的国际体系是东西方两大阵营对立,而以西方为主的资本主义国家,其制度设计和规则制定对新中国这样的社会主义国家是排斥的,中国难以在这样的国际体系中受到公平的对待。从对过往行为的认知层次来看，上谈判桌之前，中美是战场上的敌人，彼此互相伤害和仇视，信任无从谈起。从身份属性层次来看，在美苏对峙的冷战背景下，社会主义和资本主义两个阵营势同水火，毫无认同可言。因此，在体系、行为、身份三个层次上，都难以产生基本的信任。

综上，无论是朝鲜停战谈判的真实案例，还是"囚徒困境"的虚拟情境，都指向同一个结论：谈判者之间如果缺乏基本的信任，谈判过程和谈判结果对于各方来说都要付出成本和代价。能不能给予对方以基本的信任，取决于从体系、行为、身份三个层面作出的判断。但需要指出的是，竞争性谈判者要防止习惯性、本能地对谈判对手缺乏信任。理性的做法是根据以上三个方面仔细分析谈判的具体情况，并根据分析的结果给予对方相应的信任。还有比恐怖主义分子更难应付的谈判对象吗？如前所述，在人质危机谈判中，联合国特使皮科与恐怖分子成功建立起信任，进而解救了人质。如果皮科可以信任进行绑架活动的黎巴嫩真主党，为什么其他谈判者不能被给予信任？前提是你是否有足够的诚意和判断力。

四、无效沟通

有人将谈判定义为"通过传递信息表达一己之念、欲望、对他人的期待的所有方式的总和"，[①] 从这个定义中足见沟通对于谈判的重要性。谈判建立在"谈"的基础上，其有效性直接取决于"谈"的质量。沟通无效的谈判耗时耗力，解决不了任何问题，甚至导致危机升级。

竞争性谈判者的无效沟通主要来自缺乏沟通意愿。敌对关系中的谈判者往往"话不投机半句多"。当谈判双方均采用竞争性谈判战略时，表现在沟通方式上，就是双方都惯于使用尖酸刻薄、威胁性的话

---

① 乔治·罗斯：《川普谈判学：达成每一笔交易的完美谈判法》，卞娜娜译，台北市高宝国际出版集团，2007，第27页。

语向对方表示轻蔑和仇恨，进行心理上的施压。当谈判陷入僵局，彼此无法通过语言达成共识时，就进行意志力对抗。

缺乏沟通意愿的谈判都是效率低下的。谈判学界有一个大家耳熟能详的姐妹分橘子的故事。母亲去世后留下了遗产。姐妹俩为了争夺遗产反目成仇。最后，姐妹俩把母亲留下的所有遗产瓜分完毕，只留下一棵橘子树无法一次性均分。每年橘子成熟的季节，姐妹俩都会来到树下采摘橘子，均分后各自离开，一言不发。姐姐拿着属于自己的一半橘子回家，剥开橘子，留下橘肉，扔掉橘皮；妹妹拿着属于自己的一半橘子回家，剥开橘子，扔掉橘肉，留下橘皮，晒干泡茶。如果姐妹俩是正常的关系，能进行正常的沟通，她们本可以各自得到双倍的橘皮或者橘肉。

欧·亨利的小说《麦琪的礼物》温馨动人，但作为一个沟通案例，则是低效的。这是一个关于一对贫穷夫妇为对方准备圣诞礼物的故事。圣诞节快要到了，妻子德拉想送给丈夫吉姆一个精致珍奇的礼物，可她手里仅剩下1美元87美分。但她拥有一头金光闪闪的秀发。她飞快地下楼，走到街上，到一家头发制品店卖掉了头发，换得了20美元。她找遍了每一家店铺，终于找到了一条质地上乘品质优良的白金表链，足以配上吉姆那块祖传的金表。而吉姆也为妻子准备了渴望已久的精美礼物：一套纯玳瑁制成、边上镶嵌着珠宝的发梳。只有这样的礼物才配得上德拉那头美丽的柔顺如牛奶般丝滑的头发。为此吉姆卖了那块珍贵的祖传金表。缺乏沟通的买礼物行动浪漫，但造成了对这个贫穷家庭有限资源的浪费。

课堂上的默式交流小练习[1]也证明，即使是相同文化背景下的谈判者，如果不进行公开的交流而只是靠默契或者猜测，达成共同目标是非常困难的。测试者每两个人一组，被要求在互不沟通的情况下分别

---

[1] 改编自托马斯·谢林：《冲突的战略》，赵华等译，华夏出版社，2011，第49—50页。

做10道题。游戏规则是如果同一道题两人选择了同一个答案该小组就可以得分。以下是默式交流测试的10道题。

（1）请在"头"和"脚"之间选择一个。

（2）请在下列数中选择一个：7 100 13 261 99 666。

（3）写下你认为吉祥的数字。

（4）将100元钱分成两部分。

（5）如果有个免费旅游的机会，写下最想去的国内旅游目的地。

（6）如果有个免费旅游的机会，写下最想去的国际旅游目的地。

（7）请从以下图形中选择一个心仪的。

♡○□△◇

（8）约好周日去西单，但未确定具体时间和地点，你会几点在哪里等候对方？

（9）共同去鸟巢，在起点站你没有挤上地铁，对方已经上了地铁。你会怎么办？

（10）第一轮选举结果如下：王某得29票，孙某得28票，周某得15票，赵某得19票，李某得9票。这个结果中没有一个人得到法定的多数票。现在要进行第二轮投票，你会把票投给这五位中的哪一位？

到目前为止进行的练习中，得分较高的只有一种情况：测试双方是好朋友，熟悉彼此的价值观、生活中的偏好等细节。除此之外，得分都不高，甚至出现了只得1—2分的情况。有的测试者表示，他们不知道对方的想法，也无从猜测，所以选择时主要根据自己的偏好。也另有测试者表示，他们努力去迎合对方的想法，但最后选择的答案还是不一样。比如，男生认为女生喜欢心形，就选了心形；与此同时女生认为男生喜欢三角形，就选了三角形，彼此就这样在互相迎合中错过了。练习的参加者一般是同龄人，有着类似的教育背景，成长在同样的社会文化和政治制度中，甚至专业的选择都是相同的。但即便如此，他们在不沟通的情况下仍然很难达成共识。国际谈判者来自不同国家，他们的文化背景不同，世界观、价值观、人生观各异，生活经验、处理具体问题的路径和方法也彼此不同。在此情境之下，如果还不真诚地交流，公开地讨论分歧，怎么可能找到解决问题的共同方案呢？

五、采用欺诈手段

虽然重信守约在东西方文化中都备受推崇，如中国古代就有"尾生抱梁柱而死"以及"曾子杀猪"的故事，希腊神话中有俄耳甫斯违背了他与冥王不可回头的约定，便永远失去了美丽的妻子欧律狄刻的故事，[1]圣经的开篇就有亚当夏娃因为违背约定吞食苹果而被逐出伊甸园的故事，但撒谎或者欺骗是一个古老的权谋，它如此久远而普遍地存在于人类社会生活中，以至于人们对此习焉不察。竞争性谈判者认为在谈判中采用骗术是有其合理性的，尤其当国际社会的游戏规则不公平时，外交官为了国家利益而"撒谎"更是无可指摘。那么到底应该怎么看待谈判中使用骗术的问题？它是个涉及道德的原则性问题，还是个与效率有关的策略性问题？这一问题需要得到辨析。

欺骗在私领域是道德问题。道德是一套关于何为"善"的绝对信念体系。道德问题有两类，一类是无意识碰触到的有限道德问题

---

[1] 斯蒂芬尼德斯编《俄耳甫斯与欧律狄刻》，庄焰、陈中梅译，中国对外翻译出版公司，2005，第23—25页。

(bounded ethicality),[1] 亦即当事人以为不构成道德问题，但在他者看来，或者以更严格的标准看来，已经构成了道德问题，这一类且称为"无心之过"；另一类是谈判者在明知已经构成道德问题的情况下仍然采取的行为，如欺骗，且称为"有意为之"。此处讨论的是第二种情况。"有意为之"的也分两类，亦即说谎的两个主要形式：(1)隐瞒、省略真实的信息；(2)捏造事实，把假的信息当成真的说出来。[2]

在有道德洁癖的人看来，"谎言带有死的意味，带有死亡的气息，是这世界上最令人深恶痛绝的东西"，[3]是绝对的恶。因此人类各大文明的旷世经典，尤其是宗教经典都对万民进行不可撒谎的道德教化。据不完全统计，《圣经》中有关说谎的论述达60多处，《古兰经》中禁止的行为举止也包括说谎。《论语》中也有类似的道德教导，如"巧言令色鲜矣仁""人而无信不知其可也""民无信不立"，等等。但道德一般被认为是用于指导个人生活的准则，且不具强制约束力，并不适用于公共事务领域。

在公共事务领域，欺骗是伦理问题。如果说道德是一套关于何为"善"或者"好"的绝对信念体系，伦理则是一套关于何为"正当"的相对信念体系。道德有绝对性，指某种行为，比如撒谎在任何国家任何时代任何情境之下都是不好的；伦理有相对性，指某种行为在不同环境下被接受的程度是不同的。伦理确定的标准则是相对的，它强调行为的对错善恶要视具体环境和条件而定。

美国国际冲突管理协会前主席罗伊·列维奇（Roy J. Lewicki）总结了常见的四种伦理：结果伦理、责任伦理、社会契约伦理和人格伦

---

[1] Max H. Bazerman, "Bounded Ethicality in Negotiations," *Negotiation and Conflict Management Research*, Vol. 4, No, 1, pp. 8–11.

[2] 保罗·埃克曼：《说谎：揭穿商业、政治与婚姻中的骗局》，邓伯寅译，生活·读书·新知三联书店，2008，第10页。

[3] 约瑟夫·康拉德：《黑暗的心》，黄雨石译，人民文学出版社，2016，第62页。

理,[①] 马克斯·韦伯则有"信念伦理"和"责任伦理"的区分。[②] 本书结合以上两种分类,从以下四个方面探讨欺骗行为的伦理解释。

(一) 结果伦理

结果伦理,也称责任伦理,是指根据对结果的好恶来判断行为正确与否。例如一种观点认为,外交官在谈判中所做的一切都是为了追求本国利益最大化,这个结果对于本国国民来说是好的,因此为了这个结果,谈判时采取所有手段都是可以被接受的,包括"欺骗"和"权谋"。这种观点得到了现实主义思想家马基雅维利的背书。在那本影响深远的《君主论》中,他说他所处的时代的经验证明:那些曾经建立丰功伟绩的君主都不重视守信,而是懂得怎么运用诡计,让人们晕头转向,并且征服了那些守信重义的人。他认为"当遵守信义反而对自己不利时,或者原来使自己作出承诺的理由不复存在的时候,一位英明的统治者决不能够、也不应当遵守信义";"君主要保有国家,常常不得不背信弃义,不讲仁慈,悖乎人道,违反神道"。[③] 在马基雅维利看来,君主"背信弃义"是为利国,而利国是其职责所在。马基雅维利的好朋友、意大利历史学家弗朗西斯科·圭恰尔迪尼在《杂感》第104条中也表示,"欺骗在外交谈判中有时是很有必要的"。[④]

对于很多现实主义者来说,只要"撒谎""骗术"能带来成功,那么"撒谎""骗术"即使有暗黑之处,也在成功带来的光芒照耀下隐匿不见。1532年,西班牙殖民者弗朗西斯科·皮萨罗率领168人征服印加帝国8万人。几百年后人类学家戴蒙德问了一个问题:为什么是皮萨

[①] 罗伊·J. 列维奇、布鲁斯·巴里、戴维·M. 桑德斯:《列维奇谈判学》,郭旭力、鲜红霞、王圣臻译,中国人民大学出版社,2008,第139—140页。
[②] 马克斯·韦伯:《学术与政治》,冯克利译,生活·读书·新知三联书店,1998,第107页。
[③] 马基雅维利:《君主论》,潘汉典译,商务印书馆,1985,第83—84页。
[④] 杰夫·贝里奇等:《外交理论:从马基雅弗利到基辛格》,陆悦瑞译,北京大学出版社,2006,第44页。

罗率百余人俘虏了印加君主阿塔瓦尔帕并杀死了他的众多追随者，而不是人数多得多的印加人俘虏并杀死了皮萨罗？戴蒙德的回答是，西班牙人有马匹和枪炮。但从他的叙事中，明显能看到另一个更重要的原因：欺诈和诡计。仅举其中一例，西班牙总督让信使转告印加君主，约他们到卡哈马卡会面，信誓旦旦地称会把他们当作朋友和兄弟接待，不会让他受到任何伤害和侮辱。然而当印加人进入广场后，手无寸铁的他们遭到了西班牙人的伏击，约7000名印加人被砍杀。[1] 世界历史上靠着赤裸裸的欺诈和计谋夺取胜利的例子不胜枚举。他们的成功鼓励了更多结果伦理的信奉者。

当外部环境恶劣且对方已经使用骗术的情况下，信奉结果伦理的谈判者更是会对自己的欺骗行为进行辩解，宣称自己使用骗术是被迫以骗对骗、以暴抗暴，被动行骗是不得已而为之，否则就不得不面临"恶"和"暴"胜出的不义结果，因此欺骗是合理的，是可以被接受的。此时，他们的行骗更没有了任何心理负担。

（二）契约伦理

此处的契约伦理等同于列维奇所说的责任伦理，是指人们有责任坚守法律、规则和规范，如果某种行为不触碰法律、规则和规范，就是符合契约伦理的，如果某一行为不符合公认的法律、规则和规范，则在伦理上是不可取的。如不遵守谈判签订的国际条约，显然是不符合契约伦理的行为。反之，只要法律、规则规范没有予以明确规定不可为之事，则是可以接受的行为，即"法无禁止皆可为"。这一伦理虽然强调守约，但实际上默许和鼓励不触及法律的其他欺诈行为。

（三）小社会规范伦理

社会规范伦理是指衡量行动正确与否的标准是某一团体的习惯性做法和规范。这里的小社会规范不是国家层面的成文规定，而是一种

---

[1] 贾雷德·戴蒙德：《枪炮、病菌与钢铁：人类社会的命运》，谢延光译，上海译文出版社，2000，第47—53页。

小社会共同体层面的"潜规则"。例如，某些国家的海关警察向通关者索要小费是违背该国法律明文规定的，但被默认为一种不成文的习惯性做法。海关警察不会因为索要小费的行为感到羞耻和不安，因为此种行为在他所处的团体中是习惯性做法，符合小社会规范伦理。又比如，在某些文化中，"欺骗"常以计谋的形式出现，载于经典流传后世，以至于此种文化的继承者会将"欺骗"混同于计谋乃至智慧。尤其当"欺骗"没有被拆穿且带来丰厚回报时，当事人不仅没有羞耻之心，反而有得意之感。在这种社会文化中，谈判者惯于使用骗术，是因为"撒谎"符合小社会规范伦理，而符合小社会规范伦理则意味着"撒谎"的社会成本较低，这对于善于计算收益成本的竞争性谈判者来说是有诱惑力的。

（四）信念伦理

信念伦理指衡量行动对错的标准是个人的良心道德和信念。信念伦理基本等同于道德。有的谈判者认为在任何情况下"撒谎"和玩弄骗术都是不对的，此时，他适用的是信念伦理。

以上四种伦理观为人们提供了一套标准来指导或者正当化自己的行为。不同的伦理原则对同一件事情（如谈判中使用骗术）存在不同的解释。因此在现实生活或者谈判中，我们观察到的现象是：谈判者各行其是，有的重信守诺，有所为有所不为；有的为了得到更多的利益不择手段，会使用骗术，即使遭到外界的强烈批评，也不为所动，心安理得，因为他可能并不违背结果伦理，甚至可以援引契约伦理或小社会规范伦理来为自己的行为背书。伦理学可以帮助我们更好地理解他人欺骗行为背后的逻辑。

但使用"撒谎""作弊""骗人"这些诡计真的有利于维护国家利益吗？中国古典文献中关于君王统治之术的法家著作《商君书》就不建议把骗术作为国家发展之道。商鞅警告说："国无力而行智巧者，必亡。"① 意思是没有实力而使用计谋和欺诈的国家，一定会灭亡。因为骗术是不可持续的，而且世上不存在天衣无缝的骗术，几乎所有的骗术都会或迟或早被拆穿。当对方意识到自己被欺诈、被占便宜之后，他就不再是你的谈判对手，而是一个让你防不胜防的敌人。行骗者善诈的声名也会迅速在同行之间传播开来，其声誉资本会迅速缩水。特朗普（当房地产商时）的律师乔治·罗斯代表特朗普参与了许多重大的商业谈判。在一次谈判中，他发现对方没有把协议文本按照双方达成的意向进行修改时愤怒地说："那么有名气的人竟然偷偷改动文件，着实让我眼界大开。我知道自己已完全无法信任那家伙。"②

当然，谈判学不是数学，无法简化到应用伦理公式进行成本收益计算这些确切的做法。谈判行为在伦理上的当与不当之间存在广阔的模糊空间。正如《哈佛商业评论》上的一篇文章所言："如果一个人拒绝偶尔虚张声势，如果感到有责任要说实话，要说出整个真相，并且永远都是只说真话不说假话，那他很可能会失去在商业规则下可能抓住的机会，很可能在商业交易中完全处于下风。"③ 特朗普的律师乔治·罗斯也谈到过这个问题。他认为一旦达成了协议，就一定要信守承诺。但在谈判过程中，谈判者有不受约束的自由。他举例说，如果对方问这桩交易对你很重要吗？你不能开诚布公地说"对"，你应该说："不，虽然我想达成这笔交易，但如果达不成我还有其他案子可做。"④

那么在谈判中到底哪些虚假言行是可以接受的，哪些又是应该极

---

① 石毅译著：《商君书·去强第四》，中华书局，2009，第46页。
② 乔治·罗斯：《川普谈判学：达成每一笔交易的完美谈判法》，卞娜娜译，台北市高宝国际出版集团，2007，第18页。
③ Albert Z. Carr, "Is Business Bluffing Ethical?" *Harvard Business Review*, January 1968, https://hbr.org/1968/01/is-business-bluffing-ethical?autocomplete=true.
④ 乔治·罗斯：《川普谈判学：达成每一笔交易的完美谈判法》，卞娜娜译，台北市高宝国际出版集团，2007，第24页。

力避免的呢？列维奇给出了他的建议。他认为以下几种情况是不可接受的：第一，在介绍情况时故意出具错误信息以影响对方的判断；第二，在对方的关系网中散布虚假信息破坏对手的声誉；第三，通过行贿、渗透、间谍等手段窃取与谈判相关的信息；第四，假装威胁对方，做出虚假承诺。[1] 遗憾的是，这四种情况经常出现在竞争性谈判中。竞争性谈判者不仅拒绝交流，甚至会刻意利用交流的过程迷惑和误导对方。他们会虚张声势，采用威胁性语言制造紧张气氛，隐藏关键信息，抛出一些半真半假的信息，甚至直接撒谎。[2] 这种行为给谈判增加了新的难度和不确定性。

如果说故意出具错误信息是完全不接受的话，那么故意隐藏信息是可以的吗？

以历史上著名的"莫菲特照相馆案"为例，我们会发现人们的道德标准差别很大。以"博弈论"著称的奈尔伯夫在《多赢谈判》一书中仔细探讨了这一案例。

> 案例发生在1921年美国总统选举期间。进步党候选人泰德·罗斯福的竞选团队计划为他安排一次在加利福尼亚州（摇摆州）的演讲活动。演讲稿的封面印有罗斯福和其竞选伙伴约翰逊的照片。但团队随后发现这张照片的版权属于莫菲特照相馆，而他们并未提前购买其版权。按照当时的《版权法》规定，每翻印1张，将面临1美元的罚款，而演讲稿已经印出了300万份！当竞选团队秘书铂金斯得到汇报后，给莫菲特照相馆发去电报，绝口不提他们已经采用了照片并印刷了演讲稿，而是说有计划要把罗

---

[1] 罗伊·J. 列维奇、布鲁斯·巴里、戴维·M. 桑德斯：《列维奇谈判学》，郭旭力、鲜红霞、王圣臻译，中国人民大学出版社，2008，第144页。

[2] Howard Raiffa et al., *Negotiation Analysis, the Science and Art of Collaborative Decision Making* (Massachusetts: the Belknap Press of Harvard University Press, 2002), p. 83.

斯福的照片印在演讲稿上，如果他们的照片被采用，对于照相馆将是一次绝佳的宣传机会，并问对方愿意付出多少钱作为宣传费。结果对方回电说愿意支付250美元。这样竞选团队不但不会被罚巨款，而且得到了250美元的收益。

铂金斯因为这个案例被称为谈判天才。但美国的谈判大师、《谈判天下》一书的作者赫布·科恩（(Herb Cohen)认为不如坦率地承认你犯的错误，并向照相馆寻求帮助。虽然透露了实情，不太可能说服他们支付250美元的广告费，甚至反过来为了得到照片使用权，会支付一笔合理的费用（当时是500美元左右），但仍然比通过隐瞒来误导和摆布对方要好。博弈论大师奈尔伯夫也认为铂金斯看上去大获全胜，但它实际上是在"冒付出巨大代价的风险换来了一场小小的胜利"。[①]

以上分析了竞争性谈判战略在目的和手段上的五个特点以及这些特点给谈判进程和结果带来的影响。竞争性谈判者只考虑自己当下物质性利益最大化，势必引起对方的反感甚至反制，使得自己的所获不可持续；竞争性谈判者关注相对收益超过绝对收益，导致谈判不可能达成双赢，在智力不够的情况下甚至会出现双输的结果；竞争性谈判者不信任对方，在信任缺失的情况下，谈判者的个人理性必然导致集体非理性；竞争性谈判者拒绝透露信息，进行默式交流，导致谈判效率低下；最后，竞争性谈判者会使用骗术，令自己在对手和同行那里失去了信誉资本。

综上所述，在谈判中使用竞争性谈判战略必然导致谈判的无效、低效，甚至反效。这样的谈判结果已经背离了谈判的初衷，难以实现谈判的工具理性。谈判者需要一种全新的思维方式引导谈判脱离困境。

[①] 巴里·J. 奈尔伯夫：《多赢谈判：用博弈论做大蛋糕、分好蛋糕》，熊浩、邰嘉奇译，中信出版社，2023，第272—280页。

第三节　合作性谈判战略

上一节已从五个方面论证了竞争性谈判战略必然导致谈判的无效、低效，甚至反效。那么合作战略会带来怎样的结果呢？

美国合作问题专家吉姆·塔姆（Jim Tamm）曾做过一个有趣的实验。研究人员经过观察，将养鸡场里的母鸡进行分类。他们把那些比较温和友善的母鸡放在第一组，把那些好斗的、进攻性强的母鸡放在第二组，两组的养育环境和养育方法一模一样。一年以后，第一组的鸡个个健康，产蛋率提高了260%；而第二组里的鸡瘦骨嶙峋，精神萎靡，且有一半已经死于伙伴的谋杀。[①] 实验结果证明，在鸡群里和谐共处的收益是明显优于竞争的，那么有什么理由认为人类社会不复如此呢？实际上早有学者提出，合作是仅次于遗传变异和自然选择的第三大进化机制，合作比生命本身的历史更为悠久，生命的起源很可能就是分子合作的成果。[②]

那么问题来了，既然合作对于人类的起源和进化如此重要，那么为什么还是有那么多人在社会博弈中选择竞争策略而不是合作策略呢？

课堂教学中，笔者对竞争性策略使用者进行过采访，了解其策略选择的深层原因。受访者认为：理论上，谈判者以利益最大化为目标，但他们的利益诉求是互相冲突的，在利益相互冲突的情境之下，维护自己利益的唯一方式就是竞争，而不是合作；实践中，多数谈判者使用的都是竞争性谈判战略，在此情况下单方面采用合作性谈判战略，

[①] Jim Tamm, "First Step to Collaboration? Don't Be so Defensive!" TEDxSantaCruz, April 2015, https://www.ted.com/talks/jim_tamm_first_step_to_collaboration_don_t_be_so_defensive.

[②] 马丁·诺瓦克、罗杰·海菲尔德：《超级合作者》，龙志勇、魏薇译，浙江人民出版社，2013，第147—167页。

必然导致利益受损，作为代理人的谈判者，就不能完成委托人交付的任务。因此，无论从理论上还是实践上看，单方面采用合作性战略，都未免太过天真和理想主义。

以上观点值得商榷。使用合作性战略，绝不意味着在谈判中屈服于对方的压力，放弃自己的利益诉求，单方面作出妥协和退让。合作性谈判战略是指谈判者在谈判中以双赢或者多赢为目标，而不是片面追求自己利益最大化。因为他们深知，不解决对方的问题，自己在谈判中获得的利益也无法持久拥有。他们视对方为合作伙伴，而不是竞争对手，通过公开地讨论双方的利益分歧，寻求创造性的解决方案来满足各方的利益需求，最终达到多赢的完美结局。

那么这一前景是可能的吗？合作性战略的使用是否如很多人认为的那样需要有外在良性环境作为前提条件才能展开？塔姆的回答是：真正的合作始于个人内心，个人拥有了合作的意识和态度，合作才能扩大到组织层面。[①] 也就是说，个体的合作意愿，以及合作意愿指导下的行动，会改变现有社会生态和秩序；改变后的社会生态，会鼓励更多的个体作出合作的选择，这是个体和社会生态之间相互影响、相互加强的过程。在这个过程中，个体主动选择合作战略，对于净化社会生态是有意义的，而不是坐等社会环境进化完成了，再作出合作性选择。而合作意愿产生的前提，是需要从认知层面上解决合作为什么可行的问题。以下，笔者尝试借助互利互助论、合作进化论和需求层次论来论证合作性谈判战略在理论上的可行性。

一、自然界的互利和人类的互助

谈判者之间到底是你争我斗的竞争性关系还是有商有量的合作关系？这当然取决于谈判者所处的特定情境。但令人担心的是，竞争性

[①] 詹姆斯·塔姆、罗纳德·鲁耶特：《成功合作之道：消除防卫心和建立合作关系的五项技能》，侯燕飞、李熠明译，中国经济出版社，2012，第6页。

谈判者往往会先入为主地将他们和谈判对手的关系定义为对抗性和竞争性的，于是在谈判中咄咄逼人、寸步不让，一点点失去可能成为合作基础的信任，将谈判变成了一个关于竞争的自我实现的皮格马利翁式预言。其实谈判者之间的关系可以是互利共赢的。其一，这一关系可能本来就存在，只需谈判者去发现它，就像生物界天然存在大量的互利共生现象一样；其二，即使不存在天然的互利共生，也可以被建构出来。笔者的这一信念首先来自大自然互利共生现象的启示。

生物界中存在多种奇妙的共生关系，片害共生、片利共生、互利共生是其中最常见的三种[1]（见表4-6）。

表4-6 生物界中的共生关系

共生关系	甲收益	乙收益	生物界例子
片害共生（寄生）	+	−	人类和蛔虫 跳蚤和猫
片利共生（共栖）	+	0	鲫鱼与鲨鱼
互利共生	+	+	榕小蜂和无花果 水母和海螺 疣猪和食蜱鸟 鳄鱼和牙签鸟 牛角相思树和相思树蚁 藻类植物和三趾树懒 海葵和小丑鱼

资料来源：作者整理。

片害共生也叫寄生，指两种生物生活在一起，其中一方获得利益，但另一方却要作出一些牺牲。如在人类和蛔虫的共生关系中，蛔虫从中获益，人类则从中受害。

---

[1] 李学勇：《生物界中巧妙的共生现象》，《科学月刊》1981年2月第144期，http://lib.cysh.cy.edu.tw/science/content/1981/00120144/0014.htm。

片利共生也叫共栖，指两种生物生活在一起，其中一方获利，另一方不获利也没有损害，如鲨鱼和鲫鱼。在进化过程中，鲫鱼的背鳍演变出吸盘，使之能够吸附在鲨鱼的身上，这样既能获得安全，又能够以鲨鱼吃剩的食物残渣为生。相对于庞大的鲨鱼，鲫鱼太过渺小，构不成任何负面影响，鲨鱼对于鲫鱼以它的身体为生存依托并不介意。

互利共生指生活在一起的两种生物均能从共生关系中获益。这种共生关系的生物特别多，如榕小蜂和无花果、水母和海螺、疣猪和食蜱鸟、鳄鱼和牙签鸟、牛角相思树和相思树蚁、藻类植物和三趾树懒、海葵和小丑鱼、渡渡鸟和圣雄树，等等不一而足。以藻类植物和三趾树懒为例，藻类植物生长在树懒粗毛夹缝中。在雨季时藻类繁盛，形成绿色的伪装，使树懒更易隐藏在树上躲过天敌。藻类则可以把树懒作为传播工具。再以食蜱鸟和疣猪为例，当食蜱鸟把疣猪身上的蜱虫作为食物以果腹时，疣猪获得了免费的皮肤护理。海葵和小丑鱼也有着类似的共生逻辑。小丑鱼进化出一种免疫力，使之能够游荡在海葵的触手缝中而不受海葵毒素的伤害，这样它能够免受其他惧怕海葵毒素的大型海洋生物的侵袭；海葵则以小丑鱼带回的食物残渣为诱饵，捕杀前来觅食的鱼类。大自然里这样的共生关系数不胜数，它们或栖息于深海洋底，或生活在广袤大陆上，既隐匿于潮湿雨林，也求生于干旱沙漠中。这是万物进化的奇妙结果。

互利共生不仅存在于自然界，也同样存在于人类社会之中。多年前中国学者赵汀阳在探讨建构和谐世界必需的条件时提出过"孔子改进"这个概念。他将"孔子改进"表达为：对于任意两个博弈方X与Y，和谐是一个互利均衡，它使得X的利益改进X+成为Y的利益改进Y+的必要条件，反之亦然；并且，促成X+出现正是Y的优选策略，也就是说，Y为了达到Y+而宁愿承认并促成X+，反之亦然。[①]

---

① 赵汀阳:《关于和谐世界的思考》,《世界经济与政治》2006年第9期，卷首语。

"孔子改进"实际上就是对自然界互利共生关系的学术语言表述。此处，X相当于食蜱鸟，Y相当于疣猪，食蜱鸟果腹的利益是X+，疣猪清洁皮肤的利益是Y+。Y（疣猪）想要Y+（清洁皮肤），则必须配合X（食蜱鸟）满足X+（果腹），反之亦然。赵汀阳在文中说"孔子改进"是"非常理想化的"，听起来他似乎对人类信心不足。然而在自然界，各种生物已经互利共生了几千甚至上万年。作为万物之灵的人类，当然也进化出了类似的互利共生关系，只不过需要我们去发现。

互利共生关系实际上就是一种合作关系。但是合作在进化中的作用始终没有引起主流话语的足够重视。在中国，拜严复所赐，[1]"物竞天择，适者生存"的社会达尔文主义得到广泛传播，已然深入人心。"适者"被普遍理解为那些通过竞争胜出的优者和强者，因此格外强调社会演化中竞争的一面、弱肉强食的一面。

但是，俄国社会活动家和理论家克鲁泡特金（Pyotr Alexeyevich Kropotkin）看到了进化过程中更深远、更道德的另一面：互助。他在1902年发表的《互助论：进化的一个要素》一书中质疑了达尔文那个广为传播且广被接受的观点，即："在每一群动物内部，为了食物、安全和遗留后代的可能性，进行着真正的竞争。"他认为，造成物种灭绝的最大敌人不是其他物种而是自然气候。他断言，"不论是动物界还是人类社会，彼此之间的竞争都不是规律"，避免竞争、消除竞争才是"自然的倾向"，而互助和互援正是消除竞争的最好方式。[2] 为此，他不仅研究了动物界的互助现象，还进一步考察了蒙昧人之间的互助、野蛮人之间的互助、中世纪城市中市民的互助、现代人之间的互助，以及这些互助如何带来人类科学、技术和艺术的突飞猛进。他认为主流

---

[1] 北京大学欧阳哲生教授认为，严复在翻译赫胥黎的《进化论与伦理学》时，对原作进行了"中国化"处理，但有些处理并不符合赫胥黎的原意，甚至有伤原作的本意。参见赫胥黎：《进化论与伦理学》，宋启林等译，北京大学出版社，2010，第12页。

[2] 克鲁泡特金：《互助论：进化的一个要素》，李平沤译，商务印书馆，2009，第65、77页。

的历史叙事把族群、团体、个人之间的斗争作为历史的主要内容,遮蔽了"互助"这一同时在历史进程中发生的重要现象。他指出:"互助的实践和它的连续发展,创造了人类能在其中发扬其艺术、知识和智慧的社会生活条件。以互助倾向为基础的制度获得最大发展的时期,也就是艺术、工业和科学获得最大进步的时期。"①

互利互助论对谈判者有何启示呢?在谈判者之间存在互利共生关系吗?以下案例或许可以提供一个讨论的范本。

《华盛顿邮报》要求派驻记者赴伊拉克。伊拉克官方提出的条件是记者必须接受伊拉克国内的新闻监管,不许进行对伊拉克不利的报道,并派一名伊拉克翻译协同工作。当然这位翻译的实际工作是监督记者。不久一封告发美国记者对伊拉克进行了歪曲报道的检举信放在了伊拉克新闻监管官的办公桌上。《华盛顿邮报》记者和翻译被叫去问询,接受调查。美国记者感到忐忑不安,做好被驱逐出境的准备。他们来到新闻监管官的办公室接受质询。出乎他意料的是,经过问询以后,他得以继续留在伊拉克进行新闻报道。原因是翻译从文化误读的角度为《华盛顿邮报》记者进行了开脱。

在这个案例中,美国记者和伊拉克翻译之间就是互利共生关系。翻译如果要继续保有这份工作,他就必须想办法让美国记者继续留在伊拉克。记者如果想继续留在伊拉克进行新闻报道,就必须接受翻译自利的说词。从这个案例中可以看出,互利共生关系是需要被发现的,或者需要当事人作出必要的调整以适应、维护这种共生关系。如果翻译没有意识到他和记者是一种共生关系,他的做法就是如实汇报记者

---

① 克鲁泡特金:《互助论:进化的一个要素》,李平沤译,商务印书馆,2009,第270—271页。

种种不符合规定的做法。如果他这样做了，他和记者都失去了目前利益均衡的状态，都会被淘汰出局。对于共生关系中的任何一方而言，最好的策略就是配合对方、帮助对方，而不是损害对方。人类社会中存在大量的互利共生关系，等着我们去发现。

二、合作进化论

自私的个体之间能否进行合作是合作进化理论要回答的主要问题。提到合作进化理论则不得不提及美国著名的行为分析及博弈论专家罗伯特·阿克塞尔罗德（Robert Axelrod）及他的著作《合作的进化》，该书发表于1984年，已经成为经典。《自私的基因》的作者理查德·道金斯对该书大为推崇，称："《合作的进化》一书可以取代《圣经》。如果每个人都学习和理解它，这个星球就会更美好。"[1]《合作的进化》到底说了什么让道金斯如此不吝夸赞呢？阿克塞尔罗德教授在该书中建立了一种合作进化理论来解释为什么自私自利的个体能够进行合作。该书对国际关系学界的合作研究产生了深远的影响。例如发表于1990年的《国家为什么会合作？》一书认为国家合作还是冲突与国家特质无关，而是取决于双方在具体的结构、环境下的战略互动。[2] 这个观点强调国家之间的互动会影响国家之间的合作，从中可以看出明显的阿克塞尔罗德合作进化思想的痕迹。《合作的进化》一书也为合作性谈判战略提供了重要理论支撑。

阿克塞尔罗德教授组织了两次计算机编程竞赛来模拟"重复囚徒困境"之下人们的策略选择（见表4-7），两次竞赛胜出的都是多伦多大学阿纳托尔·拉帕波特（Anatol Rapoport）教授的"一报还一报策略"。拉帕波特教授写的程序非常简单：第一步选择合作，然后是一报

---

[1] 罗伯特·阿克塞尔罗德：《合作的进化》，吴坚忠译，上海人民出版社，2007，序言。
[2] Arthur A. Stein, *Why Nations Cooperate, Circumstance and Choice in International Relations* (New York: Cornell University Press, 1990), p. 182.

还一报，亦即对方选择背叛他也背叛，对方选择合作他也合作。这个策略使用者的平均得分是504分。比赛中出现的其他策略平均得分均低于"一报还一报策略"。例如"弗里德曼策略"得分很低，其程序设计是不首先背叛，但一经遭到背叛就永远背叛下去。再如"乔斯策略"，总体上是一报还一报，但每隔一段时间会在对方合作时背叛，此策略会引发对方无休止的报复，得分也不高。"唐宁策略"的程序是头两步背叛以试探对方，如果对方有反应（以合作对合作，以背叛对背叛）就合作，如果对方没反应就背叛。它的收益取决于对方的反应：如果遇到以德报怨策略（非常少），则可以占对方便宜，得到很高的收益；如果遇到"一报还一报策略"，则也被迫采用"一报还一报策略"，最终收益也比较高；如果遇到"弗里德曼策略"（对方会一直报复下去），则收益会很低。

"两报还一报策略"比"一报还一报策略"更宽容，其程序是第一步合作，之后是对方合作他亦合作，对方第一次背叛他还合作，对方第二次背叛他才选择背叛。这个策略的宽容会鼓励狡诈策略的出现，如"检验者策略"。"检验者策略"的程序是第一步就背叛，如果对方回之以背叛他就改为合作；如果对方不作反应仍然合作，他就继续合作两次以稳住对方，之后则每隔一步背叛一次。"检验者策略"充分利用了"两报还一报策略"提供的空间，在对方未作出反应之前不受惩罚地占便宜。因此，"两报还一报策略"在促进合作方面的效果不如"一报还一报策略"。

表4-7　重复囚徒困境中的部分策略选择[①]

序号	策略	程序	收益	人格特征
1	"一报还一报策略"	第一步合作，之后复制对方的策略，以背叛对背叛，以合作对合作	平均分504最高	善良+奖惩分明

①　罗伯特·阿克塞尔罗德：《合作的进化》，吴坚忠译，上海人民出版社，2007，第二章。

续表

序号	策略	程序	收益	人格特征
2	弗里德曼策略	不首先背叛，但一经遭到背叛就永远背叛下去	得分低	善良+绝不宽容
3	乔斯策略	基本上是一报还一报，但间歇会在对方合作时背叛	引发无休止报复，得分241	总体善良，偶尔狡诈和贪婪
4	唐宁策略	头两步背叛之后如果对方有反应就合作，如果对方无反应就背叛	取决于对方作何种反应	不善良+投机
5	"两报还一报策略"	第一步合作，之后对方合作他也合作，对方背叛第一次他还合作，对方背叛第二次他才选择背叛	取决于遇到何种策略	善良（不首先背叛）+过于宽容（原谅对方的背叛）
6	检验者策略	第一步背叛，如果对方回之以背叛他就合作。如果对方回以合作（不反应），他就在第二步第三步合作，之后每隔一步背叛一次	善于占便宜收益比较高	不善良+狡诈

资料来源：作者整理。

实验结果证明在所有策略中，"一报还一报策略"不仅收益最高，而且可以达到集体稳定性。这一点非常重要，集体稳定性意味着"一报还一报策略"不仅能够不受其他策略的干扰，而且会令竞赛中的其他参加者不得不改变原来的背叛策略而选择善良策略。实验结果表明：第一轮竞赛中得分排名前15的策略中善良策略（不首先背叛）和背叛策略（主动背叛）几乎各占一半；但是第二轮比赛中得分排名前15的策略中只有一个背叛策略。也就是说在竞赛过程中，有学习能力的参赛者会逐渐将背叛策略进化成善良策略，否则会遭到淘汰。人类有趋利避害的本能，当人们尝到合作带来的好处时，他们就很难退回到野蛮的背叛状态中。当越来越多的人参与了竞赛，理解了合作策略的真谛，整个社会的合作会得到进化。无疑，这是个极其乐观的预见！

美国社会心理学家莫顿·多伊奇关于合作与竞争的心理学研究成果可用来理解"一报还一报策略"是如何促进合作进化的。他使用三个概念来描述人们进行竞争或者合作的社会心理过程：替代性（substitutability）、态度（attitude）和诱导性（inducibility）。"替代性"指人们无法通过自己的工作满足自己所有的需求，而是要通过别人的工作来满足自己的部分需求；"态度"是指人们在自然演进过程中获得的一种趋利避害的能力，这种能力会使我们对有利于自己的人和事抱持积极态度；"诱导性"是指人们在对他们有利的情况下愿意接受对方的影响，按照对方的意志行事。① "替代性"解释了在分工日益细密的现代世界里为什么人们需要不断与他人互动；"态度"解释了为什么"一报还一报策略"对有趋利避害能力的博弈者有效；"诱导性"则解释了为什么背叛策略使用者最终都愿意追随善良策略。

当然，"一报还一报策略"达到集体稳定性是有前提条件的，即：游戏的参与者需进行多次博弈且不知道博弈终于何时。如果竞赛者参与的是短期博弈，那么自私的人或者说要小聪明的人都会伺机使用"乔斯策略""唐宁策略"或者"检验者策略"，以占善良策略者的便宜。如果博弈是长期的，"乔斯策略""唐宁策略"或者"检验者策略"使用者都会遭遇挫折、付出代价，他们会改变策略以确保不被淘汰。有学者认为，在非商业文化中成长起来的谈判者往往使用自身利益最大化的竞争性战略，这是由文化的差异导致的。② 但从前述实验的过程和结果来看，更大的可能是因为他们不像商业文化中成长起来的谈判者那样经历足够多次数的谈判，从而没有机会像"乔斯策略"使用者一样，在持续的博弈中学习并修正自己的策略组合。

阿克塞尔罗德在书中强调固定空间下的长期关系是确保合作策略稳定的另一个前提条件。他提到很多例子，例如，美国参议院在头50

---

① Morton Deutsch, "Cooperation and Competition," in Morton Deutsch et al., *The Handbook of Conflict Resolution Theory and Practice* (New Jersey: John Wiley & Sons Inc., 2006), p. 25.

② Gordon A. Craig and Alexander L. George, *Force and Statecraft: Diplomatic Problems of Our Time* (Oxford: Oxford University Press, 1990), p. 170.

年里也"充满欺骗和背信弃义",后来才建立起"回报习俗",即议员之间互相回报善意,有所合作,原因是制度发生了变化:两年一次的参议员更换率从40%降到了20%,这意味着更多的参议员彼此共事的时间变长了。既然以后还是抬头不见低头见的同事,那么维护和对方的关系就显得很有必要。第一次世界大战堑壕战中发展出来的"自己活也让别人活"的现象是另一个有趣的例子。法国人决定不首先开枪,但如果德国人先开枪,他们会反击两枪。这一规则被对方心照不宣地接受。于是战场上出现了可以在对方来复枪射程之内来回走动的奇特情景。[1] 堑壕战的形式首先提供了一个空间的限制,战争遥遥无期又提供了一个时间限制。有限空间和无限时间之下的存续关系中,合作显然比对抗更符合当事方利益。

那么"重复囚徒困境"实验的结果为什么可以应用到谈判中呢?国际谈判者所处的是一个复合相互依赖的世界。在地球被毁灭之前,这个相互依赖的国际社会中的190多个行为体将持续互动下去,这满足了实现合作进化的前提条件:有限空间叠加无限时间。将《合作的进化》一书中的若干研究结果应用到谈判中至少可以得到如下对谈判者而言颇为受益的命题:

第一,经营自己的信誉资本。谈判者不宜首先背叛,不要小聪明,不嫉妒对方的成功和所得,他们应该诚实、守信、合作,借此在同行之中建立起良好声誉和口碑。

第二,遇到竞争性谈判者要以牙还牙、以眼还眼。合作性谈判者不首先使用骗术,但如果对方使用了骗术,一定要及时作出反应,采取报复性措施,发出自己不可被欺负的清晰信号,令对方付出代价,以此遏制竞争性谈判者自私而短视的欺诈行为。

第三,主动管理谈判,引导谈判方向。合作性谈判者要教给所有

---

[1] 罗伯特·阿克塞尔罗德:《合作的进化》,吴坚忠译,上海人民出版社,2007,第四章。

谈判方合作进化的原理和技巧，帮助各方正确认识自己的利益以及实现利益的方式，引导谈判进入合作的轨道，维护良性的谈判生态。

三、需要层次论

对合作性谈判战略的一个常见的质疑是：如果谈判者之间的利益存在结构性冲突，谈判者之间进行的是你得我失的零和博弈，还能使用合作性谈判战略吗？

在回答这个问题之前，让我们且先讨论一个经典的法律案件。1884年英国发生了一起著名的案例：女皇诉杜德利和斯蒂芬案。案件涉及两名船员杜德利和斯蒂芬，他们在海难发生后为了生存杀死并食用了另一名船员帕克。回国后这两名船员被以谋杀罪起诉，并被认定为有罪。海难发生后船上出现的是一种非常极端的情况，即便如此，不经对方同意而单方面强制性获取生存利益也是不被允许的。其实，即使在极端情况下，合作而不是竞争仍然是个人收益及集体收益均能最大化的必由之路。例如，船员们可以通过抽签决定谁先被吃，或者以许诺照顾帕克家人为条件，换取帕克同意剥夺其生命并食用其身体。这两种通过共同合作协商产生的方式，同样能让尽量多的船员活下来，而且无须受到道德上的谴责和法律上的惩罚。如果在生死攸关的结构性矛盾中，合作都是更好的出路，那么还有什么结构性矛盾是无法通过合作来解决的呢？问题不是出在是否存在结构性矛盾，而是人们通常刻意夸大了谈判者之间的结构性矛盾，以及沿袭了通过竞争解决结构性矛盾的惯性思维。

著名心理学家马斯洛的需要层次理论或许可以用来解构无处不在的"结构性矛盾"之说。马斯洛在1954年出版了心理学上的里程碑之作《动机与人格》。书中将人的基本需要从低到高进行了排序，分别是：生理的需要、安全的需要、爱的需要、尊重的需要和自我实现的需要。① 在该书第三版中,他在五种层次需要的基础上,又加上了求知的需要和审美的需要两个层次②,如图4-2所示。

图4-2 马斯洛的需要层次

资料来源:作者整理。

那么马斯洛的需要层次理论如何与谈判有关呢?马斯洛认为人类行为的动机是满足当前最迫切的基本需要。满足需要就是实现利益,而谈判者行为的动机就是要解决利益冲突,让所有方的需要都得到满足。谈判的过程就是围绕着各方的需要进行的博弈。

美国谈判协会首任会长、前总统克林顿的首席谈判顾问杰勒德·尼尔伦伯格总结了六种围绕需要推进谈判的方法:(1)满足了对方的需要;(2)满足了己方的需要;(3)同时满足了双方的需要;(4)损害了己方的需要;(5)损害了对方的需要;(6)同时损害了双方的需要。在此基础上,他采用马斯洛的分类把谈判者的需要分为七种,又根据谈判主体的不同分为个人之间的谈判、组织之间的谈判以及国家之间的谈判三种类型的谈判,然后尼尔伦伯格把七种需要和六种方法以及三类谈判进行排列组合(见图4-3),产生出一百二十六种谈判策略。尼尔伦伯格强调,"需要理论"犹如一条主线、一个主旋律,贯穿于一

---

① Abraham H. Maslow, *Motivation and Personality* (New York: Harper & Row Publishers Inc., 1954), pp. 35–47.

② Abraham H. Maslow, *Motivation and Personality* (New York: Harper & Row Publishers Inc., 1970), pp. 18–25.

切谈判之中，所有谈判的达成都须以解决各方需要为前提。[①] 这是他作为美国谈判协会会长为谈判学作出的最重要的贡献，他的重点就是放在谈判者的"需要"上的。

- 三类主体：
  - 个人之间
  - 组织之间
  - 国家之间

- 七层需要：
  - 生理的需要
  - 安全的需要
  - 爱的需要
  - 尊重的需要
  - 自我实现的需要
  - 求知的需要
  - 审美的需要

- 需要满足的六种情况：
  - 满足对方的需要
  - 满足己方的需要
  - 满足双方的需要
  - 损害己方的需要
  - 损害对方的需要
  - 损害双方的需要

图4-3 尼尔伦伯格126种策略的组合单元

资料来源：作者整理。

国际谈判的主要行为体是国家。如果把马斯洛的需要层次理论套用于国家，需要略作修正（见图4-4）[②]。国家是后天人为创设的，因此其最基本的需要是保证国家或者政权的存在，安全需要是国家的最基本需要。国本稳定后，国家的核心需要就转为谋求经济发展以满足人民对美好生活的愿望。国富民强的目标实现后，国家就有了在国际社会中追求尊重和认同的高级需要。处在安全需要阶段的国家，其核心利益是安全利益；处在发展需要阶段的国家，其核心利益是经济利益；处在尊重需要阶段的国家，其核心利益是政治利益。

[①] 杰勒德·I.尼尔伦伯格：《谈判的艺术》，曹景行、陆廷译，上海翻译出版公司，1986，第82—194页。

[②] 有学者曾尝试将马斯洛需要层次理论应用于外交决策研究中。高飞、肖屿：《需求层次论及其对外交决策研究的启示》，《国际论坛》2010年第1期。

```
  ┌─安全的需要─┐  ┌─发展的需要─┐  ┌─尊重的需要─┐
  │ （安全利益） │  │ （经济利益） │  │ （政治利益） │
```

图4-4 国家的需要和利益层次

资料来源：作者整理。

以新中国为例，1949年以来国家明显经历了安全需要、发展需要和尊重需要三个阶段（见图4-5），每个阶段核心利益诉求都有所不同。1949年建国伊始，蒋介石集团随时可能在美帝国主义支持下反攻大陆篡夺执政权，新政府缺乏安全感，"一边倒"与苏联结盟就是在这一背景下作出的满足安全需要的重要战略决策。但是中国的安全需要真正获得满足是在1971年加入联合国后。恢复联合国席位，象征着新中国与全世界实现了和解。1972年尼克松访华则进一步改善了新中国的安全处境。当政权的安全需要得到了较好满足后，对经济发展的需要转而变得迫切起来。1978年召开的党的十一届三中全会的中心议题就是把全党工作重点转移到现代化建设上来，以改善和提高人民生活水平。经过30多年的改革开放，中国的经济实力获得了强劲的发展，人民的生活水平显著提高。2010年中国国内生产总值达到58 786亿美元，首次超过日本排名世界第二，此时，之前被抑制的尊重需要浮现了出来。新中国前所未有地靠近世界舞台的中央，越发对自己的文化、道路、制度和理论展现出自信。中国国家领导人多次在国际社会表示，要"为解决人类问题贡献中国智慧"，"为全球治理提供中国方案"。2017年2月，"构建人类命运共同体"理念首次被写入联合国决议。对此，新华社不无骄傲地宣称："体现了这一理念得到了广大会员国的普遍认同，也彰显了中国对全球治理的巨大贡献。"[①]

[①] 新华社每日电讯，"'构建人类命运共同体'首次写入联合国决议，"2017年2月12日，http://www.xinhuanet.com/mrdx/2017-02/12/c_136050223.htm。

```
        尊重
        2010年至今
    发展
    1978—2010年
安全
1949—1971年
```

图4-5　中国的国家需要层次进阶

资料来源：作者整理。

处在不同发展阶段的国家，其最迫切的需要和核心关切亦有所不同，因此存在利益交换的空间。以二战后欧美关系为例，对于饱受战争创伤的欧洲而言，经济复兴是其核心利益。与社会主义阵营仅"一墙之隔"，也令东欧之外的欧洲国家缺乏安全感。因此，欧洲愿意以牺牲部分政治利益为代价，接受美国提供的"马歇尔经济复兴计划"和以美国为首的北大西洋公约组织提供的核保护伞。随着经济的复苏，尤其是冷战结束后安全困境的缓解，欧洲已经不满足于在国际政治中追随美国，开始试图建立欧洲自己的共同外交政策、安全政策和防务政策。2003年，在伊拉克战争问题上，暴露了"老欧洲"或者"核心欧洲"和美国在世界秩序和国际法上的巨大分歧。曾经推崇"波恩共和"的哈贝马斯在欧洲旗帜鲜明地发起了一场反对美国的社会运动。他和法国哲学家雅克·德里达共同撰文表示："在国际法层面与联合国的框架内，欧洲应将力量用在制衡美国霸权的单边主义上。在全球经济体制内，则应该运用其影响力，为未来的全球政策打造蓝图。"[1] 这场运动使得"反美主义自1776年以来第一次在欧洲大众阶层成为一股实实在在的政治力量"。[2] 从第二世界大战后的欧美关系可见，当国家

---

[1] 尤尔根·哈贝马斯、雅克·德里达：《2月15日，欧洲人民的团结日：以核心欧洲为起点，缔结共同外交政策》，载尤尔根·哈贝马斯等：《旧欧洲·新欧洲·核心欧洲》，邓伯宸译，中央编译出版社，2010，第27页。

[2] 安德烈·马可维茨：《欧洲的反美主义：从精英的蔑视转为政治力量》，载尤尔根·哈贝马斯等：《旧欧洲·新欧洲·核心欧洲》，邓伯宸译，中央编译出版社，2010，第234页。

的核心需要处在不同层次（欧洲为经济和安全需要，美国为政治需要）时，即存在利益交换的可能；当国家处在同一需要层次（欧美的核心需求都是政治需要）时，则可能因为核心利益相同而互相竞争排斥。

然而，国际社会中处在同一需要层次的国家数不胜数，它们又如何在同一需要层次上进行利益交换呢？战后欧洲的合作不失为一个很好的例子来证明，即使宏观上国家处在同一发展阶段和需要层次上，仍然可以进一步将它们的需要分解细化，在分解和细化后的需要中找到彼此的差异，新的互利共生关系就可以在差异性需要的基础上被建构出来。

二战结束后，法国、德国、意大利、荷兰、比利时、卢森堡等欧洲国家均处在战后创伤的修复期，对经济发展都有迫切的需求，核心利益大体相同，互补性弱，况且还有历史形成的错综复杂的仇恨。此时的欧洲站在了新的历史分岔口：是重复一千年以来的对抗和竞争，还是面向未来在合作的基础上建立一个互利共赢的新型共同体？欧洲精英们决定抛弃旧思维。他们以极大的政治勇气为欧洲探索出了一条崭新的出路：将各国的煤碳、钢铁等重要的战争资源置于同一机构监管之下，避免任何国家有能力单独支配战争资源继而发动战争。这就是欧盟的前身——煤钢共同体创意的初衷。1951年4月18日，法国、联邦德国、意大利、比利时、荷兰、卢森堡等6个欧洲国家在巴黎签订了《欧洲煤钢联营条约》，标志欧洲一体化进程的开始。在签字现场，条约文本所用的纸张是荷兰生产的，墨水是联邦德国生产的，文本是在法国印刷、在比利时和卢森堡装订的，上面所系的飘带是意大利制作的。[1] 这是非常富有象征性的一幕，它传递了一个关于合作的重要理念，即使处在同一需要层次，国家的特性仍然是有差异的，正是这些差异使得合作变得可能。国家之间是竞争性关系还是合作性关系，关

---

[1] 让·莫内：《欧洲第一公民：莫内回忆录》，孙慧双译，成都出版社，1993，第412页。

键在于政治精英们的理念。如果他们决心面向未来，就会找到共同目标，以及在实现目标的手段上各取所长；如果他们执迷于竞争的旧思维，则每个差异都可能变成分歧和冲突。尽管当前欧洲一体化进程遭遇各种挑战，但它无疑是人类历史上主权国家之间合作程度最高的共同体。欧洲这片广袤的土地上山河依旧，将战争和杀戮模式转变为和平和发展模式的，是关键历史节点上政治精英和知识精英理念的改变。

马斯洛关于需要层次的诸多论述对气候谈判也有启示。马斯洛认为，高级需要和低级需要都是人类的本能，本没有高低之分，但高级需要和低级需要在心理上和运行上具有不同的性质。[1] 笔者对此的理解是：越是处在低阶的需要，越关乎主体的生存，因此满足需要的愿望越强烈，如生理的需要比安全的需要强烈，安全的需要比爱的需要强烈，爱的需要比尊重的需要强烈，尊重的需要比自我实现的需要强烈。而越是处在高阶的需要，越无关乎生存，更多的是关乎生存的价值和意义，因此其行为越可能是物质上利他但精神上利己的。

将需要层次差异论应用到气候谈判中极富启示意义。温室气体减排对于小岛屿发展中国家来说是涉及生存需要的安全利益，对于基础四国是涉及发展需要的经济利益，对于欧盟和伞形国家来说更多是涉及尊重需要的政治利益。三类国家的核心需要处在不同层次上，达成协议具有理论上的可行性。在这三种需要中，显然生存需要最强烈，因此不可能指望小岛屿发展中国家作出让步。基础四国的发展需要固然强烈，但弱于小岛屿发展中国家的生存需要，应该适当减排以确保小岛屿发展中国家的安全。但如果通过停止生产进行减排，则伤害了基础四国经济发展的核心利益。对于发展中国家来说比较能接受的减排办法是技术减排，如促进充分燃烧、汽车的省油设计、改善房屋的保温材料等，但这一减排路径需要得到发达国家在资金和技术上的支

---

[1] Abraham H. Maslow, *Motivation and Personality* (New York: Harper & Row Publishers Inc., 1954), pp. 97–100.

持。欧盟和伞形国家集团处在最高需要阶段，它们的核心利益是实现环保理念，并在气候谈判进程中发挥政治领导作用。如果它们能为发展中国家提供资金和技术以减少发展中国家的排放，则能够同时实现中小国家的生存需要、发展中国家的发展需要以及欧美国家的尊重需要，不失为国际社会共同应对气候变化的最佳方案。

至此，笔者通过互利互助论、合作进化论以及需要层次论回应了合作性战略质疑者提出的问题：互利互助论证明了合作而非竞争是促成大自然以及人类进化的主要因素，合作带来了人类艺术、科学和技术的进步；合作进化论证明了自私的个体为了趋利避害，会在持续博弈中进化自己的策略，最终达到一种稳定的合作状态；需要层次论证明了利益的结构性矛盾是相对的，利益的差异性需要才是绝对的，在差异性需要上人们可以构建出合作性关系。

本章小结

本章论述了竞争性谈判战略在目的和手段上的特点，以及竞争性谈判战略实施后的后果，即：在谈判中使用竞争性谈判战略必然导致谈判的无效、低效甚至反效。这一结果已经背离了谈判的初衷，难以实现谈判的工具理性。谈判者必须改变认知，准确理解竞争性谈判的局限性和破坏性，转而采取合作性谈判战略，实现谈判者各方利益均最大化的多赢局面。但合作性谈判战略如何实施呢？下一章将从预先谈判、谈判准备、正式谈判三个阶段探讨具体的谈判战术，亦即操作层面的谈判技巧。

行动篇

第五章　国际谈判战术

新加坡建国总理李光耀在谈到"一个成功的领导人应该具备哪些品质"时赞扬过荷兰壳牌皇家集团的"直升机素质模型"。[①] "直升机素质模型"指一个领导型人才应该具备"上天入地"的能力，一种既能随时上到高处进行宏观把控，又能立刻下到低处进行微观操作的能力。合作性谈判者也应该是这样一群具有"上天入地"能力的"直升机型"人才，他们既能随时升至战略高处，打开视野，判断趋势，指明谈判方向；又能迅速落到地面，在战术层面上整合资源，设计方案，解决分歧，处理细节。

本章将按照谈判进展的顺序，从预先谈判阶段、准备阶段和正式谈判阶段三个阶段分析具体的谈判战术。其中预先谈判阶段要确定谈判动机、谈判代表、谈判地点、谈判时间、谈判议题；准备阶段要做的工作包括：深入了解对方的背景，深入分析每个议题上双方的利益诉求，起草方案，准备理据和标准，准备退路；正式谈判阶段的战术包括如何管理自我，管理关系，管理谈判进程以及管理谈判结构。

第一节　预先谈判阶段的战术

预先谈判阶段要解决的问题可归纳为五个：谈判意愿（why）、谈判代表（who）、谈判地点（where）、谈判时间（when）和谈判议题

[①] 格里厄姆·艾利森等编《李光耀论中国和世界》，蒋宗强译，中信出版社，2013，第174—175页。

(what），简称为5W问题。

一、判断对方谈判意愿

并不是所有谈判者走向谈判桌时都真诚地希望能够通过谈判解决问题。他们动机不同，意愿各异，或虚情假意，或犹豫迟疑，或等待观望。谈判者需要通过预先谈判阶段的接触，判断对方的动机和意愿以决定下一步的策略。一般来说，如果说谈判者意愿不强，则谈判的成熟度不够，[①] 具体情况无非以下三种。

第一，把谈判作为一种和平姿态，以应对国际和国内的舆论压力，以避免道义上失分。这种情况一般出现在停战谈判中。重庆谈判时国民党向共产党发出邀请时把舆情和民心当作很重要的一个考量因素。当时国内各界对于重庆谈判抱有极高期望，把毛泽东飞抵重庆参加谈判形容为"好像在阴暗的天空中忽然放出来一道光明，不禁使人手舞足蹈，为国家的前途祝福！自日本投降后，这真是最令世人兴奋的消息！"[②] 在国内和平的呼声如此之高的背景下，国民党必须作出谈判的高姿态，以争取舆论和民心。蒋介石三次电邀毛泽东赴渝谈判，言辞极尽恳切，无不以人民为念："抗战八年，全国同胞日在水深火热之中，一旦解放，必须有以安辑之而鼓舞之，未可蹉跎延误。大战方告终结，内争不容再有。深望足下体念国家之艰危，悯怀人民之疾苦，共同勠力，从事建设。如何以建国之功收抗战之果，甚有赖于先生之惠然一行，共定大计，则受益拜惠，岂仅个人而已哉！"[③] 对于蒋介石一边邀请共产党参加谈判，一边积极进攻解放区，毛泽东的分析是"国共两

[①] 美国外交关系协会会长理查德·哈斯认为，谈判成功的关键在于"成熟度"，即各方领导有谈判的意愿和能力。https://www.youtube.com/watch?v=e6a7nvuOEnU。

[②] 西安《秦风日报、工商日报联合版》社论：《团结在望，国家之光——欣闻毛泽东先生抵达重庆》，载中共重庆市委党史工作委员会等编《重庆谈判纪实（1945年8—10月）》，重庆出版社，1983，第64页。

[③] 《蒋主席再电毛泽东，盼速来渝共定大计》，《中央日报》1945年8月21日。

党一定谈判不好，一定要打仗，一定要破裂。但是这只是事情的一个方面，……蒋介石的主观愿望是要坚持独裁和消灭共产党，但是要实现他的愿望，客观上有很多困难，这样使他不能不讲讲现实主义。人家讲现实主义，我们也讲现实主义。人家讲现实主义来邀请，我们讲现实主义去谈判"。① 针对蒋介石的假和平真内战，中共中央作出的谈判策略是"在谈判中，我方准备作必要的不伤人民利益的让步。无此让步，不能击破国民党的内战阴谋，不能取得政治上的主动地位，不能取得国际舆论和国内中间派的同情，不能换得我党的合法地位和和平局面"。②

第二，需要试探对方诚意。谈判中弱势的一方，不相信对方的诚意，担心谈判无法保证其利益，对谈判半信半疑，抱观望态度。例如，阿拉伯国家与以色列的和谈、巴勒斯坦与以色列的和谈、南非白人种族主义政权与黑人之间的谈判，以及北爱尔兰政府与反政府力量——北爱新芬党、爱尔兰共和军之间的谈判，当事方都耗费了很长时间，才同意通过谈判解决问题，主要的原因是认为对方诚意不足。北爱新芬党和爱尔兰共和军一开始对谈判信心不足。英国前首相布莱尔回忆说："我第一次遇到格里·亚当斯和马丁·麦吉尼斯时，他们不但犹豫或怀疑，还视我为敌人。马丁用了很长时间，才接受我作为合作伙伴，甚至朋友。"③ 对于相对处在劣势的一方来说，强大的第三方的存在是促使其下决心进行谈判的外在保证。美国总统克林顿不顾英国的强烈抗议，给新芬党主席亚当斯发放赴美访问签证，以此增强亚当斯在新芬党和爱尔兰共和军中的地位，以及爱尔兰共和军走上谈判桌的信心。

---

① 毛泽东：《关于重庆谈判》，人民出版社，1976，第7—8页。
② 《中共中央关于同国民党进行和平谈判的通知》（一九四五年八月二十六日），载毛泽东：《关于重庆谈判》，人民出版社，1976，第2页。
③ 托尼·布莱尔：《旅程：布莱尔回忆录》，李永学、董宇虹、江凌译，译林出版社，2011，第167页。

亚当斯访美7个月后,爱尔兰共和军宣布停火,同意谈判。[1]

第三,国内压力过大,不敢公开主张谈判。在特定文化中,谈判意味着软弱、让步和求和。在这些文化中,下定决心走向谈判桌,实际上比决心在战场上厮杀更加困难。主要决策人常常面临国内强硬派以及极端民族主义者的激烈反对,甚至会付出生命的代价。主张与巴勒斯坦和解的以色列前总理拉宾被好战嗜血的极端主义者行刺。行刺者埃米尔临死都不忏悔,觉得自己做了正确的事情。[2] 反倒是强硬派领导决定进行谈判时较少遭到反对。他们曾经有过的强硬记录使反对者相信,他们选择谈判并非出于软弱,而是策略上的需要,相信他们有能力在谈判中继续捍卫国家利益。例如,美国总统尼克松拥有的强硬反共名声,成为他当上总统后开始缓和与共产主义阵营主要国家苏联和中国关系的政治资本。以色列总理贝京的名字长期以来是与"寸土不让"的强硬政策联系在一起的,但正是这一"超级鹰派",在1977—1979年与阿拉伯国家进行了艰难的谈判,并与埃及达成协议将西奈半岛归还埃及。

二、确定谈判代表

确定谈判代表是属于程序性的问题,并没有特殊之处,但需要注意三个问题:一是谈判代表的级别,二是代表的对等性,三是代表的工作能力。

关于代表的级别,各方派出的谈判代表级别越高,其承诺度越高,谈判达成的可能性也越高。关于对等性,中美关系正常化之前的大使级系列会谈中,美方有时会单方面降低会谈级别,拒绝派出大使级外交官参加会谈。对此,中方一方面要发出外交抗议,另一方面也只能

---

[1] 比尔·克林顿:《我的生活》,李公昭等译,译林出版社,2004,第638页。
[2] Dan Ephron, *Killing a King, the Assassination of Yitzhak Rabin and the Remaking of Israel* (New York: W. W. Norton & company, 2015), Chapter 8.

按照对等原则，派出同美方官员同等级别的外交官参加会谈。从派出国角度而言，派出的谈判代表既要考虑级别，也要考虑其相关业务能力。当时中央选派中美大使级会谈首席代表时，人选不止王炳南一人。最后确定了他为主谈，是考虑到他在党内有从事10年外交工作的经验，以及他和美国打交道时间长，比较了解美国人。据王炳南回忆，第二次国共合作时期他接触过的美国人就有斯诺、史沫特莱、美国驻华使馆武官史迪威将军、美国驻华大使高斯、美国使馆年轻的外交官戴维斯和谢伟思兄弟、费正清、包瑞德、马歇尔将军、司徒雷登大使，[①]等等。

一般来说，派谁作为谈判代表出国谈判是主权国家自己的事情，但中日关系史上曾发生过日方为中方指派谈判代表的咄咄怪事。甲午战败后，与日本议和谈判提上了日程。清政府派尚书衔总理各国事务大臣户部左侍郎张荫桓、头品顶戴湖南巡抚邵友濂为全权大臣赴日本长崎谈判，但日方以其委任状中未写明关于媾和条约缔结签押之权限而予以遣返。日本谬称："中国钦差使臣，对于外交上与人订约，有时在公开表示同意后，却幡然拒绝签字，或对业已严肃缔结之条约，不声明任何明确理由，即随便加以废止等实例，不遑枚举。征诸上例，可见当时中国意中并无诚实修睦之心。至其担当谈判重任之钦差使臣，亦不委以必要之权限，历观往事，莫不比比皆然。故今日之事，我政府鉴于以往事实，对于未合全权定义之中国钦差使臣，绝不与之举行一切谈判；故当媾和谈判之前，曾以中国所派使臣必须具有缔结条约之一切全权一款作为先决条件。"[②] 这些说辞都是日本编造的理由，目的是希望大清改派李鸿章这样的实权大臣赴日谈判，以确保日本从谈判中获得的利益在日后能够得以落实。

[①] 王炳南：《中美会谈九年回顾》，世界知识出版社，1985，第33—40页。
[②] 王芸生编著《六十年中国与日本》第二卷，生活·读书·新知三联书店，1980，第209页。

1895年2月17日，日本电告美国驻华公使田贝（Charles Denby Jr.）提出了对中国派日全权大臣的要求："日本政府认为中国政府除再派具有以下列条件为基础而进行谈判之全权使臣外，即使派遣任何媾和使节，亦无法完成其使命：中国应在赔偿军费、确认朝鲜独立外，并由于战争的结果，须割让土地。又为了将来的交往有所准绳，应缔结确切的条约。"在以上电报中，日本不仅粗暴地提出了关于谈判代表的要求，实际上还无理地单方面确认了谈判议题：赔偿军费、朝鲜独立以及割让土地。对于日本的蛮横霸道，清政府无力反抗，并在2月26日致东京的电报中满足了日方的要求："李鸿章被任命为头等全权大臣，凡日本在本月十七日来电中所欲商各节，李氏均带有执行此等任务之全权。"[①] 对此，中日问题专家王芸生先生叹息道："如此，李鸿章尚未出国，割地求和的局面已定。"[②]

日本遣返另一个主权国家派出的谈判代表，并要求对方按照自己的意愿选派新的谈判代表，并提前单方面确定了谈判议题，这在谈判历史上是极其罕见的，充分反应了当时中日之间实力对比的严重失衡以及日本帝国主义的强权逻辑。

三、确定谈判地址

谈判地址的选择在谈判中非常重要。谈判就其本质来说，是一场综合实力的较量。如果能够使谈判对手到自己的领地进行谈判，则暗示了自己是强大的一方。而在谈判地点上的让步，极有可能是之后一系列让步的开始，二战前英德之间的谈判即为一例。

1938年9月15日，掌握大英帝国命运的首相张伯伦，以69岁高龄，乘坐7个小时的飞机（在此之前，他从未坐过飞机），抵达慕尼黑，

[①] 陆奥宗光：《蹇蹇录》，伊舍石译，商务印书馆，1963，第130页。
[②] 王芸生编著《六十年中国与日本》第二卷，生活·读书·新知三联书店，1980，第218—219页。

然后换乘一辆敞篷汽车到火车站,再从那里坐3小时的专列到贝希特斯加登(Berchtesgaden)面见希特勒。其实张伯伦是可以要求希特勒去莱茵兰某个地方见面的,那样他的行程至少可以缩短一半,但他轻易放弃了在谈判地点上的博弈,暴露了自己求和心切的心理。之后两次谈判希特勒仍然没有在谈判地点上有任何让步,张伯伦继续迁就希特勒,飞到德国的哥德斯堡(Godesberger,今德国波恩)和慕尼黑进行谈判。后来希特勒自己跟张伯伦说,没想到英国和法国在苏台德问题上让步如此之大如此之快,不禁让他感到惊讶。实际上,希特勒当时的心理高度紧张,他"为捷克问题而处于癫狂状态,曾不止一次地完全失去自制,甚至趴在地上啃地毯的边"。[①] 应该说,是张伯伦在谈判地址上的轻易让步,让希特勒看到了胜算的可能,鼓励了他对欧洲的领土野心。他看透了英法国内普遍的厌战求和心理,并决定充分加以利用。

与希特勒不同,艾森豪威尔将军懂得如何表达对英国谈判者的尊重。麦克米伦首相上台后,英国外交上的迫切任务是修复因苏伊士运河危机而破损的英美特殊关系,但麦克米伦出于对曾经的大英帝国颜面的考虑,"丝毫无意由他来迈开第一步"。很快,美国大使带来白宫绝密电报,邀请麦克米伦赴华盛顿或者百慕大会晤。对于艾森豪威尔提供的百慕大会晤的选项,麦克米伦是心怀感激的。他在回忆录中写道:"我不大愿意到华盛顿去,看来现在还不是到'卡诺莎'(Canossa)[②] 朝圣的时候。因此我对这位老朋友这样周到地建议,以百慕大作为会谈地点颇为感动……对我们来说,因为百慕大是英国的领土,情形当然就完全不一样。"[③]

[①] 威廉·夏伊勒:《第三帝国的兴亡》,董乐山等译,世界知识出版社,1979,第537—538、547—548页。

[②] 指欧洲历史上著名的卡诺莎之行。1077年1月,神圣罗马帝国皇帝亨利四世前往卡诺莎城堡向教宗格里高利七世忏悔,请求他的原谅。之后"卡诺莎"在西方成为屈辱投降的代名词。

[③] 哈罗德·麦克米伦:《麦克米伦回忆录》(第四卷),余杭等译,商务印书馆,1982,第241—242页。

有原则的谈判者在谈判地点上是有所坚持的。在朝鲜停战谈判中，双方的针锋相对、短兵相接在选择谈判地址的问题上就已经开始了。一开始是"联合国军"采取了主动。1951年6月30日，"联合国军"总司令李奇微通过广播电台建议"会议可在元山港（Wonsan）一只丹麦伤兵船上进行"。7月1日，金日成、彭德怀发出复电，"会议地点，我们建议在'三八线'上的开城地区"。我方的考虑是"谈判在我们的区域内进行，政治上对我有利，工作上对我也比较方便"。"联合国军"接受了建议。对此，美方首席谈判代表乔埃将军认为，"联合国军"方面谈判未开，已先失一局，因为以东方人的观点来看，通常是胜利者将求和者召唤到自己的势力范围之内来谈判。"联合国军"同意到开城谈判，意在求和。果然谈判开始后不久，美方就后悔了。7月13日，李奇微致函金日成、彭德怀称："我曾建议在丹麦伤兵船上会晤，因为那样可以使双方都有同等的出入自由，包括属于任何一方的新闻记者在内，这种地点可以有一种完全中立的气氛，不至因有任何一方的武装部队在场而让对方产生被威胁的感觉。我当时接受以开城为会晤地点，是以为开城完全具备上述条件。但自从谈判以来，事实证明双方的待遇是不平等的。"[①] 在美方的要求下，谈判地点最后改到了北纬38°线以南5公里处的板门店进行，双方为此搭建了一个临时建筑作为谈判场所。1953年7月，结束朝鲜战争的停战协议就是在这个临时搭建的谈判会议室里签署的。

谈判者争相将谈判地址选在自己的领地内，是因为主场谈判的优势是显而易见的。

第一，地理环境熟悉，主场谈判者无须应对时差、气候变化带来的身体上的不适，能够以逸待劳，以饱满的精神和充沛的体力投入谈判中。考虑到谈判关键时段很大程度上是体力和精力的较量，这一点

---

① 柴成文、赵勇田：《板门店谈判》，解放军出版社，1992，第117、125、135页。

格外有意义。

第二，政治环境熟悉，便于东道国进行有利于自己的技术性安排。对于授权有限的谈判者，主场谈判对于他们是非常重要的。他们可以随时就谈判进展中的有关问题向上级汇报，取得上级的指示。这种技术性安排是可以理解的。但还存在其他"技术性"安排。

前文提到甲午海战后，在中日谈判中，日方在谈判代表问题上的百般刁难，其实在谈判地址问题上日方同样费尽了心机。日方没有将谈判地址选在东京或者长崎，而是选在"并无与头等钦差相宜之馆舍"的僻野之所马关，是为了便利日本截取中国情报。如果在东京或者长崎谈判，李鸿章与国内的电报往来可以通过荷兰等国创办的国际电报局进行传送，日本便无从获取相关信息。但马关没有国际电报局，李鸿章要发报给国内，需要通过马关当地的日本电报局发报到长崎或者东京，再从那里的国际电报局发回国内。这样日本便有机会获取中方提供的翻译密码的副本。

日本人善于利用主场的能力甚至令美国谈判大师赫布·科恩都吃过亏。一次科恩赴日本东京进行一场计划持续14天的谈判。抵达机场后科恩发现，温文尔雅的日方工作人员已经恭敬地等候在机场，迎宾的是一辆豪华礼宾车。日方问他回程时间以便他们提前安排送机，科恩觉得他们工作周到，善解人意，就将回程票出示给接待员。接下来，日方白天安排科恩参观风景名胜，晚上则安排长达4个小时的晚宴，每天如此。当科恩提出该谈判了，日本人就说：不急，有的是时间。在科恩的一再催促之下，谈判终于在第12天开始了。但留给谈判的时间实在不多，在第14天接科恩去机场的礼宾车到达时，谈判还在进行。他们不得不在去机场的路上继续进行谈判，当礼宾车到达机场时，协议才匆忙达成。科恩的上司在听科恩讲述了他们在日本的谈判经历后，不无自嘲地说:"这大概是日本人自珍珠港以来取得的最大胜利。"[1]

第三,人文环境熟悉,便于东道国根据情况安排谈判之余的文化活动以影响谈判者的心理。在新中国外交的许多重大谈判中,如中法建交、中美关系缓和、中日关系正常化、中美建交、中苏关系正常化、中韩建交的谈判中,都是外国领导人飞到中国来谈判,如法国总理富尔、美国总统国家安全事务助理基辛格、美国总统尼克松、日本首相田中角荣、美国国务卿万斯、美国总统国家安全事务助理布热津斯基、苏共中央总书记戈尔巴乔夫、韩国外长李相玉,等等。在谈判期间,中方都会适时安排谈判代表参观故宫、长城,欣赏京剧等艺术表演,出席品尝烤鸭和茅台酒的宴会等。美国兰德公司中国谈判风格研究项目负责人理查德·所罗门(Richard H. Solomon)曾评价说:"中国人毫无疑问偏爱在自己的土地上进行谈判,因为这便利他们的内部沟通和决策,以及使他们能够获得相对其对手的微妙的心理优势。"他进一步分析:"除此之外,在中国首都进行谈判,便于他们管理谈判氛围,从而最大程度地让客人们产生某种感激之情、敬畏感、孤立无援和无助感。"[2]

更为常见的解决办法是到第三国去谈判,第三国或者处在政治上的中间位置,或者处在地理上的中间位置。奥地利和瑞士经常被选为双边和多边谈判地址。2015年开始,关于结束叙利亚内战的和平谈判就先后在维也纳和日内瓦进行。荷兰海牙同样是受到青睐的谈判地点,1981年,美国和伊朗在此地进行索赔案的谈判。

国际关系史上选择地理上的中间地点进行谈判的也不乏其例。冷战时期苏联领导人戈尔巴乔夫邀请美国总统里根进行首脑会晤,并建议将会议地点设在伦敦或者冰岛首都雷克雅未克。当被问到为什么把

---

[1] 赫布·科恩:《谈判天下》,谷丹译,海天出版社,2006,第84—85页。
[2] Richard H. Solomon, *Chinese Negotiating Behavior:Pursuing Interests Through "Old Friend"* (The Endowment of the United States Institute of Peace, 1999), pp. 61–62.

雷克雅未克作为选项时，戈尔巴乔夫说："这是个不错的地点，正好在两国的中间，互不冒犯。"① 2018年至2019年，朝鲜领导人金正恩和美国总统特朗普实现了三次会晤，地点分别是新加坡、河内和朝韩边界非军事区。以上地点的选择除充分体现了政治中立性和地理中立性原则，当然也不排除当事国另有深意。美国总统和国会研究中心副主任丹·马哈菲（Dan Mahaffee）表示：选择越南，或显示美朝有意参照美越关系演变模式来塑造美朝关系的未来。②

四、确定谈判时间

谈判时间的选择同样大有讲究。谈判时间的安排，除了技术性考虑外，如避开在谈判一方文化中不吉祥的日子，避开与其他重要国事活动或者外交活动冲突等，战略性考虑是更为重要的。在己方处在优势情况下开始谈判，对后续谈判的进程和结果都将产生有利于己的影响。反之，如果情势不利，则应设法将谈判延期。

国内政治是确定外交谈判时间的另一个考量因素。中美经过激烈谈判于1979年1月1日建交，这个时间并不是偶然的，而是经过卡特政府精心考虑并抓住的时机。1978年4月，国务卿万斯及总统安全事务助理布热津斯基均建议卡特总统应抓紧时间与中国进行建交谈判，争取于1979年1月1日实现建交。理由是11月国会大选之后至1979年1月中旬新一届国会开会之前会出现一个难得的"时间窗口"。美国国会中一直都存在一股很强的"亲台"势力，他们对与中国大陆发展关系持反对态度，并可能发动法律程序予以阻止。中期选举结束之后国会正在休会，而且刚刚经历人事调整，反对派力量相对薄弱，很难组织

---

① 巴拉迪：《死亡之手：超级大国冷战军备竞赛及苏联解体后的核生化武器失控危局》，蒋宗强译，中信出版社，2011，第243—244页。
② 刘晨、朱东阳：《二次"金特会"地点时机显考量》，新华社，华盛顿2019年2月5日电，http://www.xinhuanet.com/world/2019-02/06/c_1124089562.htm。访问日期：2020年7月22日。

起强有力的进攻。如果等1月国会开会之后启动与中国的建交谈判，这个窗口期会因为两个因素而关闭：其一，与苏联削减核武器协议一旦达成，白宫和国务院需要投入大量精力争取参议院的批准，适时将无暇顾及中国问题；其二，1979年是大选年，为避免中国问题成为反对派攻击卡特外交政策的话题，需提前把中美关系稳定下来。正如当时的参议员爱德华·肯尼迪致电卡特总统时所说："我作为国会参议员提醒你，从国内因素来考虑，今年真是一个十分难得的时机。"[①]

五、确定谈判议题

确定谈判议题是预先谈判中的重要内容。国家之间的议题偏好有所不同。梳理中国外交部及美国国务院网站上近些年正在进行的谈判，我们发现两国在议题偏好上存在差异性。就中国而言，谈判议题相对集中，主要集中在低级政治议题，例如自贸区谈判，涉及的国家包括日本、韩国、新西兰、挪威、巴拿马、尼泊尔、海湾阿拉伯国家、巴基斯坦、新加坡、加拿大、毛里求斯、巴勒斯坦、秘鲁、摩尔多瓦、巴布亚新几内亚等；又如和美国、欧洲、世贸组织的贸易商务投资谈判；再如涉及南海、北冰洋、北部湾的海洋资源开发管理类谈判。这一时期中国进行的国际谈判中高级政治议题相对较少，比如和越南、不丹、印度的领土边界谈判。美国近年来进行的国际谈判中低级政治议题也比较突出，例如：美墨加三边环境合作（ECA）谈判、美墨加三国贸易协议（USMCA）谈判、美国欧盟数字税谈判、美日贸易协定谈判、自由联系国[②]一揽子协议谈判等。但美国进行中的高级政治议题谈判明显比中国多，如与俄罗斯、伊朗等国进行的核裁军谈

[①] 陈敦德：《新中国外交谈判》，中国青年出版社，2005，第583—596页。
[②] 自由联系国（Freely Associated States），联合国托管理事会指定的适用美国的《自由联合条约》的国家，包括密克罗尼西亚、帕劳、马绍尔群岛、波多黎各等。自由联系国皆为国际法意义上的主权国家或拥有潜在主权，但在军事上受美国保护，在邮政、教育等民事领域拥有美国国民同等待遇。

判、领空开放协议谈判、与塔利班停火谈判、美韩防卫费分担特别协议（SMA）谈判、美加关于哥伦比亚河条约续约谈判、美墨关于边境管理的谈判，等等。从中美两国国际谈判中议题的分布情况，可以看出两个国家与国际社会的利益攸关度是不一样的，他们在国际社会的追求和抱负也有所不同。

在中美之间进行的一系列谈判中，两国议题偏好的差异持续存在。在1972年关系缓和之前，中美之间唯一的谈判渠道是大使级会谈。美国通过这个渠道只想谈平民回国问题，对于中方建议的议题如台湾问题、记者互换、司法交流、文化交流等均不感兴趣。[1]21世纪开始的"中美战略经济对话"以及之后开启的"中美战略与经济对话"，中美之间有广泛的共同议题，但在人民币汇率以及人权议题上，两国的偏好程度存在差异。在2016年开始的中美贸易谈判中，美方试图将芬太尼问题纳入谈判议题之一，没有得到中方的响应。2023年6月，美国国务卿布林肯访华时再次把芬太尼作为会谈的重要议题。7月，美国国务卿和中国外长在印度尼西亚雅加达会晤时，美方紧紧抓住的议题还是芬太尼。对此，新华社记者指出，"近年来美国政客对华打'芬太尼'牌，越来越上瘾"，"中国不背这个黑锅"。[2]

在议题偏好存在分歧的情况下，议题本身就是需要谈判的。

在20世纪70年代中日关于和平条约的谈判中，双方关于反霸议题是否纳入谈判存在分歧，这一分歧使得谈判经历了四年三届日本政府才得以真正启动并完成。1972年中日建交时签订了联合声明，但这只是政府间的文件，两国还需要签订议会批准的条约，使国家间的最高意志以法律的形式确立下来。1974年秋，中国副外长韩念龙访问日本，与日本外务次官东乡文彦举行预备性会议。双方在中日和平条约中是

---

[1] 王炳南：《中美会谈九年回顾》，世界知识出版社，1985，第47页。
[2] 朱瑞卿：《中国不背这个黑锅——起底美国芬太尼滥用难禁绝的根源》，新华社国际观察，http://www.news.cn/world/2023-07/18/c_1129756491.htm，访问日期：2020年7月22日。

否加入反霸议题存在争议。中方坚持反霸是原则性问题，必须写入条约；日本方面碍于苏联的压力犹豫不决，谈判就此搁置下来。1978年中日重开谈判，在前十四轮事务级的谈判中，反霸议题再次成为争议点。直到双方找到了都能接受的表达方式后，日本外相园田直一行才启程赴北京进行签约前的正式谈判。①

外交谈判中对议题设定必须十分小心，因为它不仅是程序性问题，而且可能涉及实质性问题，如导致对议题暗含的前提条件的接受。1954年日内瓦会议期间，法方要求将"越南军队从老挝、柬埔寨撤军"列入议事日程，越南表示强烈反对。因为接受该议题，意味着承认了越南在老挝、柬埔寨部署了军队，而越南一直不承认该两国有越南武装力量存在的事实。1991年，伊拉克武装入侵科威特，在其后的停战谈判中，萨达姆要求将巴勒斯坦问题与伊拉克占领科威特问题同时列为会议议题。美国拒绝了这一建议。因为如果接受的话，等于承认了伊拉克侵略科威特问题与巴勒斯坦问题的相关性，这不仅纵容了伊拉克的侵略行为，而且损害了以色列的利益。

议题的先后顺序安排也大有讲究。有的谈判议题设定采取的是切香肠式的，即先在一个谈判议题上达成协议，再开始下一个议题的谈判；有些谈判议题设定是一揽子式的，即把双方要谈的议题都同时放在谈判桌上，一揽子解决。在军事上，切香肠式战术是指以分化、渐进的方式逐渐达到全盘拿下目标的策略，类似于蚕食。议题设定中的切香肠战术，强调议题和议题之间的独立性。一般来说，切香肠式议题设定的谈判难以取得进展，因为谁都不愿意成为最先被切下来的那块香肠。一方在某个议题上的让步，并不一定能得到另一方在下一个议题上的让步。朝鲜核问题谈判难以取得进展，就是因为双方都不愿意自己看重的议题成为第一块被切下来的香肠。美方坚持朝鲜先采取

---

① 黄华：《亲历与见闻：黄华回忆录》，世界知识出版社，2007，第222—229页。

实质性行动放弃核计划,美国才能为朝鲜提供安全保障,如朝美关系正常化;朝鲜方则坚持要先得到可靠的安全保障才答应弃核。[①] 双方都希望对方先迈出第一步,但谁也不愿意先迈出一步,如此这般,朝鲜核问题僵持至今。

在各方互相探查了彼此的谈判意愿,亦就谈判代表、时间、地点及议题达成共识后,谈判就进入了下一个环节:谈判准备。这一阶段的工作至关重要,可以毫不夸张地说,谈判成功与否并不取决于正式谈判阶段谈判桌上的"明功"和"后功",而是取决于谈判之前的"暗功"和"前功",即进行系统、深入、专业的谈判前准备。

第二节 谈判准备阶段的战术

《中庸》说:"凡事预则立,不预则废。言前定则不跲,事前定则不困,行前定则不疚,道前定则不穷。"专业谈判者都会在谈判前做周密的"前定"工作。准备工作越充分,你拥有的谈判能力就越强,达成的结果越可能有利于你。但谈判准备工作绝不是开几次会就能解决的,需要一个团队对涉及谈判的所有相关因素进行系统、深入的研究。

一、高度重视谈判准备

优秀的谈判者,无论是专门从事谈判的官员,还是工作繁忙、日程紧凑但偶尔参与重大谈判的国家领导人,都十分重视谈判之前的准备工作,不敢有丝毫懈怠。

1972年9月,田中角荣首相访华前做了精心的准备。他走访了前首相佐藤荣作、石桥湛山和岸信介,还召见了前外相福田赳夫,请他们对访华给予理解与合作。他还前往致力于促进中日邦交正常化的先

[①] 戴秉国:《战略对话——戴秉国回忆录》,人民出版社、世界知识出版社,2016,第239页。

驱人物松村谦三和高碕达之助的陵墓献香。田中角荣为了更好地了解中国，访华前读了一批书籍，包括韩素音的《2001年的中国》、许介昱的《周恩来——中国幕后的杰出人物》、尾上悦三的《中国经济入门》、本多胜一的《中国之旅》等关于中国历史、中日关系的15本书籍。[①]

1982年英国首相撒切尔夫人访华之前，英方也做了充分的准备。通过各个渠道搜集的与香港问题有关的信息被送到撒切尔夫人的案头，她还亲自听取了各方人士的专业意见。根据英国外交部和唐宁街解密档案，仅在7月29日至9月9日之间，英方的准备工作就达16项（见表5–1）。在这个长长的工作清单里，香港问题上的各重要利益攸关方都悉数在列：（1）五眼联盟的伙伴国：美国和澳大利亚；（2）英国职业外交官：英国外相、英国驻华大使、英国驻香港总督、英国外交部特别小组；（3）英国立法机关人员：上院议员和下院议员；（4）英国商界代表；（5）英国智库；（6）香港议员；（7）香港商界人士；（8）香港智库。

表5–1　撒切尔夫人访华前一个月英方的准备工作

时间	准备工作
7月29日	撒切尔夫人与美国国务卿舒尔茨（George Shultz）谈话
7月29日	麦理浩（Crawford Murray MacLehose）和尤德（Sir Edward Youde）与中国驻英国大使柯华进行午餐会
8月5日	英国驻华使馆发回电报
8月5日	英国外交部特别小组出具长达145页的特别调研报告及16份附录
8月13日	香港商界代表包玉刚致信撒切尔夫人并提供分析报告
8月17日	怡和洋行总裁亨利·凯瑟克（Henry Keswick）致信撒切尔夫人
8月18日	尤德发回第一封长电报
8月28日	尤德发回第二封长电报
8月28日	英国上议院议员施帕德勋爵（Lord Shepherd）致信撒切尔夫人
8月31日	下议院唯一一位出生于香港的议员杰瑞米·布雷（Jeremy Bray）致信撒切尔夫人
8月31日	香港前景研究社起草分析报告

---

① 陈敦德：《新中国外交谈判》，中国青年出版社，2005，第542—543页。

续表

时间	准备工作
9月6日	英国工商业联合会主席坎贝尔·弗雷泽（Campbell Fraser）致信
9月7日	香港瑞兴百货总裁古胜祥致信撒切尔夫人
9月8日	钟士元等港人议员代表与撒切尔夫人谈话
9月8日	澳大利亚驻华使馆提供澳大利亚议员赛恩斯伯里（Sainsbury）和中国外交部美大司司长朱启桢会谈的纪要
9月9日	天主教国际关系研究所秘书长米尔德利德·内维尔（Mildred Neville）致信撒切尔夫人

资料来源：作者整理，参见英国首相府档案和英国外交部档案，PREM 19/789, PREM 19/790, FCO 40/1465中的有关内容。

谈判前的准备工作是个系统工程。根据对成功谈判案例的研究，笔者认为以下几个方面的准备必不可少：调研对方的背景；分析双方的利益诉求；起草方案；准备己方的理据，分析对方可能提供的理据；准备好己方的退路，斩断对方退路。

二、调研对方背景

调研对方背景可从三个方面进行：谈判者个人情况、议题有关的法律法规、国内政治制度和政策过程。关于谈判文化的背景调研将在第六章专门进行详细论述。

（一）调研谈判者个人背景

了解对方谈判组成员的个人背景应该是所有谈判者都会做的准备工作，所不同的是了解到何种程度。周恩来总理在谈判准备上的细致和深入，给基辛格留下深刻印象，他在回忆录中不止一次提到周总理谈判前准备工作的出色，也毫不吝啬对周总理的夸赞："他对情况的了解，特别是美国的情况，也包括我个人的背景，了如指掌，简直令人吃惊。""周总理的准备工作做得很好，他对我的随从人员的生平都很了解，提到他们的学历和工作经历时夸奖他们，提到詹金斯时，说他

22年前曾在中国居住过。"[①]电影艺术家夏衍曾经参与过中国对日民间文化交流活动，得到过周总理的耳提面命。夏衍在回忆文章中谈到，会见过周总理的外宾都说周总理有一种特殊的魅力。这种魅力除了来自他天生具备的才华和亲和力之外，也来自他出色的工作能力，表现在谈判工作中，就是会见前他会进行有针对性的、细致入微的调查研究。周总理会见外宾不仅要了解对方的政治主张，还会问到对方的籍贯、健康、家庭情况乃至个人的爱好。这种工作方法是我们谈判人员应该学习的。

一般来说，对对方谈判组成员的了解至少应包括其家庭背景、教育背景、职业背景以及个人爱好四个方面。获取关于谈判组成员的详细信息往往能帮助谈判者适时构建起与对方的友好关系，甚至会对正式谈判起到意想不到的促进作用。

1. 家庭背景。了解对方的家庭背景，便于谈判者构建与对方的良好关系。1972年9月，在田中角荣访华宴会上，周总理让乐队演奏了一首田中家乡的民谣，田中感动得几乎流下了眼泪。1963年1月，锡兰（今斯里兰卡）总理班达拉奈克夫人访华调停中印冲突。在华期间，正值其先生已故锡兰总理班达拉奈克先生诞辰64周年。周总理在上海玉佛寺为其安排纪念法会，此举令班达拉奈克夫人深受感动。至今，斯里兰卡仍然是中国在南亚的重要战略伙伴。类似这样提前了解对方的家庭背景，然后在谈判或者接待过程中加以运用的案例，在周恩来的外交生涯中不胜枚举，而且都对建构关系、推动所谈之事的解决起到很好的作用。如果不了解对方的家庭背景，以上构筑关系的举措便无从开展。

2. 教育背景。某国外交官在分享本国在美国做国会工作的经验时，谈及如何通过了解对方教育背景推进谈判。他们的做法是，在自

---

① 亨利·基辛格:《白宫岁月》(第三册)，陈瑶华等译，世界知识出版社，2003，第955、997页。

己的工作团队中有目的地留下本国从美国各常青藤大学毕业的学生。当需要约见国务院官员或者国会议员时,他们会提前了解其背景信息,然后派出和该名美国官员同校的人员去对接工作。这种做法的效果是明显的,因为谈判通常是在两个校友叙旧之后的良好氛围中进行的。

3. 职业背景。日中文化交流协会会长中岛健藏第一次访华前,周总理与夏衍、阳翰笙就接待计划谈了两个多小时,第一句话就说:"你们要我会见,那就得让我知道这个代表团的具体情况,你们这个计划也未免写得太简略了,团长只写了职务和年龄,过去的经历、专业,是作家还是评论家,都没有提到。有没有到过中国?哪一县市的人?全是空白。中国文艺界有京派、海派,日本也有关西、关东学派之分,你们随便写一个报告很轻松,你们主动,使我这个要会见他们的人就陷入被动了。"他指着那份画了红铅笔和问号的文件说,"团员皆文化界知名人士,太笼统了。团员一共几位?是美术家还是音乐家?"[1]

了解对方的职业背景,不仅仅是起到增加谈资的作用,如果利用得宜,还能实实在在地促进谈判进程。一位受访大使谈到过他的经历。他本人是一位即将卸任退休的老大使,带队和某国进行谈判。大使提前了解了一下对方谈判组组长的基本情况,得知他是一位相对年轻的外交官,正处在职业生涯的关键节点上。大使暗示他自己即将退休,谈不谈得成无所谓;但对方处在职业上升期,谈判结果对其升迁有影响。通过这种暗示,把推进谈判的压力转给了对方。而我们知道,一般来说在谈判中更希望谈成的一方需要作出更多让步。

4. 个人爱好。通过满足对方的个人爱好促进双方关系,这种做法非常常见,但要注意尺度和方式。在得知中岛健藏是日本有名的集邮家后,周总理对夏衍说:"你不是也喜欢集邮吗?你可以把你的邮集请他看看,再送他一套新中国的邮票,这比送什么礼品都会更让他高

---

[1] 夏衍:《永远难忘的教诲》,载裴坚章编《研究周恩来——外交思想和实践》,世界知识出版社,1989,第24页。

兴的。"①

特朗普在成为总统之前，公司里大量的商务谈判都依赖他的律师罗斯代理。罗斯分享过一个关于从对方爱好着手促进谈判协议达成的成功案例。一位明尼苏达州的经销商非常想拿到特朗普集团某个产品的经销权，于是在罗斯抵达明尼阿波利斯（Minneapolis）后为他安排了一场特殊的活动。他安排罗斯为明尼苏达双城队的主场开球！罗斯穿上双城队队服，队服的背面写着罗斯的名字"ROSS"和他的幸运数字"16"。罗斯由警察护送进入比赛场地，从工作人员手中接过棒球，此时广播宣布由罗斯投出第一球。罗斯站在棒球场内野的中央，听着满场球迷此起彼伏的欢呼声，投出了仪式性的第一球，裁判还奉送罗斯一声响亮的"好球！"在走出球场后，罗斯心想："这家伙这么有创意，这么求上进，应该让他拿到经销权！"②

至于如何获取关于对方的背景信息，笔者总结出了五个渠道：

1. 使领馆。正如印度资深外交官拉纳所言，"大使馆是目标国总体行为信息的最好提供者"。③当然前提是大使和他的团队对于收集信息很在行，而且信息能够及时准确地传回到国内决策层。使领馆坐落于目标国首都或者重要城市，便于使领馆人员就近观察该国政治运作规律、社会舆论导向以及民情风俗。这些信息都是国内作决策时必需的。

2. 国内熟悉目标国国情的同行或者专家。周总理也给出了建议，他的原话是："中日还没有建交，得不到使领馆的帮助，你们可能也不了解，那么为什么不问问廖承志、孙平化呢？为什么不问问西园寺公一呢？"中日在1972年实现关系正常化之前，中国积极推动中日之间的

---

① 夏衍：《永远难忘的教诲》，载裴坚章编《研究周恩来——外交思想和实践》，世界知识出版社，1989，第24页。

② 乔治·罗斯：《川普谈判学：达成每一步交易的完美谈判法》，卞娜娜译，台北高宝国际出版社，2007，第47页。

③ 基尚·拉纳：《21世纪的大使：从全权到首席执行》，肖欢容、后显惠译，北京大学出版社，2008，第31页。

民间外交，出现了"一老二公四大金刚"之说，其中"一老"指郭沫若，"二公"指西园寺公一和廖承志，"四大金刚"指廖承志麾下的日本问题专家赵安博、孙平化、肖向前和王晓云。他们在长期对日工作中，积攒了大量关于日本的知识以及对日工作的经验，能够为国内各单位将要从事对日谈判的人员提供高质量的咨询。就当下对日工作而言，中国社会科学研究院日本研究所、中国国际问题研究院亚太研究所，以及中国现代关系研究院东北亚研究所等智库都是日本问题专家云集的机构。

3. 目标国的友人，即中国人民的老朋友。1949年以来，尤其是改革开放后，有一大批中国人民的老朋友。他们同情、理解、支持中国的外交政策，能够在其国内和国际舞台上为中国发声、出力。当然国际友人不只限于政治意义上的朋友，各个领域的普通人，只要他们理解中国、欣赏中国，愿意为促进对华友好关系做点事情，就都是我们在谈判准备中可以信任和咨询的对象。

4. 对方曾经的谈判对手。他们对对方的谈判能力和谈判风格有更直接的了解。美国成功学咨询家布莱恩·崔西（Brian Tracy）强调要做足有关谈判对手的功课。崔西建议要找到那些曾经与你的谈判对手有过谈判经历的人，给他们打电话，解释你的情况并征求他们的意见。崔西相信有时候他们的一句建议性或者见解性的意见，能让你在即将到来的谈判中占据上风。[①]

5. 网络。在网络时代，信息搜集更加便捷，网络工具提供了获得开源甚至非开源信息的无限可能性，且这一渠道的重要性日益彰显。网络世界存在明网（Surface Web）、暗网（Dark Web）、深网（Deep Wen）三个世界。明网是指能用普通搜索引擎进行信息检索的网络，约占整个互联网的4%。多数人从网上获取信息都是这种方式。但即使

[①] 布莱恩·崔西：《谈判》，马喜文译，机械工业出版社，2016，第80页。

只占4%，它提供的可能性也是无限的。美国天才少年杰克·安佐卡（Jack Thomas Andraka）在15岁时发明了检测早期胰腺癌的新方法，该方法比现存的诊断方式更快捷。安佐卡在接受媒体采访时谈到了他研究所需要的信息，主要是通过谷歌、维基百科和其他在线免费科学期刊获得的，[①] 他非常擅长通过开放信息获取学术论文。安佐卡的发明过程充分说明，明网提供的丰富信息完全能够满足人们工作中正常的信息需求。信息就在那里，差别是你能不能找到它，要花多长时间找到它。

（二）调研与议题相关的知识背景和法律背景

无论是高级政治议题还是低级政治议题，国际谈判议题的专业性都很强，谈判者需要储备大量的专业知识以解决双方在议题上的分歧。如边界谈判涉及历史条约、国际法、边界自然状态以及边界村庄的分布状态等，属于高难度议题，尤其需要提前做好准备工作。在中缅边界谈判之前，周总理派人赴边界实地考察，并一再强调，要对一切事情都要事先认真摸透，做到心中有数，方能在同缅方交换意见时提出恰当、切实的建议。他以身作则，亲自查阅有关中缅边界的各种资料，研究设计各项问题，设想解决这些问题的各种方案。他反复告诫，对如此复杂的边界问题，想当然绝对不行，若明若暗也绝对不行，一定要做到了如指掌、清晰有数。[②]

如果谈判对象国是善于利用法律手段处理各项事务的法治国家，其社会活动和政治活动都有法律可循，则了解与议题相关的法律法规至为重要。对于中资企业的海外经营，企业高管团队尤其法务官员的本地化，可以极大加强公司在合规方面的能力，有助于公司适应驻在

[①] Jack Andraka, A promising test for pancreatic cancer from a teenager, TED 2013, https://www.ted.com/talks/jack_andraka_a_promising_test_for_pancreatic_cancer_from_a_teenager.

[②] 姚仲明、沈韦良、左俊峰：《周恩来总理解决中缅边界问题的光辉业绩》，载裴坚章主编《研究周恩来——外交思想和实践》，世界知识出版社，1989，第102—103页。

国的法治环境，及时化解各种危机。

中国在复关入世谈判过程中，谈判团队花了大量精力了解并适应关贸总协定（世贸组织）的法律法规，为中国以完全地位加入世贸组织扫清了障碍。为了适应世贸组织的贸易制度和规则，中国甚至成立了"法律法规清理小组办公室"，专门负责清理对外经贸部门及有关部委的内部文件、部门规章、行政法规等。改革开放以来的诸多国际谈判案例也证明，当我们高度重视国际法律法规并与之协调时，谈判的进展和结果都是积极的；当我们不重视对方国家或者国际组织的法律法规时，都付出了不同程度的代价。

（三）调研对方国内政治背景

不同政体的国家国内政治的运行规则和逻辑大相径庭，对谈判进程和结果的影响也不一样。

关于国内政治和国际谈判的关系，必须提及美国哈佛大学比较政治学教授普特南（Robert D. Putnam）提出的双层博弈理论。该理论强调国际谈判者要综合考虑国际和国内两个层面的博弈，其中，国内层次的事先磋商和内部咨询会为国际层次的谈判奠定初步立场，事后国内层次的批准程序也会影响国际层次达成的协议是否能够生效。谈判"赢集"（win-set）的大小，不仅取决于国际层次的谈判策略，也取决于国内层次的利益偏好和各利益集团形成的联盟以及政治运作的一套制度。[①] 而且在这一制度中决策程序并不是一成不变的，它会根据外交政策发生的特定情境以及议题类型而变化。[②] 因此谈判前了解相关议题在对方国家国内政治的运作逻辑和规则是极为重要的。

---

① Robert D. Putnam, "Diplomacy and Domestic Politics: The logic of Two-Level Games," *International Organization*, 42, no. 3, (1988).

② Mark A. Boyer, "Issue Definition and Two-lever Negotiations: An Application to the American Foreign Policy Process," *Diplomacy and Statecraft*, 11, no. 2, (2000): 189.

以美国为例，总统的权力是说服而不是命令①。总统在博弈中的确有优势，但能否把优势转换成影响力去影响其他政治力量，对于美国总统来说始终是个大问题。早在1919年，威尔逊总统亲自促成的《凡尔赛条约》从未获得参议院批准。1972年5月下旬，尼克松和基辛格访问莫斯科，并就限制进攻性核武器与勃列日涅夫和柯西金进行关键性谈判。从尼克松回忆录来看，他和基辛格在莫斯科时就开始担心国内各有关部门可能的反对态度。基辛格说："五角大楼几乎是在公开造反，参谋长联席会议成员在限制战略核武器问题上也正在从原来的立场上后退。"基辛格提醒尼克松，如果五角大楼拒绝总统带回去的限制战略核武器协议，国内政治后果将不堪设想。②

1981年11月开始的美苏中程核导弹谈判同样受到五角大楼的掣肘。1982年7月16日下午，里根政府首席谈判代表保罗·尼采（Paul Nitze）和苏方首席谈判代表尤里·克维钦斯基（Julij A. Kwizinskij）在洛桑的汝拉山（Jura Mountain）散步，产生了著名的"林中散步方案"。当保罗·尼采把这个方案带回国内时，遭到了来自政府和五角大楼的普遍质疑。实际上苏联国内对此方案也不甚满意。9月29日，两位主谈再次见面，这次他们改在了日内瓦湖畔散步。他们不得不放弃此前的"林中散步方案"，重新寻找其他"湖边散步方案"的可能性。③另一个国内政治终结国际谈判协议的经典案例发生在1997年6月25日，美国国会参议院以95∶0票通过了"伯德·哈格尔决议"（Byrd-Hagel Resolution），要求美国政府不得签署《京都议定书》，以副总统戈尔为代表的美国谈判队伍之前所有的谈判努力遂被宣告无效。

---

① Richard E. Neustadt, *Presidential Power and the Morden Presidents: The Politics of Leadership from Roosevelt to Reagan,* 5th ed. (New York: Free Press, 1990), p. 29.
② 理查德·尼克松：《尼克松回忆录》（中），裘克安等译，世界知识出版社，2001，第616页。
③ 石斌：《保罗·尼采：核时代美国国家安全战略的缔造者》，北京大学出版社，2017，第333—339页。

一国国内利益集团之间的分歧以及媒体将这种分歧透明化，有时会被对方所利用从而使本国谈判者陷入被动。美越停战谈判期间，越方谈判代表黎德寿注意到当时盖洛普民意调查显示，赞成立即撤军的美国人从21%上升到35%。他还注意到参议院外交委员会、民主党议员等多次发表声明，要求撤离全部美国军队，指定新的大使人选，并要求撤换阮文绍集团。基于对美国国内情况的了解，黎德寿根本没有必要修改他提出的无条件撤军和推翻西贡政府的要求。基辛格不得不承认"他对美国舆论的了解——尤其是对他具体谈到的几个领导集团的认识都相当准确"。南越民族解放战线的首席谈判官阮氏萍同样擅长此道，她提出的方案中也巧妙地利用了美国国内公众的舆论，把撤军的内容和释放战犯的内容排列在一起，并制造出两者有联系且能从一揽子计划中抽离出来的印象。① 这些都令基辛格倍感挫折。

以苏联为例，国家领导人设定谈判时限也会给本国谈判者带来被动。1975年，苏联政府派团赴日内瓦参加欧安会并急于推动谈判进程，以便在苏共二十五大上宣布一场外交胜利。如果谈判不能及时结束，勃列日涅夫的威望就会受损。苏联人自我施加的时间期限，最终有利于西方国家。② 毕竟，在一场对抗性很强的谈判中，让对方知道你的时间压力绝不是好的策略。专家建议："绝不要盲目遵从已设下的期限，考虑一下超过期限的后果是否值得，再做决定。"③ 但这只是专家的建议，专家建议能否采纳有赖于政治领导人的决断。

---

① 亨利·基辛格:《越战回忆录》，慕羽译，海南出版社，2009，第91、93、333、174页。
② 戈登·克雷格，亚历山大·乔治:《武力与治国方略》，时殷弘等译，商务印书馆，2004，第245页。
③ 赫布·科恩:《谈判天下：如何通过谈判得到你想要的一切》，谷丹译，海天出版社，2006，第88页。

三、分析双方利益诉求

利益是"人们渴望获得的东西",[①] 这是人性所决定的,无可厚非。谈判的目标就是解决各当事方的利益分歧。解决利益分歧的第一步是清楚地知道各方真实的利益需求,这需要在谈判准备阶段进行充分的调研和分析。

(一) 充分了解己方的利益诉求,区分利益需求层次,确定阻抗点

令人惊讶的是,无论是民事谈判、商务谈判,还是外交谈判,有很多谈判者已经坐在了谈判桌前但还不知道自己在此次谈判中要达到什么目标。美国贸易谈判代表巴尔舍夫斯基在向媒体介绍谈判策略和技巧时,强调谈判首先就是要做到"明确自己的目标",[②] 也就是你到底想从谈判中得到什么。例如,巴尔舍夫斯基在2019年为美国战略与国际问题研究中心(CSIS)撰写的一份针对中国"一带一路"倡议的报告——《更快的道路:打造美国基建战略,应对全球挑战》中,她秉持一贯的利益分析先行的行事风格,在报告中详细分析了美国在全球基础设施格局中的利益所在。这份报告为谈判者进行利益分析提供了参考。她在报告中至少提到了如下几方面的利益:

> 商业方面:到2040年,世界需要投入大约94万亿美元进行基础设施建设,这对美国的承包商、能源生产商和供应商、技术开发商、服务提供商和投资者来说是个机会,美国的经济增长、就业和投资都会受益。
>
> 发展方面:基础设施是促进发展的有力工具,能为美国商品

[①] Albert O. Hirschman, *The Passions and the Interests, Political Arguments for Capitalism before Its Triumph* (New Jersey: Princeton University Press, 1977), p. 32.

[②] 夏晓阳:《查伦·巴尔舍夫斯基:国际社会需要一个繁荣昌盛的中国》,载文汇学人编《洞见:我们这个时代的思想判断》(世界·中国卷),上海人民出版社,2015,第268页。

和服务创造新的市场，并减少安全威胁。美国长期致力于发展，既基于人道主义，也出于明显的自身利益需要。一个得到充分发展的世界是美国希望的繁荣和安全的世界。

标准和规则方面：引领当今基础设施建设的国家将塑造未来基础设施技术管理的标准和规则，特别是数字基础设施。美国要确保未来的标准和规则不能对美国的商业竞争力、经济增长、价值观和国家安全构成不利的影响。

军事和情报方面：维护港口、管道、光纤电缆和其他关键基础设施的完整性，对美国的安全和军事部署至关重要。这将影响美国支持其朋友和盟友的能力以及确保"全球存在"的领导力，确保美国的繁荣和安全。

联盟方面：在扩大高质量基础设施建设方面，美国主要盟友和合作伙伴有着共同利益。美国可以与盟友和朋友加强合作，增加投入建设必要的基础设施。通过基础设施建设上的合作，美国不仅巩固和扩展了同老朋友的友谊，还可以结交新朋友。

领导力方面：美国能否在基础设施建设方面发挥积极作用将影响其在全球和多边机构中的地位。但更重要的是，如果没有美国的领导，基础设施建设既不符合世界的需要，又无益于美国的利益。[1]

在多议题谈判中，不是所有的议题以及议题上的利益都具有同等的重要性。要将所有议题按照重要性进行排序，区分出议题上的利益是核心利益、重要利益，还是一般利益。核心利益指谈判中要坚决守住的利益，是不可妥协的；重要利益是轻易不可妥协，但根据谈判的

---

[1] Charlene Barshefsky, Stephen J. Hadley, Matthew P. Goodman and Daniel F. Runde, *The Higher Road: Forging a U.S. Strategy for the Global Infrastructure Challenge* (Center for Strategic and International studies, April 2019), pp. 18–24.

需要可以拿出去交换的；一般利益则是谈判的筹码，拿它交换对于己方来说更为重要的利益。在议题上的利益有了区分度以后，在谈判中，才能做到既有灵活性，又不至于失去核心利益。

确定核心利益对于谈判策略的制定极为重要，因为核心利益决定了阻抗点的位置。所谓阻抗点就是谈判的底线，当双方的交锋碰触到这条底线时，谈判者应奋起阻抗，以确保核心利益不受损失。在一些涉及国家重大利益的高级政治议题谈判中，尤其是授权程度较低的国家，其阻抗点是由领导规定的；在一些敏感度不高的低级政治议题谈判中，尤其在授权程度较高的国家，谈判团队有权根据议题的实际情况决定阻抗点。阻抗点的确定，一般来说是在准备阶段基于大量的调查和分析确定的。在有创意的合作型谈判中，阻抗点并非完全不可撼动，在第三节将结合案例讲解何种情况下阻抗点是可以调整的。

（二）理解并尊重对方的核心利益

谈判中理解彼此的核心利益十分重要。职业谈判者是合作性谈判者，不会只顾及自己的利益，置他人利益于不顾。有经验的谈判者都认为："完全不尊重对方利益的谈判是恶性谈判。"[①] 克里孟梭在巴黎和会的自利行为最终招致对法国的伤害。那么如何辨别对方利益诉求的合理性呢？谈判者需要具备换位思考的能力，暂时离开自己的位置，站在对方的位置上重新审视问题。只有尊重对方合理的利益诉求，并在拟议的方案中体现对方的核心利益，对方才可能接受这一方案。

对于英国这样的海岛国家而言，海洋权益就是其最核心的国家利益。英国外交大臣卡斯尔雷（Viscount Castlereagh）在写给英国驻俄国特使卡斯卡特（Charles Cathcart）的信中阐述了英国的国家意志，"大

[①] 高杉尚孝：《麦肯锡教我的谈判武器：从逻辑思考到谈判技巧》，程亮译，北京联合出版公司，2016，第12页。

英帝国或许可能被赶出某场欧洲会议,但不可能放弃海洋权利"。① 这句话对于理解英国的核心国家利益至关重要。对于苏联解体后的俄罗斯而言,其核心国家利益体现在当前最大政党"统一俄罗斯"党(United Russia)所致力的目标中:保持国家的统一和强大。根据《日本外交蓝皮书》,维护与美国的同盟关系是日本最核心的国家利益所在。② 至于美国的核心国家利益,亨廷顿的理解是"保护盎格鲁—新教文化、传统和价值观"。③

中国第一次公开阐述核心国家利益是在2009年7月29日中美战略经济对话之后的联合记者会上。当时国务委员戴秉国谈道:"确保中美关系长期健康发展,很重要的一点就是要相互理解、尊重、支持对方维护自身的核心利益。就中方主要关切而言,首先是要维护国家的基本制度和国家安全;第二是维护国家主权和领土完整;第三是要保护中国经济的持续稳定发展。"④ 在中国的国家利益排序中,国家制度的政治安全被置于高于一切的位置。对于中国国家利益中政治的优先性,港督麦理浩的理解是深刻的。中英关于香港问题的谈判初期,英国一度低估中国在主权问题上的决心,试图以维持香港繁荣为理由就香港主权进行谈判。中方对香港主权表示坚定态度后,撒切尔夫人曾经询问过李光耀的建议。李光耀建议她不要轻易妥协。时任港督麦理浩认为李光耀太天真了,他说:"中国不是那种为了经济利益而放弃主权的

---

① 亨利·基辛格:《重建的世界:梅特涅、卡斯尔雷与和平问题》,冯洁音、唐良铁、毛云译,上海译文出版社,2016,第42页。

② International Situation and Japan's Diplomacy in 2019, http://www.mofa.go/jp/policy/other/bluebook/2020/pdf/1.pdf.

③ 塞缪尔·亨廷顿:《我们是谁?——美国国家特性面临的挑战》,程克雄译,新华出版社,2005,前言第3页。

④ 戴秉国:《战略对话——戴秉国回忆录》,人民出版社、世界知识出版社,2016,第158页。

国家。"[①] 后来的事实证明麦理浩的判断是正确的。

（三）列出对方内部重要的利益攸关方，联合获益者推动谈判，防止受损者干扰谈判

一国对外表达的利益诉求是通过国内各种利益集团相互之间的博弈形成的，因此要尽可能详细地列出对方内部所有利益攸关方。谈判协议一旦达成，他们或者受益，或者受损。潜在的受益方会想办法推进谈判，潜在的受损者则会想办法干扰谈判。需要了解国内的支持者和反对者对谈判决策的影响路径以及影响力，联合那些有意愿有能力推动谈判进程的利益攸关方。例如，如果北美自由贸易协定谈判达成，美国的那些高污染企业、劳动密集型企业，以及依赖墨西哥市场的企业则均成为受益者，它们到墨西哥投资设厂就可以摆脱美国相对严格的环保标准，可以减少工人工资成本，还可以就近衔接消费市场。出于对自身企业利益的考虑，它们会积极推动协定的达成。但失去了就业机会的美国产业工人以及视保护全球环境为己任的环保工作者会成为北美自由贸易协定的受害者，它们会试图通过自己的影响路径干扰该协定的达成。对于北美自由贸易协定谈判的各方，加拿大、墨西哥和美国来说，如果要顺利推进谈判，需要联合美国国内的支持者，同时防止来自那些反对者的干扰。

四、起草协议文本

谈判学里有一条被广为接受的黄金法则：绝不以对方起草的文本为谈判基础。有着丰富国际谈判经验的前对外经济贸易部副部长张祥明确提出："文本应力争以我为主。"[②] 各国谈判者都争取将己方起草的条约文本作为谈判基础，但这要取决于谈判者所代表的国家的实力以

[①] 参见英国首相府档案 Call on the Prime Minister by Lord Maclehose, July 23, 1982, PREM 19/789。

[②] 张祥：《文化软实力与国际谈判》，社会科学文献出版社，2013，第140页。

及谈判者个人的专业能力，准备一套能够为各方接受的协议文本本身就是谈判能力的一部分。

1895年，在甲午战争后的中日谈判中，日本不仅如前所述，指定了中方谈判代表，单方面确定了谈判议题，他们还掌控了《马关条约》文本起草权。时任日本外务大臣陆奥宗光将预先筹备的和约草案奏明天皇，将条约文本起草权紧紧抓在自己手里。[①] 这份和约草案后来成为《马关条约》文本的基本轮廓，日本的利益诉求悉数得到体现。

1950年《中苏友好同盟互助条约》谈判时，苏联也试图掌握条约文本的起草权。1月3日，莫洛托夫和米高扬与毛泽东会谈，同意了中方签订新条约的要求。毛泽东立刻定下了中方主谈周恩来的行程安排："我的电报一月三日到北京，恩来准备五天，一月九日从北京动身，坐火车十一天，一月十九日到莫斯科，一月二十日至月底约十天时间谈判及签订各项条约。"[②] 从1月3日至20日之间的17天，当中方主谈周恩来以及他的小型谈判团队还在舟车劳顿之时，苏联方面以逸待劳，已经组建了一个庞大的团队，着手谈判准备工作了。1月5日，苏联外交部起草了《苏中友好同盟互助条约》草案第一稿，1月9日提交了第二稿，1月10日提交了第三稿。当周恩来一行抵达莫斯科坐到了谈判桌前时，苏方已经修改到第六稿。除互助条约外，苏联外交部还准备了其他11个草案，几乎涉及中苏将要谈判的所有问题。但新中国不再是国际舞台上的弱势谈判者了。1月26日，中方提出了由周恩来主持起草的《关于旅顺口、大连和中国长春铁路的协定》的草案，除旅顺撤军问题外，几乎推翻了苏方原有的所有设想。之后双方围绕着中方提出的文本进行了激烈的谈判。2月14日，中苏签订了《中苏友好同盟互助条约》以及其他系列条约，中方的政治利益、安全利益和经济利

[①] 陆奥宗光：《蹇蹇录》，伊舍石等译，商务印书馆，1963，第118页。
[②] 中共中央文献研究室编《建国以来毛泽东文稿》第一册，中央文献出版社，1988，第212页。

益在新的同盟条约体系中得到了充分的体现。

如果双方都坚持使用自己的文本作为谈判基础,通常的解决办法是重新共同起草文本,或者使用第三方提供的协议文本。使用第三方提供的协议文本,至少在形式上显示出了平等和公正。第三方调停的三种方式中的"制定"(formulation),其主要工作之一就是"帮助设计为当事方所接受的结果框架"。[1] 1992年利比里亚和塞拉利昂危机的解决,就是西非国家经济共同体(ECOWAS)提供的解决方案。

1938年,《关于捷克斯洛伐克割让苏台德领土给德国的协定》(《慕尼黑协定》)的文本在不知内情的人看来也是貌似公正的由第三方提供的,但实际上是德国操纵了该文本的制定,并让它以第三方的形式提出来。当时驻德国的美国记者夏伊勒(William L. Shirer)在他的《第三帝国的兴亡——纳粹德国史》一书中还原了这一操作第三方文本的经典案例。

> 会议上墨索里尼的发言触及了实质问题,他是第三个发言的。他说:"为了提供一个实际解决问题的办法。"他带来了一个明确的书面建议。这个建议的来源是很有趣的一件事情,而且我相信张伯伦到死都不知道。从弗朗索瓦-庞赛和汉德逊的回忆录来看,他们两个人也是被蒙在鼓里。事实上在这位两位独裁者不得善终以后很久才真相大白。
>
> 意大利领袖当作他自己的折衷方案拿出来骗人的东西,原来是前一天在柏林德国外交部由戈林、牛赖特和威兹萨克背着外交部长冯·里宾特洛甫草拟出来的,因为他们三人不相信他的判断。戈林把它拿去给希特勒看,希特勒说可以。于是马上就由施密特博士赶译成法文送给意大利大使阿托利科。阿托利科把它全文用

---

[1] Kyle C. Beardsley, David M. Quinn, Bidisha Biswas and Jonathan Wilkenfeld, "Mediation Style and Crisis Outcomes," *The journal of Conflict Resolution*, 50, no. 1 (Feb., 2006): 66.

电话传到罗马，那位意大利独裁者在要上火车赴慕尼黑之前刚刚收到。这样，所谓"意大利建议"不但成为这次非正式会议上的唯一议程，而且成为后来慕尼黑协定的基本条款，而实际上，这只不过是在柏林制造出来的德国建议。①

起草一套专业的且能够为各方接受的协议文本，既是综合能力的体现，也需要专业能力的加持，从人员组成上，法务专家的参与是必不可少的。

五、准备权威的理据

武力解决冲突时，双方依凭的主要是武器的性能。谈判是和平解决冲突的方式，在谈判中，相当于武器性能、能够用来决定谈判胜负的就是用来支持利益诉求的理据。利益诉求通常是主观意愿，难以说服他人。因此在提出利益诉求之后，应该立即提供理据以证明其主观利益诉求之合理性。理据的权威性、客观性越强，就越能令人信服。美国哈佛谈判研究所所长费舍尔奉劝谈判者，要"以理服人并乐于接受合理规劝"。②中国前驻坦桑尼亚大使吕友清博士也曾高度概括谈判者应具备的四个能力，其中之一就是"取理"（以理服人）。③

准备权威理据的过程，就是搜集整理材料的过程，要拿出"上穷碧落下黄泉"的精神，遍寻一切能够支撑己方诉求的材料。

（一）援引国际社会普遍接受的法律、法规、前例和惯例

法律、法规是依据的最有力来源。在解决国际争端的谈判中，国

---

① 威廉·夏伊勒：《第三帝国的兴亡——纳粹德国史》，董乐山等译，世界知识出版社，1979，第580—581页。
② 罗杰·费舍尔、威廉·尤里、布鲁斯·佩顿：《寸土必争——无需让步的说服艺术》，王燕、罗昕译，外语教学与研究出版社，2005，第62页。
③ 前驻坦桑尼亚大使吕友清博士2017年11月12日在外交学院图书馆报告厅的讲座。其他三个能力是：取势（国家发展势头）、取利（双赢）、取信（公正不偏颇）。

际法以及有关条约公约是重要的依据。各国都寻找支持自己利益诉求的相关国际法条例，证明利益诉求的合法性。但不同领域、不同时间制定的国际法有矛盾冲突之处，给谈判者带来争执和矛盾。根据1982年的《联合国海洋法公约》，各国各自主张的200海里经济区出现了重叠应通过谈判解决。1969年德国与丹麦、荷兰关于北海大陆架争议就是按照大陆架原则划分的，而1985年利比亚与马耳他纠纷案中，国际法院采用的则是中间线原则。但在1993年扬马廷—格林兰案、1999年厄立特里亚—也门案以及2001年的卡塔尔—巴林纠案中，国际法院作了进一步的司法解释，表示"划界先以中间线为临时界限开始进行"，如有特殊情况"加以调整和移动也是符合先例的"，"等距离法并不是可适用本案的唯一方法，等距离法在有关案件中是否导致公正结果还必须加以验证"。[①] 国际法和国际司法实践上这些互相抵触的情况，削弱了国际法被冲突当事方引为理据的权威性。

（二）援引行业标准

在特定行业的谈判中，行业标准往往成为主张某项利益诉求的基本依据。科学依据对于气候谈判这样的低级政治议题格外重要。气候变化议题在国际政治中出现本身就是科学驱动的。1988年联合国成立了政府间气候变化委员会（IPCC），委员会依据科学知识评估气候变化的成因以及气候变化对人类生活可能产生的影响。政府间气候变化委员会的评估报告构成了气候谈判的基础。谈判者与政府间气候变化委员会专家建立起了信任。赞成和反对谈判的国家都需要引用该委员会发布的科学报告。[②] 气候谈判最终变成了一场科学辩论。那些反对减排政策的游说者，如石油产业，他们的主要策略就是进攻气候政策后面

[①] 林昊、钟广池：《等距离——特殊情况原则与大陆架划界习惯法的发展》，《海洋开发与管理》2003年第3期，第11—14页。

[②] Bert Bolin, *A History of the Science and Politics of Climate Change, the Role of the Intergovernmental Panel on Climate Change* (Cambridge: Cambridge University Press, 2007), pp. 77–78.

的科学依据。[①]

如果现有的法律、规定、惯例、行业标准里都找不到双方共同接受的标准,那么共同制定新的标准就是一种必然的选择。当然,制定标准本身就是一场冗长的谈判。例如在汽车行业中,中国和西方的标准有所不同。但中国在世界汽车市场中份额越来越大,国际汽车工程协会(SAE International)表示愿意与中国共同制定行业标准,以促进世界汽车市场的发展。

(三)通过程序正义,消解理据问题

多数谈判中,各方均须花费大量时间精力在理据上做文章。当所有的谈判者都在为寻找客观依据大费周折时,一种全新的思路出现了,即程序正义。例如分苹果,与其双方就分苹果的标准讨价还价,还不如干脆从程序上解决问题,即一人分,另一人先拿。此时,分苹果的标准就不再是双方共同关注的问题了,而分苹果的人无须接受监督自会想办法将苹果分得尽可能均匀。其行为的正义并非源自他身处"无知之幕"后,而是在"有知之幕"后:份额小的苹果一定是属于他的。实现程序正义的其他方法还有:排序、抽签、第三者决定,等等。

(四)尽量从第一手材料中寻找理据

中美大使级会谈期间曾经发生过由于中方引用材料不够准确被美方抓住把柄而陷入被动的情况。在一次会谈中,中方谈判代表王国权大使引用美国《先驱论坛报》上关于美国某城市有40 000人举行反战示威的消息报道,谴责美国发动侵略战争不得人心。美方代表听后,撇开其发动侵略战争的实质不谈,却在示威人数上大做文章,反驳说,中方故意夸大事实,把4000人的示威游行说成40 000人,由此证明中方的发言有90%属于捏造。后来双方出示报纸才发现美方拿的是美国版的《先驱论坛报》,中方拿的是巴黎版的《先驱论坛报》,巴黎版报

[①] Andreas Carlgren, "Climate Negotiations and How to Build Sustainability into Our DNA," *The Heythrop Journal*, LIX (2018), p. 902.

纸出现了印刷错误。[①] 这个小小争执虽然是由印刷错误引起的，但它提醒谈判者在准备谈判论据时，务必尽量援引第一手材料，以免以讹传讹，使自己陷于被动。

（五）跟踪国际上公认的最新科研成果，从中寻找支持己方诉求的关键论据

中美贸易谈判是近年来中美关系中的重要议程。特朗普政府对中国发起"贸易战"主要基于一个基本判断：中美贸易逆差巨大。2018年，据美方统计，美国对中国出口额为1201亿美元，进口额为5396亿美元，逆差4195亿美元。但是根据中方的统计，2018年中国对美国出口额为4784.2亿美元，自美国的进口额为1551.0亿美元，对美顺差3233.2亿美元。中美之间的数据相差了近1000亿美元。2019年美方仍坚持认为美国对中国逆差4100多亿美元，而在《关于中美经贸磋商的中方立场》白皮书发布会上，中方称美国对中国逆差只有1500亿美元，这样中美之间的数据相差了2600亿美元之巨。那么中美之间的数据为什么有这么大的差距？到底谁的数据更合理呢？日本国立政策研究大学院大学邢予青教授的研究可以为中方的主张提供理据。他从全球价值链视角出发，重新评估了传统贸易统计方式的局限。他认为传统贸易统计低估了美国对中国实际出口的事实，是美国对华贸易逆差迅速扩大的一个重要原因。他以苹果手机为例，分析了美国对华贸易逆差是如何被夸大的。[②] 援引邢教授的研究成果，能有力支撑中国提出的逆差数据，而根据中方的数据，中美贸易中的逆差远没有美国认为的那么多。

另外，在准备阶段还要善于从对方的材料中找到有利于我方的理

[①] 张兵：《中美华沙谈判的首席代表王国权》，载郑言编《外交纪实》（二），世界知识出版社，2007，第103—104页。

[②] 邢予青：《中国出口之谜：解码"全球价值链"》，生活·读书·新知三联书店，2022，第104页。

据，以子之矛，攻子之盾。

在任何议题上，准备权威性、说服力强的理据是谈判中最重要的制胜法宝。权威性理据的准备工作需要一个既懂相关领域的专业知识，又懂相关法律且有很强科研能力的团队来完成。

六、优化最佳替代方案

有位谈判专家曾经说过，"离席是谈判中最强大的工具之一"。[1] 在谈判中可以随时使用这个工具的前提是你得有最佳替代方案。最佳替代方案（Best Alternative to Negotiated Agreement，BATNA）[2]，是哈佛大学谈判研究所费舍尔教授对谈判学的重要贡献之一。最佳替代方案在谈判中有多重要呢？研究博弈论的学者奈尔伯夫总结了三条可以有效地帮助你在谈判中获得更多收益的途径：一是增加总价值，二是优化自己的最佳替代方案，三是降低对方的最佳替代方案。[3] 这三条中就有两条与最佳替代方案有关。

最佳替代方案指与当前谈判方谈判失败、无法达成协议的情况下，是否存在其他谈判方也能与之进行该议题的谈判，且其提供的产品或者服务同样能满足你的需求。例如，你将与A公司谈判购进你需要的某商品，如果你和A公司谈判失败，而此时B公司甚至C公司都有为你提供同样的商品服务的意愿而且价格合理，那B和C就是A的最佳替代方案。此时你在与A的谈判中的处境是从容不迫的。如果你的需求只有A一家公司能够满足，而且A公司对此一清二楚，也就是说A知道你没有其他选择了，则A绝不会在谈判中轻易妥协。可以毫不夸张地说，最佳替代方案的准备情况基本决定了你在谈判桌上是否会受制

---

[1] 布莱恩·崔西：《谈判》，马喜文译，机械工业出版社，2016，第136页。
[2] 罗杰·费舍尔、威廉·尤里、布鲁斯·佩顿：《寸土必争——无需让步的说服艺术》，王燕、罗昕译，外语教学与研究出版社，2005，第230页。
[3] 巴里·J. 奈尔伯夫：《多赢谈判：用博弈论做大蛋糕、分好蛋糕》，熊浩、郜嘉奇译，中信出版社，2023，第36页。

于人。

(一) 中澳铁矿石谈判案例

2009年前后的中澳铁矿石价格谈判是一个很好的案例,说明最佳替代方案在谈判中的重要性。铁矿石价格谈判曾经在中国国际商务谈判领域备受关注。作为全球最大的铁矿石买家(2005年中国超过日本成为全球最大铁矿石消费国),中方在铁矿石价格谈判中始终未能掌握定价权,不得不购入大量高价位铁矿石。其直接后果是2009年中国68家大中型钢铁企业销售收入同比下降10.1%,利润下降31.4%;与此同时,与中国贸易的三大矿商:巴西淡水河谷公司(Vale)第四季度利润上升15%,澳大利亚力拓集团(Rio Tinto)2009年净利润同步增长33%,澳大利亚必和必拓公司(BHP)2009年下半年利润增长同比飙升134.4%。[①] 造成这一局面的原因非常复杂,比如亚洲区铁矿石首发价通常是由新日本制铁公司、韩国浦项制铁公司(POSCO)和三大供应商共同确定,再如商业间谍窃取中方情报等,本书从中方是否有最佳替代方案的角度分析其中的原因。

当时铁矿石国际市场的基本供需格局是供大于求。从供应方来说,产能最大的三家分别是巴西淡水河谷公司占13.5%,澳大利亚力拓集团占11%,澳大利亚必和必拓公司(BHP)占6%,名列世界前三。[②] 这种格局原本应该对全球最大买家中国有利,因为中国可以在与任何一家供应商谈判时,将其他供应商作为最佳替代方案,从而使自己处于主动位置。然而事情的发展截然相反:中国不仅未能在各供应商之间询价、压价,反而不得不接受国际市场一浪高过一浪的涨价狂潮,原因之一是中国没有最佳替代方案,反而由于中国国内的各自为政给对方准备了最佳替代方案。

[①] 舒眉:《挤压——矿石之痛》,中国经济出版社,2011,第19页。
[②] 赵娴、车卉淳主编《产业经济热点问题研究(2010)》(专题二:三次铁矿石谈判的经验与教训),社会科学文献出版社,2012,第41页。

为什么铁矿石国际市场上有那么多供应商，中国却没有最佳替代方案呢？

第一，先来看澳大利亚的情况。澳大利亚有两大铁矿石供应商：必拓和力拓，中国本来可以坐等这两家竞相出价，以确保能和中国这个最大的铁矿石买家做成生意。但这两家公司显然意识到了它们互相成了中国的最佳替代方案，于是一直试图组建合资公司，以避免国际买家在两者之间来回要价的被动局面，这就使得中国在澳大利亚没有了最佳替代方案。

第二，如果中国对澳大利亚两家公司的联合出价不满意，可不可以把巴西淡水河谷作为最佳替代方案呢？巴西淡水河谷也是铁矿石的重要供应商之一，但巴西淡水河谷距离中国11250—12000海里，运输成本较高，并不是理想的铁矿石采购市场。

第三，那么离中国距离近、矿石价格相对低的印度铁矿石可以成为替代供应商吗？答案也是否定的。印度是继澳大利亚、巴西淡水河谷之后中国第三大铁矿石来源国，虽然距离近，价格也不高，但印度开矿能力弱，矿石杂质高，供应前景并不明朗。而且2008年12月13日印度财政部宣布，将对所有的铁矿石品种征收15%的从价关税，如此一来，加上新税的印度铁矿石的价格优势也不大了。同时也要考虑贸易关系难免受到政治关系波动的影响。

第四，既然国际铁矿石市场价格对中国并不友好，那中国有没有可能减少甚至停止进口铁矿石呢？答案是不可能。其一，中国经济增长模式依赖铁矿石。2003年以来对钢材需求旺盛的房地产业持续处于高速发展阶段，一直是国民经济的重要引擎。其二，2008年金融危机后中国政府投资4万亿元人民币用于基础设施建设，进一步刺激了对钢材的需求。其三，2009年中国对铁矿石的旺盛需求中的69%需要通过国际市场得到满足。[①] 中国对国际铁矿石的刚需，使得中方难以在谈判桌上说不。其实，铁矿石供应商卖出铁矿石的需求也很强烈，但中国购入铁矿石的需求更加强烈。一般来说，对本次谈判的需求越强烈的一方，越可能成为被动的一方。

基于以上分析，澳大利亚铁矿石供应商有理由相信，中国不会把巴西淡水河谷或者印度作为中国从澳大利亚购入铁矿石的最佳替代方案，中国也不可能因为价格高就不购入铁矿石，也就是说中国没有更好的退路，只能接受力拓和必拓的联合报价。

更糟糕的是，在这场谈判中，中国不仅没有给自己找到最佳替代方案，反而为对方提供了最佳替代方案。中国国内对铁矿石有巨大需求，如果整合好了国内的需求，本来可以加强中国的谈判地位。但如果国内铁矿石需求方没有整合好，而是各自为政，则定会加剧中方在铁矿石价格谈判中的不利地位。正如中方过后总结经验教训时所分析的，"中国国内钢铁产业集中度低，且各贸易商利益不同，很难形成统一对外的合力，谈判地位的悬殊导致国际铁矿石供应商态度强硬"。[②]

中澳铁矿石谈判的案例充分说明了最佳替代方案对于一场谈判的重要性。只有那些走上谈判桌前准备好了最佳替代方案的谈判者才可以做到胸有成竹，才可能在遭遇对方的价格敲诈时毫不犹豫地离开谈判桌。

（二）西门子高铁竞标案例

西门子高铁竞标案是另一个说明最佳替代方案策略重要性的典型案例。2004年6月17日，铁道部委托中技国际招标公司进行时速200公里140列动车组的招标。投标企业必须具备基本资质：其一，企业是

[①] 范炜、张颖：《中国铁矿石谈判国际定价权缺失原因分析及对策建议》，载王新奎主编《全球经济复苏与中国对外贸易》，上海人民出版社，2010，第97页。

[②] 赵娴、车卉淳主编《产业经济热点问题研究（2010）》（专题二：三次铁矿石谈判的经验和教训），社会科学文献出版社，2012，第49页。

中资的（含中外合资）；其二，该中资企业需得到拥有成熟的时速200公里铁路动车组设计和制造技术的国外合作方的技术支持，要取得其技术转让合同，并接受铁道部对其进行"技术转让实施评价"。当时中国政府指定了两家企业能够进行技术引进：南车集团的四方机车和北车集团的长春客车。具备时速200公里技术的国外合作方有四家：西门子、阿尔斯通、庞巴迪和日本高铁。这四家公司如果要拿下标的，必须与南车、北车之一进行合作。西门子是北车长客的首选，但长客也在与阿尔斯通接触，其用意明显：我有最佳替代方案，西门子最好适当让步。但西门子自恃技术过硬，坚持高报价。当时西门子的开价是原型车3.5亿元人民币一列，技术转让费3.9亿欧元，而且在技术转让方面设置诸多障碍。开标前夜，中方代表建议西门子将列车价格降到2.5亿元人民币，技术转让费降到1.5亿欧元以下，否则可能出局，西门子代表不为所动。第二天招标开始后，长客宣布选择法国阿尔斯通作为合作伙伴。西门子就此与世界上最大的高铁项目失之交臂，不得不说是犯了战略性错误。消息传开后西门子股票价格狂泻，有关主管执行官递交了辞职报告，谈判团队被集体炒了鱿鱼。

专业谈判者在上谈判桌之前，一定要准备好最佳替代方案。最佳替代方案准备得越充分，谈判者在谈判桌上的自由度和影响力就越大。同时，专业谈判者还应该尽量削弱对方的最佳替代方案，让对方无所选择，只能在谈判桌上认真对待自己提出的方案。

根据本节内容，作者为谈判者列出准备清单（见表5-2），清单的每一个条目之下，都需要两方面的内容：己方的以及对方的，两者具有同等重要性，不可偏废。

与很多人想的不一样，谈判并不只是靠技巧取胜的。如果说有什么技巧的话，就是进行精心的准备。精心的准备能帮助谈判者对谈判涉及的因素尽可能有清晰的了解，在此基础上才可能找到一个全面而平衡的方案，实现各方利益最大化。

表5-2 谈判准备清单

	己方	对方
团队	成员的家庭背景 成员的教育背景 成员的职业背景 成员的兴趣爱好	成员的家庭背景 成员的教育背景 成员的职业背景 成员的兴趣爱好
国内背景	与议题相关的专业知识 与议题相关的法律法规行业规定 国内政治背景 谈判风格和文化	与议题相关的专业知识 与议题相关的法律法规行业规定 国内政治背景 谈判风格和文化
利益	每个议题上的利益 议题重要性排序 确定阻抗点 国内的利益攸关方 谈判者个人利益	每个议题上的利益 议题重要性排序 对方可能的阻抗点 国内的利益攸关方 谈判者个人利益
草案	起草草案 草案中是否包括对方核心利益 能否接受第三方草案	对我方草案的异议 草案中是否包括了我方核心利益 能否接受第三方草案
依据	国际法、国内法、前例、惯例 行业规定 事实和数据	可能引用的国际法、国内法、前例、惯例 可能引用的行业规定 可能引用的事实和数据
最佳替代方案	准备最佳替代方案 优化最佳替代方案	是否有最佳替代方案 是否可破解其最佳替代方案

资料来源：作者整理。

第三节 谈判阶段的战术

在一次演讲中，彼得·德鲁克（Peter F. Drucker）谈到他对管理的理解，他说：管理不是科学，不是艺术，它是一种实践，就像医学，它有诊断的过程、预后的过程以及治疗的过程。[①] 这和笔者对于谈判的

---

① 2017年"德鲁克日"期间，克莱蒙特研究院大学播放的德鲁克全息效果演讲，https://www.youtube.com/watch?v=S1OpTW9jo_4。

理解何其相似！谈判不是科学，不是艺术，而是一种实践。科学和艺术追求的是极致的应然状态，它们的灵感可能来自实然，它们的成果也可能会被应用到实然生活中，但它们本身是可以适当脱离实然生活的；但实践完全不同，实践是根植于生活本身的，它的全部约束条件都来自实在的生活。作为实践的谈判，其最终目的是要解决一个在实际生活中存在的问题，它需要诊断，诊断当前问题的成因；它也需要预后，预测事态发展的后果；它同样需要治疗，需要找到一个方案解决当前的问题。鉴于管理和谈判两项实践活动内在的相似性，这部分关于谈判阶段战术的讨论将借鉴管理学中的部分概念、框架和推论。

在一场谈判中，谈判者至少要进行如下四个方面的管理：管理自我、管理关系、管理谈判结构，以及管理谈判进程。

一、管理自我，适应角色

谈判发生的时候，都是矛盾、分歧到了积重难返的时候，超常规的思路和办法往往难以解决当前困境。这就对谈判者的个人素质提出了极高的要求。塔芙茨大学（Tufts University）心理学教授杰弗里·罗宾（Jeffrey Z Rubin）在综合现有研究的基础上提出优秀谈判者应具备五个方面的品质：灵活、对人际关系敏感、具有创造性、耐心、坚韧。[1] 在冷战中曾成功处理核危机的肯尼迪总统被认为具有高超的谈判能力，他的谈判信念是："保持实力、冷静、耐心，给对方留颜面，换位思考，避免自以为是。"[2] 两者对谈判者素质的总结高度趋同，都强调谈判者的内在品质和思维方式，而不是外在技能。

谈判过程中的任何纷乱，其本质都是谈判者内心失序的外在表现。阻碍谈判使其不能成功的因素很多，但最大的障碍是谈判者本人，而

---

[1] 杰弗里·罗宾：《谈判中的行动者》，载维克托·克里蒙克主编《国际谈判——分析、方法和问题》，屈李坤等译，华夏出版社，2004，第104—105页。

[2] 罗伯特·肯尼迪：《十三天》，贾令仪、贾文渊译，北京大学出版社，2016，第7页。

不是外在的利益冲突、实力对比、权力结构，等等。谈判者如果具有强大的精神力量、卓越的见识以及深邃的智慧，就能将纷乱的外部世界整合起来，从中找到方向和希望。谈判结果如何，某种意义上取决于谈判者如何管理自我的欲望和野心，取决于谈判者秉持何种关于世界的信念，取决于谈判者有没有勇气与昨日之我的价值理念以及思维习惯作切割。在跟对方谈判之前，谈判者首先要完成的，是与自己的谈判，并达到管理学追求的最高境界"激发和释放善意和潜能，创造价值，为他人谋福祉"。那么如何完成这场自我谈判呢？笔者认为要经历如下四个步骤。

（一）对当代观念敏感

"对当代观念敏感"的说法来自英国哲学家怀特海（Whitehead）。他特别推崇四位在哲学体系结构上取得重大成就的思想家：柏拉图、亚里士多德、莱布尼茨和美国心理学家威廉·詹姆士（William James）。在怀特海心目中使得威廉·詹姆士能与柏拉图、亚里士多德和莱布尼茨齐名的，不仅是因为詹姆士善于收集关于过往之事的知识，并以此为基础创建新的体系，更重要的是"他对当代的观念有惊人的敏感"[①]，认为这才是本质上使詹姆斯堪称伟大的原因。

当代观念指的是人们当下生活的世界里主流的观念，它不是历史书中流行过的旧观念，也不是当下某个特定地区里流行的区域性观念，它是超出了时间空间的限制，在当下已经形成的一般性的观念流。它之所以能成为普遍性的潮流，是因为它是人类文明积累的产物。人类区别于其他动物就在于人类有精神活动的需求，而精神活动的主要内容就是对一般性观念的思考。观念是人类文明进步的因变量，也是引导文明继续进步的自变量。对当代观念敏感意味着能够感知人类文明的脉搏，并且与之共振，从而使自己的行为以及行为产生的结果成为

---

① 怀特海：《思维方式》，刘放桐译，商务印书馆，2010，第7页。

世界文明的有机组成部分。

生活在网络信息时代，获取、感知当代普遍接受的观念，在技术上比起怀特海时代容易得多。但令人吃惊的是，人们对自己经验世界之外的事务和观念似乎并没有变得更加敏感。他们沉浸在自己的世界中，一遍遍阐发自我经验和认知的意义和价值，排斥自己经验之外的信息和观念。吊诡的是，这可能正是拜网络信息技术所赐。网络世界的操控者借助计算机的深度学习能力为每一位网络信息用户推送为他量身定制的信息。人们处在一个被密集的同质信息构成的信息茧房里，其固有的观念体系不断被同质信息所证实和强化，遂逐渐失去了对异质信息和观念的敏感，甚至产生了对异质信息和观念的反感和拒斥。

国际谈判者是格外需要对当代观念敏感的一群人。谈判者来自不同的国家，其各具特色的政治制度和历史文化中产生出各种只能基于在地经验才能理解的观念，这并不奇怪，这也正是人类文明多样性的体现。但如果各国谈判者都从本国的特殊性观念出发思考问题，将很难理解对方基于他们的地方性观念产生的利益诉求。此时需要各方谈判者都暂时搁置自己习以为常的地方性观念，跳到一个在当代被广为接受的普遍性观念平台上，并以此为基础，寻求一个各方都能达成的解决方案。这些普遍性观念至少包括：和平、秩序、合作、诚信、共赢，等等。

（二）转换思维方式

谈判者的思维方式决定了其行为方式。言及思维方式，人们常常会想到日本著名企业家稻盛和夫发明的人生方程式。方程式是这样表达的：人生=思维方式（-100~100）×热情（0~100）×能力（0~100）。方程式中的三个变量——思维方式、热情和能力中，只有思维方式的分值分布会出现负数。当思维方式为负值时，热情越高、能力越强，人生反而越失败。这个方程式非常形象地说明了思维方式的重要性。

稻盛和夫所说的思维方式比较宽泛，指的是"个人所持有的思想、哲学、理念、信念，也可以是人生观、人格"。稻盛和夫主张的正面的思维方式包括：积极向上、对事物持肯定性态度，富有建设性；有团队合作精神；认真、正直、谦虚、勤奋；不自私、知足、感恩；充满善意，对他人有关爱之心。负面的思维方式则包括：态度消极、拒绝合作；阴郁、充满恶意、心术不正、想陷害他人；不认真，爱撒谎、傲慢、懒惰；利己欲望强烈，牢骚不断；不反省自己、怨恨嫉妒别人。[1] 逐条对比两种思维方式，我们发现稻盛和夫所说的正面的思维方式正是本书所倡导的合作性谈判者应秉持的人生观；他所说的负面的思维方式则与竞争性谈判者的特征有诸多重合之处。竞争性谈判者偏爱"零和游戏"，拒绝合作，拒绝坦率的沟通交流，试图利用对方的弱势，玩心理战，不择手段地追求自己的利益最大化，这些都是负面思维方式。稻盛和夫认为，秉持积极的思维方式，人生会有无限可能性。同理，秉持积极的思维方式，谈判亦有无限可能性。

稻盛和夫以他丰富的人生经验向人们指出了两种思维方式及其可能带来的巨大影响。但遗憾的是，仍然有很多谈判者囿于特定制度和文化中的定见，重复固有的思维方式和行为模式。他们没有感到转换思维方式的迫切性，可能正是因为他们对当代一般性观念不敏感。

（三）发现神圣自我

荣格派学者认为，每个人内心深处都有一个神圣自我，"那是我们生命里的源泉"。"它有一种神奇的、给人力量、让人强大的特征"。如果不能把神圣自我挖掘出来，人们或者是"宝宝椅上的暴君"，自大傲慢，以自我为中心，似乎别人的存在只是为了满足他的需求和欲望；又或者是"孱弱王子"，对事情缺乏热情，被动，沉默，抱怨，把自己

---

[1] 稻盛和夫：《思维方式》，曹岫刚译，人民东方出版集团，2018，第12—13页。

刻画为受害者和牺牲品。[1] 谈判桌上常常出现"暴君"和"孱弱王子",前者咄咄逼人,不择手段地从对方那里榨取利益;后者则唯唯诺诺,优柔寡断,对内对外都不敢坚持自己的主张,只是被动地履行代理人的职责,两者都没有意愿或能力将谈判导向一个皆大欢喜的多赢结局。多赢谈判呼唤那些发现了神圣自我,焕发出了巨大道德勇气的谈判者。

神圣自我是在实践过程中逐渐被唤醒的。多数人人生的多数时候都湮没在芸芸众生之中暗淡无光,但追求伟大崇高和有意义的人生,是马斯洛所说的人的高级需要。谈判桌上达成协议的那一刻很可能就是那些重大国际谈判参与者的人生高光时刻,他们从未如此深远地影响过时局甚至别人的命运。在处理古巴导弹危机过程中,美国国家安全委员会的执行委员会的每位成员都被要求提出建议,如果建议是错误的而且被采纳,世界将陷入灭顶之灾。在这种场景之下,当事人能够听从内心深处神圣自我的呼唤,"焕发出连自己都感到奇怪的品质和力量"。[2]

能够发现神圣自我的谈判者通常对环境很敏感,对自己所处的时间和空间有感知力,他们能够看到自己在时空中的特定位置,以及这个位置上发出的行为将产生的传导力量。一旦有了这种觉察力,他的谈判行为就脱离了狭隘、自私、短视,而进入到更广阔的无我境界。

(四)承担历史责任

在重大的国际谈判如停战谈判、裁军谈判或者其他关乎人民福祉的谈判中,谈判结果关乎若干国家几代国民的福祉,此时伟大的谈判者需要跳出此时此地利益之考量,从人类大义出发,顶住国内利益集团的压力,适当作出合理的妥协,以尽早达成协议,解决问题。2009年,戴秉国在与美方举行的中美战略与经济对话中曾把小孙女的照片

---

[1] 罗伯特·摩尔、道格拉斯·吉列:《国王·武士·祭司·诗人》,林梅、苑东明译,电子工业出版社,2018,第30—36页。

[2] 罗伯特·肯尼迪:《十三天》,贾令仪、贾文渊译,北京大学出版社,2016,第20页。

拿给美国国务卿希拉里·克林顿看，并提醒希拉里，他们的谈判是为了给孩子创造一个和平繁荣幸福的未来。[①] 如果谈判当事人没有对其历史责任的深刻认知，只是局限在之前狭隘的身份中，算计一己之私，则难以承担责任，甚至成为历史罪人，如巴黎和会上的克里孟梭，顽固坚持强加给德国过重的赔款，结果刺激了战后德国民族主义的爆发以及希特勒的上台。

解决问题，尤其是解决错综复杂的历史积怨问题，需要敢于承担历史责任、具有道德勇气的政治家。1948年以来，巴以冲突已造成了数万人丧生，数百万人流离失所，但和平迟迟不能到来。1972年，以色列总理梅厄夫人和埃及总统萨达特会面时说："我不知道和平什么时候到来，但我知道和平在什么情况下会到来。届时会有一位伟大的领袖某天早晨醒来，为自己子民们在战争中死去的孩子感到愧疚，那一天会成为和平的开端。"[②] 梅厄夫人的继任者拉宾就是这样一位伟大的领袖。他力排众议，力主与巴勒斯坦和解。1993年8月，拉宾与巴勒斯坦领导人阿拉法特在挪威首都秘密签署《奥斯陆和平协议》，希望和平协议能像一道利剑，劈开巴勒斯坦上空的战争阴霾，为万民带来和平的阳光。但他与巴勒斯坦媾和的行为被激进分子视为"背叛"。1995年11月4日，拉宾遇刺身亡，中东和平进程严重受挫。

最高领导人对民众说"不"尚且要付出代价，谈判代理人对领导说"不"的难度就可想而知了。作为代理人的谈判者，无论来自政府还是企业，均深嵌在现代官僚组织机构中，其行为模式被组织逻辑和组织文化所规范和约束。尤其在上下等级比较森严的国家，谈判者主要的任务是执行委托人的命令，鲜有对领导人的意志说"不"。但只有

[①] 戴秉国：《战略对话——戴秉国回忆录》，人民出版社、世界知识出版社，2016，第156页。

[②] Remarks by Golda Meir to President Sadat in the Knesset, https://www.jewishvirtuallibrary.org/remarks-by-golda-meir-to-president-sadat-in-the-knesset.

那些敢于承担历史责任的谈判者，才可能突破组织机构的束缚，抓住时机，改变谈判进程。

一个好的谈判者首先要进行自我管理，确保自己对当代普遍观念是敏感的，根据当代普遍观念，适时调整思维方式，在谈判实践的过程中发现神圣自我，勇敢地承担起历史责任。唯其如此，才可能对问题的解决有所"贡献"，继而使谈判"卓有成效"。

二、管理关系，建立信任

东西方文化对关系的理解有所不同，但所有的谈判者都需要管理与其他谈判者的关系。三位来自哈佛大学的教授共同研究了基辛格的谈判经历，并总结出了15条经验，其中第1条和第11条都从不同角度强调基辛格重视与对方的关系。[①]

管理与其他谈判者的关系，确保建立起基本的信任，谈判者需要做到如下几点：第一，尊重谈判者个人，照顾其感受；第二，不主动发出过激言行；第三，不对另一方的过激言行作出过激反应；第四，在谈判中把人和事分开，对事坚定，对人温和。

（一）照顾谈判者面子，尊重其感受

看重"面子"[②]这个被认为是中国文化中特有的现象，实际上成为一种普遍存在于所有谈判者身上的心理结构，无关乎年龄，无关乎国籍。看重面子，实际上是一种虚荣，而正如法国政治学者托克维尔所言："我发现正是利用人之虚荣心，便可以使自己处于最有利的谈判地位，因为人们经常从虚荣中获得很大收益，而作为回报给予的实质性

---

① 詹姆斯·K. 塞贝纽斯、R. 尼古拉斯·伯恩斯、罗伯特·姆努金:《基辛格谈判法则》，湖南文艺出版社，2020，第268、283页。

② Dean Josvold, "Can Chinese Discuss Conflicts Openly? Field and Experimental Studies of Face Dynamics in China," *Group Decision and Negotiation*, 13, no. 4, (2004): 351–373。外交谈判中保全面子的具体做法，参见杰夫·贝里奇:《外交理论与实践》，庞中英译，北京大学出版社，2005，第82—87页。

的东西却少之又少。"① 亦即"面子给你，里子给我"。②

我的女儿在一次家庭谈判中表现出的对"面子"的精心维护让我深信，管理与对方关系的第一步，就是要照顾其面子和虚荣心，尊重其感受。

> 早餐时间，先生在沙发区拿着遥控器问：看什么频道？我和五岁的女儿在餐桌前吃早餐。我说："看新闻。"女儿说："看小鲤鱼历险记。"我想着女儿放学了还有时间看动画片，而她必须在早餐时间看新闻，于是用坚定的口吻又重复了一遍说："看新闻。"女儿并不罢休，她试图寻求程序正义，她说："不能妈妈说了算，咱们剪刀石头布吧。"我怕万一输了，没有答应她。女儿一看这也不成，于是走到我身边，在我耳边悄悄说："妈妈，咱们剪刀石头布吧。一会儿您出'剪刀'，我出'布'？"我意识到了，作为弱势谈判者，女儿已经接受了失败的现实，但她需要一个体面的退出。我说："好呀。"她高兴地坐回她的座位，大声宣布："爸爸，不能妈妈说了算，我和妈妈剪刀石头布。"之后，我们按照事先约好的分别出了"剪刀"和"布"。女儿又大声地宣布："哎呀，爸爸，我输了，还是看新闻吧。"

这个故事我在课堂上分享过很多次，因为它教会我一个深刻的道理：一个五岁小孩子尚且需要在爸爸面前有面子，更何况那些职场上叱咤风云的国际谈判者呢？国际谈判者在谈判中承受着巨大的压力，他们在谈判桌上的言行以及谈判结果都会传到国内，接受来自领导、同事和社会舆论的各种或理性或偏激或专业或业余的评论。这些评论直接关系到谈判者在国内的声誉，甚至影响其职业生涯。更有甚者，

---

① 托克维尔：《托克维尔回忆录》，董果良译，商务印书馆，2010，第255页。
② 刘墉、刘轩：《创造双赢的沟通》，文化艺术出版社，2010，第57页。

国际谈判者会因为未能带回令国内民众满意的条约而遭到极端分子的恐吓和枪杀。因此，专业谈判者在谈判桌上关注对方的压力和情绪是必要的，在不涉及原则性的问题上可以适当妥协，以保全对方的面子。

罗伯特·肯尼迪在回忆古巴导弹危机时总结道："古巴导弹危机给我们上的最后一课，就是设身处地为别国着想的重要性。在那场危机过程中，为了确定某个具体行动方案对赫鲁晓夫或者苏联会产生何种影响，肯尼迪总统花费了最多的时间。他所有深思熟虑的主旨，就是竭力不让赫鲁晓夫蒙羞，不让苏联感到耻辱。"[1]

1954年日内瓦会议后期，法国主和派孟戴斯·弗朗斯上台。周恩来总理得知孟戴斯·弗朗斯在国内作出了停战承诺后，马上向越共中央提出，应抓住机会"在策略上拉法国一把求得停战"。[2] 之后，周恩来总理飞回靠近中越边界的柳州，召集有越南高层领导人参加的会议，说服越南在停战线、撤出驻军等问题上适当作出妥协以保住法国的面子。越战后期，基辛格提出，美国希望在中国的配合下，能够"体面"地从越南退出。之后中国说服越南放弃了将南越阮文绍西贡政权下台作为谈判前提条件的要求，为美国挽回了面子。

1972年大平正芳冒着生命危险陪同田中角荣访华，承受了巨大的国内压力，中国方面对此予以充分理解，在谈判的胶着时刻采信了大平正芳的承诺："希望相信我们，交给我们去办。"灵活地处理了关于"台北和约"的有关表述，最终实现了中日邦交正常化。有日本人士评论说："这在他（大平正芳）的政治生涯中具有极为重要的意义，从而实现了他作为真正的政治领袖的巨大飞跃。"[3] 后来的事实也证明，当时周恩来不纠结于一时一事、成全大平正芳的做法有利于促进中日之

---

[1] 罗伯特·肯尼迪：《十三天：古巴导弹危机回忆录》，贾令仪、贾文渊译，北京大学出版社，2016，第95页。
[2] 曲星：《中国外交50年》，江苏人民出版社，2000，第126页。
[3] 古川万太郎：《大平正芳与周恩来在日中邦交正常化进程中》，载李德安等译：《周恩来与日本朋友们》，中央文献出版社，1992，第285—300页。

间的信任和两国关系的发展。1974年大平外相再次访华，促成了《中日航空协定》《中日贸易协定》的达成。1979年12月大平正芳出任首相后访华，访华期间他表示："将提供政府间贷款，以用于在贵国预先安排的港口、铁路、水电站等基本建设项目……还准备以技术合作或接受留学生等文化学术合作的形式，对于贵国造就人才的事业予以积极的合作。"[1] 2018年10月23日，在中国外交部例行记者会上，发言人华春莹评价日本对华政府开发援助（ODA）时称："日本对华官方资金合作在中国改革开放和经济建设中发挥了积极作用，日本也从中获得了实实在在的利益。这是中日互利双赢合作的重要组成部分。"[2]

（二）不主动发出过激言行

谈判桌上经常会出现激烈的言行。激烈言行的产生可能是谈判压力之下的无心之举，也有可能是有意为之的"白脸"战术。但其实过激言行往往是开启关系破裂进程的起点，对于建设性推进谈判进程并无助益，还可能构成障碍。谈判中的过激言行一般有如下几种：

1. 道德质疑或者道德指责。一般来说，谈判中相较弱势的一方防御心理较强，更可能提出道德质疑或者进行道德指责。中国一家国有企业和外方企业进行商务谈判时，外方提供了一些材料作为谈判依据。中方谈判者对外方法务专家说："你怎么确保你提供的这些材料都是真实的？"外方法务专家当即就要拿回那些材料，非常生气地说："我做了几十年的法务，还没有人怀疑过我的诚信。"20世纪80年代，在日美货币谈判中，美国态度十分强硬，日本国际局副局长佐藤光夫激昂地发言说："日本不是美国的殖民地。"[3] 这句话可以被理解为一种道

---

[1] 日本大平正芳纪念财团编《大平正芳》，中日友好协会译，中国青年出版社，1991，第805页。

[2]《2018年10月23日外交部发言人华春莹主持例行记者会》，外交部网站，https://www.mfa.gov.cn/web/fyrbt_673021/jzhsl_673025/201810/t20181023_5416753.shtml，访问日期：2024年6月20日。

[3] 泷田洋一：《日美货币谈判：内幕20年》，李春梅译，清华大学出版社，2009，第95页。

德指责。哈佛谈判研究所的威廉·尤里教授在讲座中提到车臣领导人和俄罗斯领导人在海牙仲裁法庭所在地和平宫进行的一次谈判。那个房间正好之前受理过有关战争责任的案件。车臣领导人指着对方说："你最好就待在这个位置上，因为你们也将以战争罪被审判。"然后又转向美国调停者说："你们美国人好好想想，你们都在波多黎各干了什么？"① 发出道德指责，旨在唤起对方的愧疚心理，以在失衡的权力博弈中尽力抓住一个砝码。但道德指责通常导致对方的反感和抗议，令谈判气氛骤然紧张，可能引起关系恶化。

2. 歪曲事实甚至刻意撒谎。谈判者都希望尽量多地获取利益，竞争性谈判者尤甚。他们对"赢"有强烈的渴求，但又无法通过正常的专业谈判方法达到，情急之下往往采取歪曲事实和刻意撒谎的办法。在两个邻国的边界谈判中，乙方谈判者几次否认两国领导人之前已经达成的共识，还公然骗出了甲方的底牌。当时由于双方都不肯先亮出底牌，导致谈判难以推进。甲方主谈建议双方将自己的底牌写在纸上，同时亮出。这本来是一个非常有建设性的推动谈判的方法，但乙方谈判者没有按照约定在纸上写出自己的要价，却获得了甲方的底牌。对于乙方谈判者公开行骗的行为，甲方谈判者非常愤怒，大声斥责该国这一缺乏诚信的行为。随后甲方中止了谈判。谈判恢复后，乙方自觉理亏，不再蛮横无理。

3. 威胁加恫吓。在谈判中威胁或者恫吓对方，以使对方屈从于自己的意志，是谈判中强势一方惯用的手段。20世纪80年代，日本和美国进行的系列货币谈判中，美国各路人士纷纷登场，其中不乏强硬之人。据当事人回忆，美国财政部长里甘就是个强势谈判者，日方不接受美国的方案时，他"不停地摆动身躯，挥舞手臂，还握起拳头咚咚地敲着桌子"，他"难抑心中怒火，暴跳如雷"，威胁要单方面采取行

---

① William Ury, "The Walk from 'No' to 'Yes'," Ted, October 2010, https://www.ted.com/talks/william_ury_the_walk_from_no_to_yes?language=en&subtitle=zh-cn.

动。日本人对他这种"阴森可怕"的行为很是不满。[①] 其实强者也可以示弱，而且示弱的效果还不错。接任里甘出任财政部长的贝克拿出了美国人鲜有的谦恭姿态，对此日本财相竹下登非常受用。竹下登曾在大藏省内部会议上的讲话中说："二战以来，对我们来讲，美国一直高高在上。但是贝克部长向我们深深低下了头，恳求道：'求你了，竹下大臣，美国需要你们的帮助。'美国狼狈不堪到这种地步，低下头向日本求助，日本必须帮助它。"[②] 竹下登帮助美国的方式是主动同意日元升值10%，这一让步比美方期待的"要慷慨、干脆得多"，被前美联储主席保罗·沃尔克认为"是会议成功的很重要的因素"。[③] 对比美日谈判中美国两任财政部长里甘和贝克的谈判技巧及效果，不难发现，即使是力量相对强的一方，在谈判中也不宜采取威胁、恫吓等过激行为。

（三）控制情绪，不对对方过激言行作过激反应

善于管理关系的谈判者不仅不主动发出过激言行，而且还应控制自己不对谈判对手的不当言行作出情绪化反应。苏轼《留侯论》中有一段著名的论述被频繁引用："古之所谓豪杰之士者，必有过人之节。人情有所不能忍者，匹夫见辱，拔剑而起，挺身而斗，此不足为勇也。天下有大勇者，卒然临之而不惊，无故加之而不怒。此其所挟持者甚大，而其志甚远也。"专业谈判者不仅要避免被对方情绪所影响，还要想办法管理对方的情绪。对方发出的情绪化的不当言论可能只是在发泄对事情的不满，甚至是对他自己的不满。更准确地说，是因为他无法找到一个合适的方法摆脱当前的困境而沮丧和焦虑。因此，与其跟他一起焦虑沮丧，不如把注意力转移到谈判议题上来，想一想如何达成一个创造性的方案，把各方都从当前困境中解脱出来。

---

① 泷田洋一：《日美货币谈判：内幕20年》，李春梅译，清华大学出版社，2009，第49、74页。
② 同上书，第148页。
③ 保罗·沃尔克、行天丰雄：《时运变迁：世界货币、美国地位与人民币的未来》，于杰译，中信出版社，2018，第305页。

第五章　国际谈判战术

　　借助第三方或者外在约束来控制谈判者的情绪也不失为一种好办法。哈佛谈判研究所尤里教授提出一个"阳台理论"。"阳台"在这里是个比喻，比喻可以让谈判者冷静下来的全新视角。他建议谈判者如果情绪将要失控时，不妨暂时跳出正在进行的话题，换个角度看待一下当前的争执。尤里的"阳台理论"是从南非布须曼人（Bushmen）的议事传统中获得的灵感。布须曼人在部落会议上争论得不可开交时，就派其中一位把每个人身上背的用来狩猎的毒箭收集起来藏在树林里，之后继续开会。如果还有人情绪激动，就会派这个人到其他部落去走亲戚。他们会日复一日地谈下去，直到找到一个大家都可以接受的解决方案。[1] 这一通过强制物理隔离冷却激烈情绪的古老智慧同样适用于现代社会。20世纪50年代，美国钢铁业劳资谈判时组成了人际关系委员会，该委员会规定在谈判时每次只能有一个人发火。[2] 强制性从空间上和时间上进行隔离，避免了谈判者陷入以坏情绪对抗坏情绪的恶性循环中。

　　当然，不排除有些谈判者的情绪化是故意的。在基辛格看来，葛罗米柯发脾气都是精心设计好的。[3] 竞争性谈判者会试图通过"策略性情绪"或者"策略性生气"来达到控制对方心理的目的。专家们并不建议这样做，认为此举"会让谈判形势变得极不稳定和难以琢磨"，因为这种操控手法一旦为对方所识破，双方的信任关系也随之结束。[4] 总之，真实的情绪化和策略性情绪化都会令谈判复杂化，实不足取。

---

[1] William Ury, "The Walk from 'No' to 'Yes'," TED, https://www.ted.com/talks/william_ury_the_walk_from_no_to_yes/up-next.
[2] 罗杰·费舍尔、威廉·尤里、布鲁斯·佩顿：《寸土必争——无需让步的说服艺术》，王燕、罗昕译，外语教学与研究出版社，2005，第22页。
[3] 亨利·基辛格：《白宫岁月》，陈瑶华等译，世界知识出版社，2003，第1013页。
[4] 斯图尔特·戴蒙德：《沃顿商学院最受欢迎的谈判课》，杨晓红等译，中信出版社，2012，第158—159页。

(四)将人和事分开,对事情坚定,对人温和

谈判者常常因为人事不分破坏了关系。

第一种情况是"对人对事都强硬"。如果所谈之事事关重大,分歧很深,谈判者必承受着巨大的压力,压力之下他们会转而对谈判对手态度专横,言辞激烈;或者反过来,因为不喜欢谈判者个人,转而在所谈的事情上也拒不合作,甚至刁难作梗。比如,美国反对柬埔寨亲近社会主义国家的政策,于是迁怒西哈努克亲王个人,在媒体上对其进行人身攻击。这种做法极大地伤害了西哈努克的自尊心,促使他进一步坚定了与美国分道扬镳的决心。西哈努克在回忆录中写道:"美国目空一切,傲慢自负,它根本不会理会一个小国的自尊心……那场持续不断、极其猛烈、具有侮辱性的、反对高棉中立政策和我这个'红色亲王'的宣传运动,是最有影响的美国报刊煽动起来的……每当我翻开亲西方的报纸和杂志时,总会看到对我进行猛烈攻击的文章,说我标新立异,诋毁我的成就,用世上最难听的语言谩骂我的政府和我本人,有时还骂我的亲属。与此相反,社会主义阵营的报界,尽管他们难得对我鼓励几句,但他们至少不对我进行批评。"[①]

第二种情况是对人对事都温和。在友好关系的谈判中,谈判者出于维护关系的考虑,会主动放弃利益。这种方式同样达不到解决问题的目的,无原则的妥协换不来谅解,相反会鼓励对方的贪欲。

第三种情况是对人强硬,对事软弱。"纸老虎"或者"色厉内荏"可以用来形容此类人。这类看上去态度强悍,但实际上是虚张声势,他们内心胆小怯懦,极易在对方的强悍进攻下放弃自己应得的利益。软弱是谈判中最需力戒的一种行为方式,因为它既没有捍卫利益,又未能维护好与对方的关系,一无是处。

某种意义上,赫鲁晓夫可以归入此类。比起斯大林,赫鲁晓夫实

[①] 西哈努克:《西哈努克回忆录——甜蜜与辛酸的回忆》,晨光等译,黑龙江人民出版社,1987,第317—318页。

行的"三和"路线实际上是对西方有所妥协的,也就是在立场上有所松动,但也没有因此和西方关系变得更好。他在1960年夏天第一次访问联合国时就破坏了与多数国家的关系,而且使得苏联的建议在联合国大会上无人支持,而不得不改弦易辙。赫鲁晓夫本人在回忆录中讲述了他在联合国看似强硬的行为:他在别国代表发言时发出喧哗声,用脚跺地,表示抗议;他用刻薄的话反击菲律宾代表;他激烈抨击佛朗哥政权,将其描述为反动的、血腥的,话说得非常尖刻;当西班牙代表反击时,赫鲁晓夫脱下了一只皮鞋,开始敲打桌子,他拼命地敲,尽量敲得响一些;他还和西班牙代表互相对骂,以至于警察不得不横在他们之间,以防止斗殴。在逗留纽约期间,赫鲁晓夫甚至还和联合国秘书长哈马舍尔德(Dag Hammarskjöld)爆发了一场很大的争吵。①

以上三种对人对事的方式,都是谈判者应该避免的。谈判中处理人和事的最明智的方式是:把人和事分开,对人温和,对事强硬(见表5-3)。这才是谈判高手在谈判中应该秉持的行为方式,亦即:在争取利益时绝不轻易退让,但是充分尊重对方谈判代表,态度温和,维持良好的人际关系。

表5-3 对人对事的四种方式

	对人	对事	例子
方式1	强硬	强硬	朝核危机中的美国
方式2	温和	温和	援助阿尔巴尼亚的中国
方式3	强硬	软弱	冷战中的赫鲁晓夫
方式4	温和	强硬	周恩来

资料来源:作者整理。

---

① 尼基塔·谢·赫鲁晓夫:《赫鲁晓夫回忆录》(第三卷),述弢等译,社会科学文献出版社,2006,第2095—2011页。

周恩来总理做到了这一点。当新中国的国家利益与西方国家利益发生冲突时，周恩来忠实地履行自己的职责，在国家利益上绝不退让。正如时任苏联外长莫洛托夫对西方外交官所说的："你们觉得我难打交道吗？那你们就等着见见周恩来吧。"但是周恩来捍卫国家利益的方式是温和有礼的，正如西哈努克在回忆录中所说的："他那高超的智慧、渊博的学识和文雅的风度，一下子就把我吸引住了。"[1] 周恩来对事强硬、对人温和的外交风格在万隆会议上得到了充分展现。

万隆会议前期，伊拉克、巴基斯坦、菲律宾、泰国等新兴民族主义国家代表在大会上发表了或明或暗针对共产主义和中国的激烈言论，周恩来从容镇定地端坐在座位上，神态自若记录别人发言的要点，毫不动容。次日，周恩来作了一个18分钟的发言，坦言："我们共产党人从不讳言我们相信共产主义和认为社会主义制度是好的。"他在发言中并不回避问题，而是有针对性地谈了意识形态问题、宗教信仰自由问题以及"颠覆活动"的问题。他的发言诚恳而亲切，被认为是"一个历史性的演说"，是"精彩、动人的"，是对"抨击中国的人的一个很好的回答"。[2] 会后，周恩来结交了几乎所有代表团团长，包括好几位有反共对立情绪的团长。经过周恩来温和而诚恳的解释，各个国家代表团消除了对新中国的误解，成为周恩来以及新中国的朋友。

强调在谈判时要维护关系是有心理学理论依据的。好的关系中人们的情绪是积极的，而积极情绪可以引发个体更多的创新性思维。[3] 谈判是群体决策，需要每个参与谈判的个体最大限度地发挥其创造力，

---

[1] 西哈努克：《西哈努克回忆录——甜蜜与辛酸的回忆》，晨光等译，黑龙江人民出版社，1987，第252—253页。

[2] 陈敦德：《迈步在1955：周恩来飞往万隆》，解放军文艺出版社，2005，第187—196、223—228页。

[3] Noebert Schwarz & H. Bless, "Happy and Mindless, but Sad and Smart? The Impact of Affective States on Analytic Reasoning," in J. P. Forgas (Ed.), *Emotion and Social Judgements*, (New York: Pergamon, 1991), pp. 55–71.

才可能在一种看似冲突的状态中找到创新性方案,满足各方的需求。

三、管理结构,重置潜在成交区域

正常的谈判结构里是存在潜在成交区域的。当不存在成交区域时,谈判无法进行下去。此时需要谈判者借助新的议题或者新的利益方重建谈判结构。

(一)什么是潜在成交区域

潜在成交区域(Zone of Possible Agreement,ZOPA)指谈判双方阻抗点之间交集的部分。所谓阻抗点就是底线,就是谈判者退无可退、只能奋起反击之处。存在成交区域是谈判正常的基本结构,谈判最终将在成交区域的任何一点上达成。如图5-1所示,甲方的最高方案是希望以每月3500元的价格租一套房子,如果房子新、装修好、付款方式灵活,可以考虑出4500元租一套房子,那么4500就是甲的阻抗点。乙方有一套房子待租,希望以每月5500元的价格租出,如果租户租的时间足够长,而且一次性付租金,可以考虑低至4200元的低价,那么4200就是乙的阻抗点。在这个需求结构中,甲的需求空间3500—4500元与乙的需求空间4200—5500元之间存在重合区。这一重合区域也就是成交区域。最后该谈判可能以4200—4500元的任一价格成交,但到底是在哪一点上成交,就取决于双方谈判前的准备以及谈判桌上的谈判力。

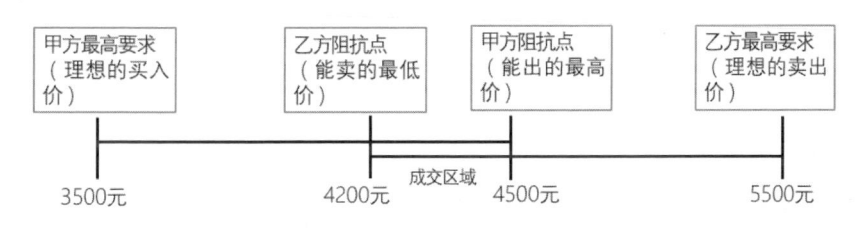

图5-1 成交区域示意

资料来源:作者整理。

(二) 当不存在潜在成交区域时,直接从谈判桌前走开

在某些谈判结构中,不存在潜在成交区域。如图5-2所示,甲的需求区域是3500—4200元,乙的需求区域是4500—5500元,两者的阻抗点之间不存在重合之处,亦即没有成交空间。如果谈判中出现这种结构,即意味着无论谈判前准备多么充分,谈判技巧多么高超,都不可能达成协议。此时最简单的办法,就是从谈判桌前走开。之所以可以坚持不改变自己的阻抗点,坚定地从谈判桌前走开,是因为已经提前准备好了最佳替代方案(BATNA),如其他房产中介那里也有可以提供类似条件的乙方。

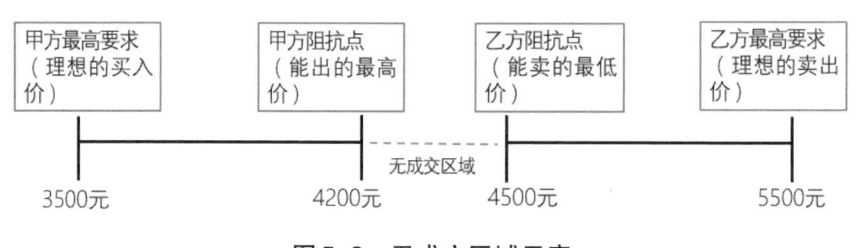

```
甲方最高要求      甲方阻抗点      乙方阻抗点      乙方最高要求
(理想的买入价)   (能出的最高价)  (能卖的最低价)  (理想的卖出价)
   |                |      无成交区域      |                |
 3500元          4200元              4500元             5500元
```

图5-2 无成交区域示意

资料来源:作者整理。

(三) 当不存在成交区域时,打破谈判结构,引入新的议题或者新的利益方

以商品和服务为主要议题的商业谈判不存在成交区域时,比较容易找到替代的谈判对象。但在有些谈判尤其外交谈判中,谈判对象是固定的,即使在相互摸底以后发现没有成交区域,谈判者也几乎无法轻易地从谈判桌上走开。此时一个重建谈判结构的办法是引入新的议题。

仍以租房为例,如果乙方房东有个孩子要上小学,而甲方正好是某小学老师,且有一个入学指标。此种情况下入学资格问题就作为新的议题加入原有谈判结构中。在多议题框架下,甲乙达成协议的可能

性大大增加。此种方法与整合型或称一揽子谈判策略是有区别的,后者是指谈判桌上本来就有多个议题,谈判者决定不采取切香肠式方法逐一谈,而是整合在一起一揽子解决。这里讲的引入新议题是创造性的,因为原来的谈判中本来没有这个议题。那么怎么能找到新的议题呢?本章第二节讲谈判准备时,强调要了解对方谈判者的家庭背景、教育背景、职业背景、个人爱好等,正是因为在谈判者的背景中,能提供新议题的无限可能性。这类似于拉克斯(David Lax)所说的"三维谈判"(The 3D Negotiation)。所谓"三维谈判"就是把谈判从绘图板(第一维)、谈判桌(第二维)扩大到谈判桌之外(第三维),使原来谈判桌上解决不了的问题,在谈判桌之外得到解决。[①]

还有一个更直接的发现新议题的办法:提供解决对方需求的替代方案。例如:两国就跨界河流的共同使用进行谈判。其中A国处在上游,并建了水电站以满足国内的供电需求;B国处在下游,上游拦坝建水电站的行为极大改变了下游的河流生态,对于灌溉、防汛、生物多样性都造成了不可逆转的破坏。B国如果要求A国停止拦坝建水电站,则必须提供一个满足其供电需求的新方案。如果B国在太阳能发电、风能发电或者核能发电上有优势甚至产能过剩的话,则说服A国停止建水电站的谈判目标是可能达成的。此时,太阳能发电、风能发电或者核能发电的合作作为新议题加入了原来的谈判结构中,重构了谈判结构以及潜在成交空间。

重构谈判结构的另一个办法是引入新的利益方,笔者想通过一个故事予以说明。

> 父亲去世前留下遗言:将他留下的17匹骆驼分给三个儿子,其中大儿子能得到二分之一,二儿子能得到三分之一,小儿子能得

[①] 戴维·A. 拉克斯、詹姆斯·K. 西贝尼厄斯:《三维谈判:在至关重要的交易中扭转局面》,梁卿、夏金彪译,商务印书馆,2009,第7—14页。

到九分之一。三个儿子一筹莫展，因为17既不能被2整除，也不能被3和9整除。他们决定去请教村里一位最有智慧的老人。老人说：17确实不能被2、3、9整除，我也没有办法，不过我这儿有一匹骆驼，你们可以牵走。这样三个儿子就有了18匹骆驼，大儿子得到其中的二分之一9匹骆驼，二儿子得到其中的三分之一6匹骆驼，小儿子得到其中的九分之一2匹骆驼，加起来是17匹骆驼。他们将剩下的那匹骆驼送还了老人。

这个故事非常富有象征意义。谈判中经常会出现17匹骆驼的结构。在这个结构中，问题几乎不可能得到解决。此时外力的介入会改变当前的结构，问题也随之迎刃而解，但实际上改变结构的介入者并没有损失任何利益，反而获得了威望和荣誉。谈判专家就是一个新的特殊利益攸关方。他们往往具有丰富的谈判经验和阅历，虽然不是直接利益攸关方，但他们能从每一个谈判案例中获得更多的知识和经验。他们提供的帮助类似于几何解题过程中所做的辅助线。没有做辅助线之前，题目看上去完全无解，辅助线做出来后，解题思路显而易见。谈判专家就是那些愿意为谈判者提供第18匹骆驼的人，愿意帮助谈判者画出辅助线的特殊利益攸关方。对于他们而言，解决困难和冲突就是他们最大的利益所在。

四、管理进程，打破僵局

谈判经常因为各方坚持己方立场不动摇而陷入僵局。此时，需要谈判者有办法打破僵局，推动进程。哈佛谈判研究所前所长罗杰·费舍尔建议，在遇到僵局时，要区分立场和利益，绕开立场，从利益着手，往往能解决问题。[1]

---

[1] 罗杰·费舍尔、威廉·尤里、布鲁斯·佩顿：《寸土必争——无需让步的说服艺术》，王燕、罗昕译，外语教学与研究出版社，2005，第28页。

（一）如何区分立场和利益

不妨以费舍尔书中的例子来说明立场和利益的区别吧。两个学生在图书馆阅览室里吵起来了，甲要把窗户打开，乙要把窗户关上，他俩就此争执起来了。这时图书管理员走了进来，她问甲同学："为什么要开窗户啊？"同学回答说："我想呼吸新鲜空气。"她又问乙同学："你为什么要关窗户啊？"那位同学说："我怕吹迎头风。"

在这个案例中，同学甲、乙的立场分别是开窗和关窗，而利益分别是需要新鲜的空气和避免吹迎头风。也就是说谈判者在谈判中表达出的要求（要开窗/要关窗）是立场，要求背后的动机才是利益。比如，韩国主张独岛（竹岛）的主权属于韩国，日本主张竹岛（独岛）的主权是日本的，这是两国的立场。但立场背后的利益是指两国坚持声索该岛主权的原因和动力。比如可能是出于对政治利益的考虑，因为收回该岛的政府和领导人会得到国内民众的支持；也可能是出于对经济利益的考虑，因为该岛附近海域有丰富的渔业资源和油气资源。

区分立场和利益是解决冲突的第一步。如果图书管理员从立场入手很难找到解决方案，因为"开"和"关"是一对互斥的反义词，代表的是两种不可兼容的状态，没有人能让同一扇窗户同时开着又关着，就像没办法说独岛（竹岛）的主权是韩国的也是日本的。但是从利益入手，冲突就变得不那么难解决了。图书管理员的解决方案是把这扇窗户关上，把相邻的那间阅读室的窗户打开，这样既满足了甲的需求——需要新鲜空气，也满足了乙的需求——不吹迎头风。依此例可见，固守立场只会使谈判陷入僵局，而关注利益，则可能让谈判峰回路转。

（二）如何发现立场背后的利益

以上案例中图书管理员已经给出了对这个问题的回答，那就是问："为什么？""为什么你要开窗？""为什么你要关窗？"图书管理员的这一问是必要的。但在实际谈判中常见的错误是人们会先入为主地假设别人立场后面的利益动机，而不是询问对方，倾听对方自己作出的阐述。经验越丰富的谈判者越可能犯这个错误。下文中格林太太拒不搬迁的案例里的房地产公司就犯下了这样的错误。

英国某房地产公司刚刚获得了一个建设社区医院的工程项目。该项目利润可观，但工期要求比较急。公司决定在拆迁补偿方面更加优惠，以加快工程进度。由于出价合理，拆迁进展非常顺利，最后只剩下了格林太太一家拒不搬迁。董事会开会讨论此事，决定开出比格林太太房子本身的价值50万英镑更高的价码55万英镑，以避免因为格林太太一家不搬迁而推延了整个工期。董事会派人把结果告诉给格林太太。格林太太沉默不语。董事会再次召开会议，这次他们决定给格林太太的拆迁费加到60万英镑，条件是格林太太尽快搬家。听完董事会的决定后，格林太太依然沉默不语。

公司董事长豪先生意识到需要做点别的什么。周日，豪先生一身便装，牵着自己的爱犬佯装散步路过格林太太的家。他敲门而入，看到格林太太一人坐在冷清的屋子里，看着墙上的一组照片发呆。照片上是老人和一只可爱的小狗欢闹的场景。豪先生似乎明白些什么。他小心试探着问格林太太："这是您的爱犬吧，它在哪儿呢？"格林太太伤心地说："我们相依为命生活了10多年，可它几个月前刚刚离我而去，我把它葬在了后花园里。"豪先生劝慰她说："您不必太过悲伤了。希望小狗能在天堂过上宁静的生活。您看这附近正在大兴土木，您和小狗都不得安宁。我有个好朋友是房地产公司的董事，要不我让他们给您和小狗物色一个带花园的安静住所，这样你们还能在一起。"一个星期后，格林太太搬家了，小狗的墓地也迁到了新居的花园里。

在这个案例中，格林太太的立场是不搬迁，房地产公司的立场是搬迁，搬和不搬是一对反义词，无从解决。房地产公司试图从利益着手解决问题，这个思路是对的，但他们没有问格林太太为什么不肯搬，而是根据自己多年工作经验，先入为主地假设了格林太太拒不搬迁这一立场背后的利益动机是要更高的拆迁补偿。从这个错误的假设出发，房地产公司一而再再而三地提高拆迁补偿，不仅损害了公司的经济利益，还耽误了工期。谈判者从这个案例中能学到的是：如果在谈判桌上遇到对方顽固坚持自己立场不动摇，应该问"您为什么要坚持这一立场"，切忌先入为主，主观地作出错误的假设。

（三）寻找需求的差异性，实现利益交换

正如世界上没有两片相同的树叶，世界上也绝对不会有两个需求完全相同的利益主体。需求差异或者偏好差异在谈判中是再美妙不过的事情。因为只要有差异，就有了交换的可能性。在第四章谈判战略部分，我们已经通过马斯洛的需求层次论和欧盟的例子论证了基于需求差异实现利益交换的可能性。此处，不妨再以具体的例子说明如何基于需求差异实现利益交换。

1967年6月，第三次中东战争爆发，以色列打败埃及、叙利亚和约旦，占领了加沙地带、西奈半岛、约旦河西岸、耶路撒冷旧城、格兰高地。1979年3月，埃及总统萨达特和以色列总理贝京在华盛顿签署了《埃以和约》。和约的重要内容之一是以色列将西奈半岛交还埃及，埃及不得在西奈半岛驻军。[1] 和约得以达成的原因很多，比如美国出于战略需要对埃及的支持，但从谈判的角度，和约达成的前提是妥善解决了双方的利益诉求。西奈半岛本来就是埃及的领土，埃及在西奈半岛有主权利益；对于以色列来说，安全利益是其最主要的考量。拥有西奈半岛，就在以色列和埃及之间有了广阔的战略缓冲区；但是占领

---

[1] "Peace Treaty Between the State of Israel and the Arab Republic of Egypt," March 26, 1979, United Nations, Non-UN document, https://www.un.org/unispal/document/auto-insert-207070/.

西奈半岛，继续与埃及为敌，对于以色列来说也是成本极高的战略选择。归还西奈半岛，不仅解除了埃及这一世仇，而且瓦解了阿拉伯国家反以联盟。至于西奈半岛的安全屏障作用，可以通过要求埃及不在半岛驻军来实现。这一方案既满足了埃及的主权利益，又满足了以色列的安全利益，成为基于需求差异实现利益交换的经典谈判案例。

本章小结

优秀的谈判者是具有创新能力的管理学大师，他们在进行谈判时需要管理自我、管理关系、管理结构、管理进程。这几项管理的共同特点都要求谈判者能够超越时间和空间的限制，实现突破：突破囿于一己私利之小我、突破对抗性竞争关系、突破断裂的谈判结构、突破停滞的谈判进程，跳出现有框架，在一个更大的外部世界里找到解决问题的方案。毕竟，谈判者是"知识工作者"，找到解决方案是衡量其工作"有效性"的重要标准，是其"贡献"所在。[①]

[①] "知识工作者""有效性""贡献"这些术语均来自德鲁克的管理学，具体内涵参见彼得·德鲁克：《卓有成效的管理者》，许是祥译，机械工业出版社，2005。

第六章　国际谈判中的跨文化沟通

谈判建立在沟通的基础上，谈判者的沟通能力深刻影响了谈判的进程和结果。有研究表明，跨文化（intercultural）谈判的成果明显低于同一文化内部（intracultural）谈判的成果，[1] 这无疑与跨文化沟通过程更加复杂、对谈判者沟通能力的要求更高密切相关。

如果借用传播学经典模式香农韦弗模式（Shannon - Weaver Model of Communication）[2] 来表达谈判中的沟通过程，其过程如下：（1）谈判者甲作为信源，通过口头表达发出信息；（2）谈判者乙通过视听接收到信息；（3）乙将接收到的信息传递给大脑，大脑对信息进行解码编码；（4）乙将处理后的信息通过口头表达发送给谈判者甲；（5）谈判者甲通过视听接收信息；（6）甲的大脑对接收到的信息进行处理；（7）甲再将处理过的信息以口头表达的方式发送出去……，循环往复（见图6-1）。

根据图示，一个完整而畅通的沟通过程，取决于信源、信道、信宿三个环节的畅通程度。谈判者作为信源和信宿以及信道的利用者，其核心任务是保证信息传输的畅通和准确。为此，谈判者应具备四项相应的能力：建立和善用渠道的能力、跨文化表达力、跨文化倾听力以及跨文化理解力。

---

[1] Wendi L. Adair, Jeanne M. Brett, Tetsushi Okumura, "Negotiation Behavior When Culture Collide: the United States and Japan," *Journal of Applied Psychology*, 86, no. 3 (2001): 380.

[2] 香农韦弗模式也叫"SMCR模式"，其四个基本要素是：信源（S）、信息（M）、渠道（C）和信宿（R）。参见查尔斯·U. 拉森：《说服——如何聪明地说和听》，董璐、周丽锦译，北京大学出版社，2017，第17页。

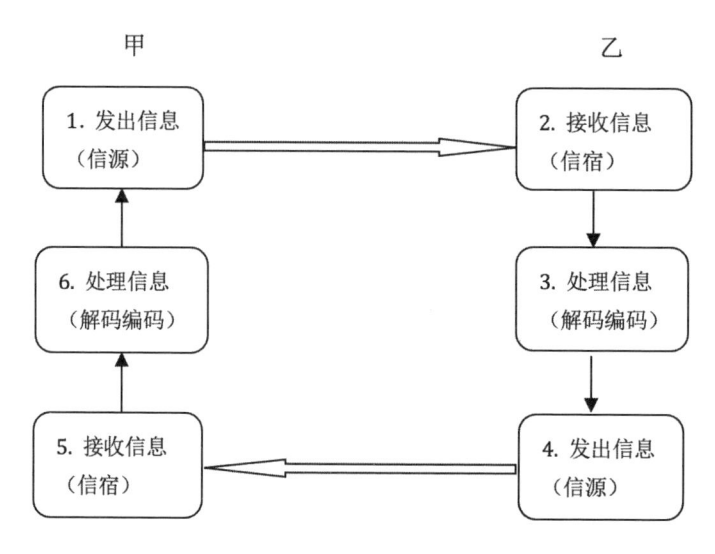

图6-1 谈判的沟通过程

资料来源：作者整理。

第一节 建立和善用渠道

谈判双方存在畅通的沟通渠道，是谈判有效进行的基本前提条件。在有些谈判中，这个基本条件并不总是能够得到满足，以至于谈判迟迟不能进行。关于沟通渠道，实际上只有两个问题：建立渠道和利用渠道。本节将以1949年以来的中美关系为例，讨论渠道对于国际谈判和沟通的重要性。

一、利用间接渠道

在尼克松访华之前，中美之间没有持续、稳定而畅通的沟通渠道，但冷战期间，中美两国在很多地区甚至全球安全问题上，都是直接利益方，需要通过谈判控制或者解决危机。此时，不得不另外搭建临时渠道，间接转达观点和意见。

（一）印度渠道

1950年9月15日，"联合国军"登陆仁川，接着迅速南下夺取了汉城。此时在全世界范围内开始了一场"联合国军"是否应该跨过"三八线"追击朝鲜军的公开大辩论，朝鲜战争面临扩大化的危险。《周恩来年谱》上记录了当时周恩来通过印度驻华大使潘尼迦向美国表达中国政府对朝鲜战事的立场的历史经过，全文抄录如下：

> 10月3日凌晨一时，紧急约见印度驻华大使潘尼迦，就朝鲜问题在此郑重表明中国政府的立场："美国军队正企图越过'三八线'，扩大战争。如果美国军队果真如此做的话，我们不能坐视不管，我们要管。""我们主张和平解决，使朝鲜事件地方化"，"就是不使美军的侵略行动扩大成为世界性的事件""过去一年中，我们在这方面已经做了极大的努力。美国政府是靠不住的。尽管在三国外长会议中有了协议，不经联合国同意，不得越过'三八线'，但是美国政府不一定受其约束。""我们主张朝鲜事件应和平解决，不但朝鲜战事必须即刻停止，侵朝军队必须撤退，而且有关国家必须在联合国内会商和平解决的办法。"潘尼迦表示，他将把中国政府的立场即刻报告贾瓦哈拉尔·尼赫鲁总理。随后，尼赫鲁将中国政府的立场转告了美国。[①]

但间接渠道传递信息的效果显然不尽如人意。根据时任美国总统杜鲁门的回忆录，"10月3日，国务院收到了许多封电报，报告同一件事情：中国共产党政府现任外交部长周恩来曾召见印度驻北京大使潘尼迦，并且告诉他，如果联合国军越过'三八线'，中国就要派遣军队援助北朝鲜人"。回忆录里对此提出质疑，"不过，这里却有一个问题：

[①] 中共中央文献研究室编《周恩来年谱1949—1976》（上），中央文献出版社，2007，第83—84页。

和这个报告有关的潘尼迦先生在过去却是经常同情中国共产党的家伙,因此他的话不能当作一个公正观察家的话来看待,充其量不过是一个共产党宣传的传声筒罢了……看来周恩来的声明只是对联合国的恫吓,扬言要在朝鲜进行干涉"。[①]

根据时任"联合国军"总司令麦克阿瑟将军的回忆录,当时美国对来自中国的军事干涉的担心是真实存在的。[②] 既然美国担心中国会军事干涉,中国也发出了严正声明,为什么美方没有从中获得准确信息,并以此作为政策依据,将军事活动停止在"三八线"以南呢?如果当时是周恩来和美方直接沟通,而不是通过潘尼迦和尼赫鲁间接传递信息,历史会不会改写呢?在重大历史关头,直接渠道的沟通尤为必要。

(二)波兰渠道

1969年3月,中苏在珍宝岛爆发边界冲突。美国判断中苏反目,认为联合中国以在全球制衡苏联的机会到了。美国需要找到一个渠道把想与中国合作的信息传递出去,于是在南斯拉夫驻波兰大使馆上演了一幕美国外交官追逐中国外交官事件。1969年12月3日晚,南斯拉夫驻波兰大使馆在华沙文化科学宫举行时装展览会,中国驻波兰大使馆二等秘书李举卿和波兰语译员景志成前往参加。景志成回忆道:"我突然发现我们对面入口处有一个人正一边用手指指着我们,一边对他身旁的另一个人在说着什么。"说话的是美国外交官西蒙斯,另一位则是美国驻波兰大使斯托塞尔。景志成立即把情况告诉李举卿。他们怕美国人耍什么花样,决定活动一结束马上离开! 20时许,中国外交官起身退场。美国外交官也随后站起来跟了出去。在察觉了美国人的意图后,中国外交官更是有意识地加快了脚步。当走到楼梯一半时,紧追不舍的西蒙斯终于赶上了景志成,"先生,这是我们的大使,他有话

---

① 哈利·杜鲁门:《杜鲁门回忆录》(下卷),李石译,东方出版社,2007,第455页。
② 道格拉斯·麦克阿瑟:《麦克阿瑟回忆录》,陈宇飞译,上海社会科学出版社,2017,第361页。

要跟您说……"未等西蒙斯介绍完，斯托塞尔就急切地用波兰语说："我是美国大使，我想和你谈谈。"[①] 在费尽周折以后，1970年1月20日，美国驻波兰大使斯托塞尔和中国驻波兰使馆临时代办雷阳终于进行了直接会面。斯托塞尔传递了尼克松总统改善中美关系的愿望。[②]

通过他国驻本国大使馆向该国传递信息以控制或者解决问题和危机，这对于有外交关系的两个国家是再正常不过的事情。但在中美未建交的情况下，两国就只能尝试在第三国通过"偶遇"传递信息，如此解决问题的效率和效果实在是差强人意。

（三）巴基斯坦渠道

在尼克松访华之前，中美之间的互动是通过巴基斯坦渠道进行的。1969年8月尼克松访巴后，巴基斯坦开始在中美之间传递信息。巴基斯坦总统、总理和外长都曾在不同场合向中国表示愿意在中美之间充当桥梁。1970年10月25日，尼克松在他的椭圆形办公室与叶海亚·汗会晤，尼克松总统要求即将访问北京的巴基斯坦总统叶海亚帮助传递几点信息：美方认为中美和解十分必要；美方绝不会与苏联共谋主宰世界反对中国；美方愿意派一位高级使节秘密访问北京。[③] 这一关键历史情节在周恩来年谱里也得到了印证。[④] 之后，巴基斯坦促成并精心安排了1971年7月基辛格的秘密访华，代号"波罗行动"。中方也充分肯定了巴基斯坦渠道在中美关系中的作用。周恩来曾说：第一次中美会谈是巴基斯坦在万隆会议开的头；第二次基辛格和尼克松来华，也是

---

① 宗道一：《1969年秋华沙追逐外交官事件真相》，《中华读书报》2004年6月24日。

② Airgeam A-25 From the Embassy in Poland to the Department of Statet, January 24, 1970. Foreign Relations of the United States, 1969–1976, Volume E-13, Document on China, 1969–1972. https://history.state.gov/historicaldocuments/frus1969-76ve13/comp1.

③ 亨利·基辛格：《白宫岁月》（第二册），陈瑶华等译，世界知识出版社，2003，第898页。

④ 中共中央文献研究室编《周恩来年谱》（1949—1976）（下），中央文献出版社，2020，第406页。

巴基斯坦出了力。[①]

在巴基斯坦渠道建立起来之前，中方还尝试通过邀请中国人民的老朋友斯诺共同登上天安门城楼、在《人民日报》刊登相关照片，以及释放美国飞行员等方式向美国传递和解信息。但通过这些方式传递的信息是隐晦的、间接的，从而效果也是不佳的。对此基辛格在回忆录中有所评论："周恩来和毛泽东认为时机已经成熟，该向我们发出一个信号。不幸的是，他们对我们敏锐观察事物的能力估计过高。他们传过来的信息是那么拐弯抹角。以致我们这些粗心大意的西方人完全理解不了其中的真意。"[②]

二、建立直接渠道

在中美关系缓和之前，双方至少在建立直接渠道这一问题上还是有共识的。这一努力体现在大使级会谈机制和巴黎渠道的建立。改革开放时期，尤其是中国加入世界贸易组织后，中美各个领域的沟通渠道都得以建立。渠道通畅充足的时期，也是中美双边关系取得成果最多的时期。

（一）中美大使级会谈

中美关于归侨问题的谈判动议，是在1954年日内瓦会议期间提出的。双方谈判代表中方的王炳南、柯柏年和美方的约翰逊、马丁在国联大厦进行了三次接触，但各执一词，没有谈拢。之后，双方的联络员又接触了两次，再之后就不了了之。[③] 正式的大使级谈判是在万隆会议之后进行的。1955年4月万隆会议期间，周恩来总理发表声明："中国政府愿意同美国政府坐下来谈判，讨论缓和远东局势，特别是台湾

---

① 裴默农：《从中巴关系看周恩来争取友好邻邦的远大谋略》，载裴坚章：《研究周恩来——外交思想和实践》，世界知识出版社，1989，第122—123页。

② 亨利·基辛格：《白宫岁月》（第二册），陈瑶华等译，世界知识出版社，2003，第897页。

③ 熊志勇：《百年中美关系》，世界知识出版社，2006，第203—215页。

地区的紧张局势的问题。"[1] 1955年7月13日，中美大使级会谈在日内瓦进行。之后相当长的时间内，大使级会谈成为中美双方唯一的直接渠道。1957年12月12日，在中美大使级会谈第73次会议上，美方以其大使调任为由，委派不具大使身份的代表参加会谈，企图降低会谈的级别，致使会谈中断达9个月之久。1958年台海危机期间，大使级会谈短暂恢复。中美大使级会谈从1955年到1970年共进行了136次，只签署了一项关于平民回国的协议。谈判时间之长，谈判成果之少在外交谈判史上委实少见，以致被学者称为一场"聋子之间的对话"。[2]

中美大使级会谈从始至终表现出的这种不稳定、低效率的特质，其原因当然是因为美国缺乏主动利用渠道的意愿。美国在达成了他们所希望得到的平民回国协议后，便只关心台湾问题上的不使用武力议题，对于中方提出的禁运、提高会谈级别、司法协助等其他议题上或者设置前提条件，或者一概不感兴趣，态度消极，致使中美之间唯一的一个直接渠道形同虚设。

（二）巴黎秘密渠道

相比于大使级会谈，对巴黎渠道的使用要高效务实得多。1971年7月9—11日基辛格借助巴基斯坦秘密访华后，中美双方需要就尼克松访华的具体安排进一步谈判，于是就把双方驻巴黎的使馆确定为秘密谈判渠道。中方由黄镇大使作为联络代表，美方由驻法武官沃尔特斯（Vernon Anthony Walters）将军作为联络代表，他们之间共联系了45次。尼克松访华后，巴黎渠道由秘密变成公开，中美又通过此渠道联系了53次，直到1973年2月中美决定互设联络处。[3]

---

[1] 中美大使级会谈，外交部网站资料，https://www.mfa.gov.cn/web/ziliao_674904/wjs_674919/2159_674923/200011/t20001107_7950076.shtml。

[2] 史蒂文·M.戈德斯坦：《聋子的对话？1955—1970年中美大使级会谈》，载姜长斌、罗伯特·罗斯主编《从对峙走向缓和：冷战时期中美关系再探讨》，世界知识出版社，2000，第195页。

[3] 尹家民：《黄镇将军的大使生涯》，江苏人民出版，1998，第225—248页。

该渠道的务实高效大概与其秘密性有关。除了当事人及主要决策人，双方国家鲜有人知道这一渠道的存在，更不用说知道通过渠道正在谈判的内容。这种做法最大程度地排除了来自各方的干扰，是笃信传统秘密外交的基辛格所乐见的。基辛格曾经四度通过巴黎秘密渠道会晤黄镇，每次会晤都堪称谍战片剧情。为了躲开新闻界的追踪，基辛格从法国邻国进入巴黎，下榻在沃尔特斯的公寓。次日清晨，沃尔特斯驾驶一辆租来的旧车，把基辛格带往中国驻巴黎大使馆。基辛格戴上一副黑色墨镜、一顶法国人常戴的普通帽子，把帽檐拉得低低的遮住了半张脸。更多的沟通是在沃尔特斯和黄镇之间进行的。繁忙的时候，沃尔特斯几乎每天都登门，临别时黄镇通常会送给他一盒杏脯。杏脯的盒子上用英文写着北京一家糖果厂的名字。为了保密，警觉的沃尔特斯没有把杏脯带回办公室或者家里，而是藏在了保险箱里。当这个渠道将结束其特殊使命时，黄镇说："现在你的那些杏脯可以公开了。"[①]

（三）机制性多层级渠道

中美缓和后，两国很快互建联络处。2023年10月，外交部副部长马朝旭在出席美国驻华联络处设立50周年纪念活动的发言中，充分肯定了联络处为两国关系正常化发挥了不可替代的重要作用。[②] 1979年1月1日中美建交后，使领馆取代联络处成为两国沟通的正式渠道。经过几十年的发展，中美之间除了外交领域，在军事、贸易、科技、教育、知识产权等各个领域的沟通渠道都逐一建立了起来，最多的时候达到108个之多。其中最著名的有：中美人权对话（始于1990年）、中美国防部防务磋商（1997年）、中美战略安全与多边军控磋商（2003年）、中美两国副外长级政治磋商（2003年）、中美议会定期交流机制（2004

---

① 尹家民：《黄镇将军的大使生涯》，江苏人民出版社，1998，第225—248、232—248页。
② 外交部副部长马朝旭出席美国驻华联络处设立50周年纪念活动，外交部网站，https://www.mfa.gov.cn/wjbxw_new/202310/t20231021_11165525.shtml，访问日期：2024年6月20日。

年)、中美全球事务论坛(2005年)、中美战略经济对话(2006年)、中美核安全合作论坛(2008年)、中美战略与经济对话(2009年)、中美人文交流高层磋商(2010年)、中美气候变化部长级对话(2013年)、中美外交安全对话(2017年)、中美全面经济对话(2017年)、中美执法与网络安全对话(2017年)、中美社会和人文对话(2017年),等等。

但必须指出的是,渠道只是信息流动的客观载体,通过渠道传递什么内容以及沟通是否有效取决于渠道使用者的主观意愿和能力。例如,在2011年第三轮中美战略与经济对话取得了很好的对话效果,国务委员戴秉国说:"每进行一次对话,我们就扩大了共识,增进了互信,促进了合作,增强了对中美关系发展未来的信心";[1]但是在2012年第四轮中美战略与经济对话中,美方执意要把人权话题加进去,显然增加了对话的难度,为对话的进行设置了障碍。[2]因此,决定交流效果的更主要在于渠道使用者如何释放、获取、理解渠道上输送过来的信息,而这取决于谈判者的表达力、倾听力和理解力。

第二节 跨文化表达力

将英文中的"negotiation"翻译为中文的"谈判",颇得其要义:通过谈来判定利益的归属。但更准确的说法应是通过"沟通"来判定利益的归属。"谈"即"说话",而话语发出只是沟通的一个环节,发出的话语只有被对方接收了,才能完成沟通的过程。如何让对方听得懂,涉及谈判者的表达能力。

---

[1] 吴庆才、德永健:《戴秉国:中美欲把共体利益蛋糕越做越大越做越好吃》,中国新闻网,2011年5月11日,https://www.chinanews.com.cn/gn/2011/05-11/3031015.shtml,访问日期:2024年6月20日。

[2] Remarks at the Strategic and Economic Dialogue U.S. Press Conference, May 4, 2012, U.S. Department of State, https://2009-2017.state.gov/secretary/20092013clinton/rm/2012/05/189315.htm.

一、满足语用学原则

如果要让跨文化谈判者的表达富有效力，首先要满足语用学的一般原则，如德国当代著名哲学家哈贝马斯（Juegen Habermas）所说的"话语者要承担满足有效性的义务"，又如英国语言哲学家保罗·格莱斯（Paul Grice）提出的合作性语言四原则。

（一）"话语者要承担满足有效性的义务"

按照哈贝马斯关于普遍语用学的观点，"任何处于交往活动中的人，在施行任何言语行为时，必须满足若干普遍的有效性要求并假设它们可以被验证。就他试图参与一个以理解为目标的过程而言，他不可避免要承担满足有效性的义务"。[1] 谈判当然属于这样以理解为目的的交往活动。为了满足有效性，谈判者同样需要做到哈贝马斯强调的四点。其一，可领会性，言说者必须选择一个可领会的表达以便说者和听者能够相互理解。其二，真实性，言说者必须有提供一个真实陈述的意向，以便听者能分享说者的知识。其三，真诚性，言说者必须真诚地表达他的意向以便听者能相信说者的话语。其四，正确性，言说者必须选择一种本身是正确的话语，以便听者能够接受之，从而使说者和听者能在以公认的规范为背景的话语中达到认同。[2] 哈贝马斯强调的这四点都跟言说者的态度和意愿有关，即言说者主观上要愿意承担满足有效性的义务。

（二）谈判语言要满足合作性语言四原则

比起哈贝马斯的可领会性、真实性、真诚性和正确性，格莱斯的"合作性语言四原则"对于谈判者来说更具指导性。格莱斯认为一

---

[1] 哈贝马斯：《交往与社会进化》，张博树译，重庆出版社，1989，第2页。
[2] 同上书，第3页。

切成功的语言交际活动都应该符合合作性语言的四个准则。[①] 这四个准则是:

1. 数量准则(Quantity Maxim),指谈话中信息要足够多。那些"心有灵犀一点通","话不投机半句多"的谈判者,显然无法满足数量原则。竞争性谈判者不信任对方,不肯轻易透露信息,通常无法满足数量原则。

2. 质量准则(Quality Maxim),指谈话中提供的信息要真实,不要将明知道不正确的数据和材料,或者未经查证的信息出具给对方。竞争性谈判者使用的语言往往难以满足质量准则,他们会使用假的数据和证据,以影响对方作出有利于自己的判断。合作性谈判者则奉行"假话全不说、真话不全说"的沟通原则,他们的表达能够满足合作性语言四原则中的质量准则。基辛格甚至在谈判中提供给越南方附有总统签名和亲笔批示的美方谈话要点,这显然提高了谈判信息的质量,而基辛格自称这是他经常使用的技巧。[②]

3. 关联准则(Relevance Maxim),指所说的信息要与当前话题相关。竞争性谈判者往往顾左右而言他,用无关联的表达来转移话题,回避问题。但显而易见,这种沟通方式只是在拖延时间,对于解决问题毫无助益。

4. 方式准则(Manner Maxim),指说话时要尽量清晰,避免含糊。然而在竞争性谈判者之间流行的语言风格正好是相反的,他们不想透露更多的信息,当不得不说话时,他们会故弄悬虚,语焉不详,让对方如堕五里雾中。在基辛格的回忆中,越南人的表达方式就是含糊不清的。越南人"用如此隐晦而曲折的手法"把谈判搞得"扑朔迷离","谈判就像一部侦探小说,他们提出一些模糊不清的线索,而我们不得

[①] Paul Grice, *Studies in the way of words,* (Massachusetts: Harvard University Press, 1989), pp. 26–27.

[②] 亨利·基辛格:《基辛格越战回忆录》,慕羽译,海南出版社,2009,第56页。

不去揣测答案"。[①]

在谈判中，违背"合作性语言四大准则"的现象比比皆是。这其实与谈判者的语言能力关系不大，主要与谈判者的战略思维有关。当谈判者将对方视为竞争性对手时，会故意隐藏信息，这样就难以满足数量准则；竞争性谈判者会提供虚假信息，以迷惑对方，此举显然违背了质量准则；竞争性谈判者还会故意说一些无关的话，转移注意力，或者拖延时间，这就违背了关联准则；他们为了隐藏自己的真实动机，故意语焉不详，模棱两可，方式准则也遭到了破坏。如果一个谈判者在进行交流时同时违背了质量、数量、关联和方式四大准则，其交流效果可想而知。

（三）满足语用学原则的效用

其实，使用合作性语言不会给谈判者带来任何损失，反而有益于谈判的推进以及谈判者个人声誉的建立。

国务院新闻办公室前主任赵启正被称为跨文化沟通的高手。他和美国大主教路易·帕罗（Luis Palau）之间曾分三次进行过长达8个小时的对话，对话发生在一个坚定的无神论者和一个虔诚的基督徒之间，可谓文化交流中跨度最大的。因此，毫无意外对话的双方在认识论起点上就存在深刻的分歧。帕罗认为，验证上帝存在的实验室在人们心中，心中认定上帝存在，便能与上帝沟通。作为唯物主义者，赵启正认为这个实验室在心外，验证了上帝的存在，才能与上帝沟通。两者的方法论也迥然有异。作为一位传扬耶稣基督福音的使者，帕罗在对话中依据的是圣经中的教导；作为科学家，赵启正依据的是逻辑、事实、规则和已经被证实的结论。但即便如此，沟通的效果是极好的。赵启正对沟通效果的评价是，"对话让我们对彼此的信仰有了新的了解"。帕罗的评价是："与一位优秀的中国高级官员赵启正先生的相识

[①] 同上书，第52页。

和了解，更加深了我对中国的热爱和崇敬之情"，"深刻的分歧之上，仍能彼此尊重，彼此相爱，建立诚挚的友谊。"正如赵启正所言："我们的坦诚使不同的信仰不能成为我们的障碍，不同的语言不能成为我们的障碍，不同的教育背景不能成为我们的障碍。"①

为什么这场堪称世界上难度最大的跨文化沟通能够取得这么好的效果呢？当然首先是在于双方确有真诚的沟通意愿。只要真诚地进行沟通，就能在差异中寻找共同点。同样需要指出的是，赵启正在跨文化交流中使用的语言几乎都能满足"合作性语言四大准则"。他从事核物理工作20多年，得益于自然科学工作的习惯，非常善于积累数据及文献。在交流中频繁引用数据和文献，使得他在谈话中提供的信息数量和质量都很高。同样得益于其自然科学背景，他说话严谨，逻辑性强，所陈述的内容都紧紧围绕当前所谈话题展开。他善用朴素简单的语言，把事情说清楚，把道理说透彻。②

二、多用"描述"，避免"评论"

语言是有能量的，但这个能量可以是建设性的，也可以是破坏性的。如果谈判者没有意识到语言本身蕴含的能量，任性地、不加选择地使用语言，不但达不到说服对方的目的，而且会引起对方反感，破坏了双方的关系和谈判氛围。仔细分析后会发现，引起对方不满的言辞往往不是对基本事实的阐述（事实判断），而是对对方语言或者行为作出的定性性质的评论（价值判断）。

（一）区别"评论"和"描述"

美国威斯康星大学心理学博士马歇尔·卢森堡（Marshall B. Rosenberg）研究出一套非暴力沟通的原则和方法，其中关于"区别观

---

① 赵启正、路易·帕罗：《江边对话》，新世界出版社，2006，序言。
② 赵启正：《向世界说明中国：赵启正演讲谈话录》，新世界出版社，2006，第2页。

察和评论"部分的知识①对改进谈判中的交流颇有启示。卢森堡博士对"观察"和"评论"的两分法可能来自印度哲学家克里希那穆提（J. Krishnamurti）。书中引用了这位哲学家曾经说过的一句话："不带评论的观察是人类智力的最高形式。"

根据这句话，观察有两种，一种是带评论的观察，另一种是不带评论的观察，姑且称前者为"评论"，称后者为"描述"。描述是指尽量说出所观察到的现象，陈述一个客观而具体的事实；评论是指说出对一个现象的主观评价。当你描述一个事实时，事实是具体可核查的，不容易引起质疑和反击；而当你对对方进行评论（多是负面的）时，是主观而抽象的，难以说服对方，而且极易引起对方的负面情绪。因此，本书采用评论和描述的两分法，来区别谈判中的常见表达（见表6-1）。

表6-1 区别"评论"和"描述"

评论	描述
你太强硬了	我注意到你在前阶段的谈判中没有任何妥协
你们言而无信	我不认为你们能履行承诺，你们说"我们在履行承诺上有困难"
如果达不成协议，你的问题就得不到解决	如果达不成协议，我担心你的问题得不到解决
你们太不合作了	我注意到你们在今天的谈判中已经说了十次"不"
你们的团队真糟糕	在过去的五场谈判中，你们团队没有就一个问题达成过共识
这个方案不公平	这个方案没有解决我方的问题
你经常情绪失控	据我观察，今天你已经第三次大喊大叫了
你是个种族主义者	我觉得我被歧视了

资料来源：作者整理。

---

① 马歇尔·卢森堡:《非暴力沟通》，阮胤华译，华夏出版社，2009，第31页。

表6-1的"评论"栏目中列出了谈判中常见的评论式表达，在对方听来就是一种没有事实根据的指责和批评，极易引起对方的反感，甚至招致对方类似的指责，于是谈判就极易偏离理性的轨道，陷入情绪性的争执之中。但如果换成"描述"栏目中相应的说法，只描述已经发生的事实，在对方听来就像一种提醒，很难加以反驳。

（二）如何避免"评论"，多用"描述"？

要确保在谈判中多用"描述"而不是"评论"，谈判者在遣词造句时要注意以下三个语言技巧。

1. 慎用形容词和副词，多用动词、名词和数量词。上述表6-1左列中的引人反感的评论性说法就是拜"强硬""言而无信""不合作""糟糕""不公平""经常"等形容词和副词所赐；右列中则尽量用动词和数量词，如"你们在今天的谈判中已经说了十次'不'"，而这只不过是对对方行为的客观描述，这种说法掷地有声，无可反驳。

2. 慎用表达抽象的大词，多用描述具体的小词。如表6-1左列中出现的"不公平"就是抽象的大词，因为公平难以衡量，做到什么程度才算公平呢，并没有明显的标准，很容易造成歧义；右列中只说"没有解决我方的问题"，一般来说问题是具体的，双方就事论事即可。有着丰富跨文化谈判经历的全球战略顾问高杉尚孝（Takasugi Naotaka）提出过清晰表达的三个变量：明确主语和谓语、使用逻辑连接词以及降低表达的抽象度，[①] 其中第三个强调的也是要避免抽象。

3. 慎用"你"，多用"我"。表6-1左列的主语几乎都是"你"，当我们用"你"做主语时，很容易发出对对方行为的评论；如果把主语换作"我"，只描述"我"在观察到对方行为之后的感受，则要和缓得多。例如："你是个种族主义者！"这种表达，虽然气势很足，但几乎就是在向对方提抗议，甚至是在宣战，效果很差；但如果改成"我觉

[①] 高杉尚孝：《麦肯锡教我的谈判武器：从逻辑思考到谈判技巧》，程亮译，北京联合出版公司，2016，第12页。

得我被歧视了"，就是在提醒对方，你的言行可能不合适，这样就给了对方回旋改进的余地，使谈判能够继续回到正常的轨道上来。

三、善用移情式表达

在跨文化谈判时，移情式表达经常能起到意想不到的效果。移情式表达指在阐述一个问题时，为了便于对方理解，将该问题移到听者母语文化中类似的情境中进行表达。优秀的跨文化交流者都善于通过移情式表达，击穿异质文化之间的障碍。

1919年在巴黎和会上，中国代表团的使命是收回山东半岛。1月28日，顾维钧受王正廷所托在"十人会"上作了半小时的脱稿演讲，受到除日本之外各大国代表的一致赞扬，称中国的论辩是杰作。[1] 在这次精彩论辩中，据说顾维钧用了移情式表达，以说服各大国支持中国收回山东。他是这样说的："中国不能失去山东就像西方不能失去耶路撒冷。"一句移情式表达让西方人迅速理解了山东作为中国文化起源地的重要性。

新中国也不乏具有移情表达能力的优秀外交官。1950年11月27日，时任外交部东欧司司长伍修权在联合国安理会上作了关于台湾问题的发言，痛斥美帝国主义在朝鲜战争期间将战舰开到中国台湾海峡的侵略行径。对于很多缺乏世界地理知识的人来说，朝鲜半岛和中国以及美国的地理和地缘关系是不好理解的，于是伍修权把它放在他们熟悉的欧洲和美洲的地理版图中，讲述美国战舰开进台湾海峡行为的性质。此时，伍修权用的就是移情式表达，转述如下：

> 各位代表先生，能不能设想因为西班牙内战，意大利就有权利占领法国的科西嘉呢？能不能设想，因为墨西哥内战，英国

---

[1] 顾维钧：《顾维钧回忆录·第一分册》，中国社会科学院近代史研究所译，中华书局，2013，第176—177页。

就有权利占领美国的佛罗里达吗？这是毫无道理的，不能设想的。……请美国人民想一想，假使任何一个其他国家开一个舰队到你们的夏威夷岛与美国大陆之间，割裂你们的国土，阻止你们政府在那里行使主权，而同时宣称，这是为了使夏威夷岛在军事上中立化，以保证太平洋的安全，你们能容忍那个国家的这种行动吗？请美国人民再想一想，假使当林肯总统肃清南方奴隶主的残余力量的时候，忽然跳出一个第三者国家，武装占领你们的福吉尼亚州，而宣称这是为了使福吉尼亚州在军事上中立化，以保证美洲大陆的安全，你们能认为这不是公开干涉你们美国的内政，武装占领你们美国的国土吗？[①]

周恩来总理更是熟稔移情表达之艺术。1954年日内瓦会议期间，中国代表团拟邀请各国代表观看新中国的第一部彩色电影《梁山伯与祝英台》。熊向晖便请懂越剧的同志将剧情介绍和主要唱段写成一本十五六页的说明书，准备译成外文，发给外国记者。周总理批评这是在搞"党八股"。他说："十几页的说明书，谁看？你只需在请柬上写一句话：请你欣赏一部彩色歌剧电影——中国的《罗密欧与朱丽叶》。"《罗密欧与朱丽叶》是莎翁的四大悲剧之一，在西方是人尽皆知的凄美爱情故事。《梁山伯与祝英台》的故事对于西方人来说是非常陌生的，但将它类比为《罗密欧与朱丽叶》，会立刻引起西方观众的兴趣。周总理建议的这一跨文化的移情表达果然效果非凡。据熊向晖回忆，电影招待会现场250个座位坐得满满的。电影结束后，观众还如痴如醉地坐着，沉默了大约一分钟，才突然爆发出热烈的掌声。[②]

2001年中美撞机事件的处理过程中，中国外交官的移情表达再次

[①] 《伍修权在联合国安理会的发言》，转引自谢益显主编《当代中国外交》，中国青年出版社，2009，第76—77页。

[②] 熊向晖：《我的情报与外交生涯》，中共党史出版社，1999，第115—116页。

发挥作用。事件发生后中国一再要求美国先道歉，否则不予放回美国机组人员。美国民众不能理解撞机事件中他们错在何处，为什么要道歉，而且不满中国延迟放人。对此，时任中国驻美国大使杨洁篪在接受美国有线电视新闻网（CNN）采访时采用移情的方式予以说明。他说："假如每天都有人开车到你家门口，拿着望远镜向里面瞭望，天天如此。有一天，你的家人开车出门，那个人与你家人开车相撞，你的家人车毁人亡，而对方则没什么大事儿。这个时候你有什么感觉？难道那个人不应该向你和你的家人道歉吗？"这个采访播出后，原先情绪激动的美国人就慢慢平静了下来。[1]

移情式表达在跨文化谈判中常能起到事半功倍的交流效果，区分"评论"和"描述"则可避免激化情绪和矛盾，格莱斯的"合作性语言四原则"则能帮助谈判者从语用学的角度提高表达的准确性和效率，哈贝马斯总结的"四性"则提醒谈判者有义务提高沟通的有效性。这些都是国际谈判者应时时记取并加以运用的。

第三节 跨文化倾听力

语言本质上是模糊的，当语言跨越文化进行传播时，它的模糊性又被进一步放大。但谈判者不得不用模糊的语言来传递信息和意志。因此，"听"者和"说"者都有义务共同完成信息的沟通过程，最大程度地保证信息的完整和清晰。

一、侧耳聆听，表达尊重

古希腊哲学家艾比克泰德（Epictetus）曾经说过："我们有两只耳朵一张嘴，所以我们的聆听要两倍于叙说。"这个朴素而智慧的箴言并

---

[1] 吴建民：《外交案例》，中国人民大学出版社，2007，第334页。

不为人们所遵从。在社会群体中，听、说的分配是不平衡的：权力大的人占据绝对的话语优势，各种平台和媒体为他们提供不断叙说的机会，他们用嘴的机会要大大多于用耳朵；而那些处在权力场边缘的大众，绝大多数时候都得支起耳朵倾听长者、尊者的教导和训令。在尊重父权的东方文化中，听、说在人群之中不均衡分配的现象尤其显著。成功人士在公共场合侃侃而谈的热烈画面，会给人一个强烈的印象：一个人的口才与其成功的概率成正相关。因此毫不意外，在基础教育中演讲和辩论的能力被高度重视和强调，倾听的重要性几乎不被提及。

对听、说两者关系的不恰当理解在谈判者中也普遍存在。竞争性谈判者尤其擅长先声夺人，他们用抑扬顿挫的语调，声情并茂地指责和批评对方，无比坚定而自信地表达自己的观点和立场，气场强大，氛围感拉满。但谈判中的沟通本质上是双向的对话，而不是单向的输出，沟通的效果不取决于信息输出的多少，而是有多少信息被对方接受。而且谈判者在理论上是平等的，他们对谈判进程和结果有同等话语权。在谈判桌上只顾着单方面输出，没有耐心倾听对方的，是一种霸凌行为。

倾听之所以重要，是因为倾听是在表达尊重。尤其当倾听者的认知和经验明显高于诉说者时，倾听的主要含义就变成了表示尊重。《窗边的小豆豆》里的"小林校长"在第一次见面时耐心倾听了"小豆豆"四个小时的絮叨，表现出了他对小朋友足够尊重。谈判桌上也需要"小林校长"这样放下强者的姿态，耐心倾听的谈判者。

> 校长先生把椅子拉到小豆豆跟前，面对小豆豆坐了下来，说："好了，你跟老师说说话吧，说什么都行。把你想说的话，全部说给老师听听。"
>
> 小豆豆开心极了，立刻开始说起来。说话的顺序、说话的方式，都有点乱七八糟的，但她拼命地说着：

……

校长先生边听边笑着，点着头，有时候还问："后来呢？"小豆豆越发开心，说个没完没了。

说完之后，小豆豆绞尽脑汁想啊想，这回却是真的找不到什么可说的了。小豆豆不禁有些伤心，这时，校长先生站了起来，用温暖的大手摸摸小豆豆的头，说："好了，从今天起，你就是这个学校的学生了。"

这个时候，小豆豆感到生平第一次遇到了自己真正喜欢的人！因为，从小豆豆出生后到现在，还从来没有一个人这么长时间地听他说话呢。而且这么长时间里，校长先生一次也没有打哈欠，一次也没有露出不耐烦的样子。他也像小豆豆那样，向前探着身体，专注地听着。[①]

二、高难度倾听

如果对方说出的都是至理名言，或者溢美之词，那么倾听就是"如听仙乐耳暂明"般的愉快体验，谁不愿意做个温良恭俭让的倾听者呢？谈判各方是因为分歧和冲突而坐在一起的，心里不同程度地带着不满、积怨，甚至愤怒。他们的情绪会在谈判发言中流露，甚至倾泻而出，因此谈判中的倾听常常是听"呕哑嘲哳"之声，是需要克服文化和制度障碍的高难度倾听。

（一）倾听长篇独白

跨文化、跨政治制度谈判中的倾听是一件十分需要毅力和忍耐力的事情。在与越南代表进行谈判时，基辛格不得不以极大的忍耐力倾听了越南代表的长篇独白。他在回忆录中描述了这一艰难的倾听经

[①] 黑彻柳子：《窗边的小豆豆》，赵玉皎译，南海出版社，2011，第19—21页。

历:"按照北越人的谈话习惯,春水①提出了一些需要澄清的问题,特别是加强谈判程序的问题,然后就发表了一个长篇独白。他首先追述了越南几个世纪以来为独立而战的史诗,这是我在接下来的四年中又听了许多遍的故事。对他们来说,追忆历史已经成了一种仪式,就像饭前祈祷一样,只不过要长得多。越南人如何击败所有外来者的这段英雄史诗确实给我留下了深刻印象,甚至很令人感动,虽然在多年不断的重复之后,这篇冗长而枯燥的故事已经成为对我自控能力的一种考验。"②

(二)倾听指责

周恩来总理倾听不同声音的能力同样令人印象深刻。1955年4月18日,亚非会议在万隆召开。令中国代表团意外的是,会议第一天各国代表的发言中出现了很多针对中国的攻击性言论。例如:伊拉克、土耳其代表说当今世界的三大威胁是帝国主义、殖民主义和共产主义;泰国代表危言耸听地声称,"中国成立傣族自治区使泰国受到了颠覆活动的威胁";锡兰(斯里兰卡)代表甚至说中国若确有共处的诚意,就应要求共产党情报局解散各国共产党。他们还攻击中国没有宗教自由,指责中国利用在国外的1000多万华侨的双重国籍来进行颠覆活动。③当时会议气氛十分紧张。周恩来一直坐在台下,耐心地听着各国代表的发言,他沉着冷静,不时地记录着各国代表的发言。4月19日,针对会议出现的全新情况,周恩来将之前准备好的发言稿改成书面发言散发给会议代表,另外作了补充发言。在补充发言中,周恩来一一回应了各位代表的批评和指责,表达了"求同存异"的和解精神,达到了增信释疑的效果。当黎巴嫩外长对"和平共处"一词提出异议并进行恶

---

① 春水:原名阮仲任,越南政治家,1963年至1965年任越南外交部长,1968年至1973年担任越方谈判团团长,参加巴黎和平协议的谈判。
② 亨利·基辛格:《基辛格越战回忆录》,海南出版社,2009,第66页。
③ 谢益显主编《当代中国外交》,中国青年出版社,2004,第98—99页。

意批评时，作为该词的共同倡议者，印度尼赫鲁总理火冒三丈，气愤地退出会场。周恩来则始终"平等待人、自尊自信又谦虚自若"，赢得了亚非拉各国人士的好感和尊敬。万隆会议之后，中国外交掀起了第二次建交高潮，建交的亚非国家由原来的6个增长到1966年的26个。[①]这一巨大外交成就与周恩来在万隆会议上的精彩外交表现息息相关，而他精彩外交表现的第一步就是耐心倾听。

周恩来总理、基辛格博士和"小林校长"都示范了如何做一个优质倾听者：耐心。即使对方是一个说话颠三倒四的幼稚孩童，即使对方的情绪化表达冗长而无趣，即使对方已在进行人身攻击和诬蔑，一个优秀的倾听者也会耐心地倾听，耐心倾听本身就非常有意义。

三、积极倾听

优秀倾听者不是被动地倾听，他们会通过肢体语言以及提问的方式参与甚至影响对方的阐述，这是一种积极倾听。积极倾听，指倾听者在倾听的过程中不是一味被动地接受，而是以各种方式适当地参与进去，和讲述者互动，以促进倾听的效果。

（一）拒绝消极倾听

中国古代流传着三个小金人的故事。

> 曾经有个番国派使臣到中国进贡了三个小金人。使臣献上贡品后说：听闻中央王朝人才济济，可否请问哪位高才能辨出这三个小金人的贵贱？三个小金人看上去一模一样，称起来也一样重。大臣们一一上前，尝试了各种办法，都无法区分它们。这时一位老臣拿着三根稻草走上前来。他抽出第一根稻草塞入第一个小金人的左耳朵，稻草从其右耳朵里冒了出来；他取出第二根稻草塞

---

① 黄华：《亲历与见闻：黄华回忆录》，世界知识出版社，2007，第112—114页。

进第二个小金人的左耳,稻草从小金人的嘴巴里掉了出来;他又取出第三根稻草,从第三个小金人的左耳朵里塞进去,这次稻草进去后既没有从右耳朵里出来,也没有从嘴巴里出来,而是掉进了小金人的肚子里。老臣答道:第三个小金人最金贵。

这个故事的寓意是关于倾听的。古老的智慧认为,最好的倾听,不是左耳朵进右耳朵出,听了跟没听一样,也不是听到了立刻传播出去,而是要听进去放在肚子里沉淀下来。但依照笔者看来,这三个小金人都是消极倾听者:第一个小金人像风箱,风进风出,风过无痕;第二个小金人像复读机,成了别人的传声筒;第三个小金人像貔貅,一个只进不出的怪兽。三个小金人的共同特点是,在倾听的过程中都没有与诉说者进行互动,都是消极倾听。

消极倾听通常有如下表现:(1)物理性倾听。物理性倾听是指倾听者的耳朵和大脑共同完成了把声波机械地转变为生物电信号的过程,也就是英语里的"hear"。物理性倾听通常是被动的,比如突然听到爆炸声。与物理性倾听相对的是精神性倾听,也就是英语中的"listen"。这一过程的发生是有主观能动性的,比如"我和朋友们一起去听了一场歌剧"。谈判者上谈判桌是来解决问题的,本质上谈判中的倾听是精神性倾听。但有时对方难免会说一些听上去与谈判议题无关的话,或者纯粹宣泄情绪的话,此时倾听者也许会出于厌烦切换到物理性倾听模式,也就是走耳不走心。(2)选择性倾听。这种情况非常常见。人们一般愿意听那些自己熟悉和喜欢的话题,对于不熟悉和不喜欢的会有意无意地忽略。正确的倾听是要求在不喜欢不熟悉的议题出现时,格外需要打起精神来,认真倾听,以免错过重要信息。(3)跟随性倾听。这类倾听者全程认真跟听,但没有反思和质疑的能力,几乎全部接受对方的信息,容易被对方所影响。或者,他对听到的内容有所怀疑,但没有及时通过打断、提问的方式表达出来,而听任对方的观点无阻碍的传播开来。三种消极倾听在谈判中都是大忌。专业谈判人员必须具备积极倾听的能力。

（二）善用肢体语言

笔者有过两次截然不同的与倾听者互动的经历。一次的讲课对象是香港特区政府的公务员，他们非常善于利用肢体语言进行积极倾听。上课时学员们端坐在座位上，目光自始至终追随着老师，脸上有微笑，有时伴以点头，不时低头在笔记本上写点什么。看到学员学习态度很好，满脸的求知热情，我作为讲授者，兴致很高，侃侃而谈。那节课上，我布置了一个即时的课堂小练习，说明了作业要求后，我就开始在学员间进行巡视，以随时解答他们的问题。当走到一个学员面前时，他还是微笑地看着我，并没有开始做练习。我提醒他，"该做练习了"，他一脸迷茫。此时代表团团长解释道："老师，他普通话不太好，可能没听懂。"我才意识到，学员们看上去对我的课程饶有兴味，其实可能并没有听懂，更谈不上是喜欢，但他们积极倾听的身体语言，激起了我的讲课热情。他们通过这种方式，表达了对老师的尊重。

另一次讲课经历的授课对象是地方单位的基层工作人员。上课时，尤其是到后半节，大家都有些心不在焉，看起来他们对我的讲课一点儿也不感兴趣。我有十数年的讲课经历，听众有学生，有干部，有企业家，有发展中国家外交官，讲课次数不下几百场，那一次授课的印象不太好，我多少有点沮丧。但是，后来得知那一个班的学员给我的授课评价却是很高，让我颇感意外，他们明明用肢体语言给了我负面评价啊。

我两次截然相反的与倾听者互动的经历，说明肢体语言是非常重要的传递信息的信号，需要得到专业的对待，而不是随意为之。前面刚提到的"小林校长"倾听时的肢体语言就很清晰正向，"小豆豆"注意到"这么长时间里，校长先生一次也没有打哈欠，一次也没有露出不耐烦的样子。他也像小豆豆那样，向前探着身体，专注地听着"。

另一位校长在倾听方面也很有心得。哈佛大学前校长查尔斯·艾略特（Charles William Eliot）博士曾言："要关注眼前同你谈话的人，这是对他最大的奉承。"他正是这么做的。据美国著名作家亨利·詹姆斯（Henry James）的回忆："艾略特听你讲话的时候，并不是沉默没有反应，而是另一种活动的形式。他坐得笔直，双手放在膝上，除了拇指互相交扣发出或快或慢的动作之外，整个身体都很稳重地静坐不动。他面向对话者，仿佛用眼睛和耳朵同时倾听，在你讲话的时候，他会全神贯注，注意你讲的每一句话。"[1]

从我的学员以及两位校长的倾听经历中，我们至少可以总结出如下几点关于倾听时身体语言的原则：其一，坐直身体，略微前倾，不前后左右晃动；其二，手放在膝盖上，或者桌子上，不拿无关的物品；其三，脸朝向讲述者，控制面部表情，不出现微笑之外的负面表情，如不耐烦、厌倦等；其四，有目光接触，眼神专注，不宜躲闪涣散；其五，倾听过程中可伴随颔首点头的动作；其六，做笔记。

也有人将这些表达积极倾听的肢体语言概括为"SOFTEN"（软化），其中S=微笑（smile），O=开放的姿态（open），F=身体前倾（forward lean），T=接触（touch），E=眼神交流（eye contact），N=点头（nod）。[2]

以上关于倾听者身体动作发出的细节，不仅适用于日常生活中的倾听，如听老师讲课、听领导讲话，也适用于谈判中。如果能在对抗性的谈判中做到以上细节，则双方关系及谈判氛围都有望改善。

（三）善于提问

德国有句谚语：一问值千金。在倾听的过程中适时提问，至少有如下功能：

1. 获取更多的信息。《鬼谷子》里的"反听之法"说的就是通过反

---

[1] 戴尔·卡内基：《卡内基沟通与人际关系》，詹丽茹译，中信出版社，2008，第87页。
[2] 美国卡耐基训练机构：《倾听》，周芳芳，中信出版社，2020，第10章。

问得到自己想要的信息。"因其言，听其辞。言有不合者，反而求之，其应必出。"① 意思是根据对方说出的话，听出其言辞中的真实想法。如果对方言辞中透露出的意思与己方想要得到的不相符合，就继续"反问"，对方的回应必定满足自己的需要。有专家甚至建议可以提出一些对方不会回答的问题。因为即使对方不回答，你也可以通过观察对方在听到这个问题时的反应来获得一些重要信息。②

2. 确认信息，防止分歧。在美国沃顿商学院的谈判课上，老师常教授学生："要经常对你所听到的内容进行总结，然后用自己的话再给对方说一遍。这样做既是尊重对方，也可以确保你们双方的意见仍然保持一致。"③ 关键谈判中涉及的重要利益的安排，尤其需要通过追问的方式加以确认。

3. 帮助对方厘清思路。富有经验的谈判者内心里对于自己的利益诉求是非常清楚的，也能够通过准确的语言表达出来，这大大提高了谈判的效率。但对于谈判新手来说，他们显得顾虑重重，或者寡言少语，或者语焉不详。此时提问可以帮助他们一点点厘清思路，挖掘深层需求。提出的问题甚至可以非常直接：你为什么这样说？你有证据吗？你在担心什么？你刚才这句话，我可以这样理解吗？等等。当然这样的提问，可能当时得不到对方的回应，但会刺激对方顺着你开启的方向进一步思考，因为人本能地有回答问题的冲动。

以上两节分析的提高跨文化表达力和跨文化倾听力的一些方法，能够帮助谈判者高质量地发出信息以及高效率地接收信息。但如何准确地理解接收到的信息，对于国际谈判者挑战更大。谈判者需要具备相应的跨文化知识背景，才能更高效地利用已获信息。

---

① 许富宏译注：《鬼谷子》，中华书局，2012，第21页。
② 罗杰·道森：《优势谈判》，刘祥亚译，重庆出版集团，2008，第221页。
③ 斯图尔特·戴蒙德：《沃顿商学院最受欢迎的谈判课》，杨晓红等译，中信出版社，2018，第90页。

第四节 跨文化理解力

早期的人类由于语言不通而无法相互理解，随着技术手段的进步和教育的普及，语言不再构成人们之间交流的障碍，但是文化差异仍然导致误解和纷争。如前所述，跨文化交流的效果取决于谈判者的表达能力、倾听能力以及跨文化理解力，而表达能力和倾听能力很大程度上也取决于跨文化理解力。比如上文提到的移情阐述，就需要表达者对双边的文化都有深刻体悟和理解。因此，提高跨文化理解力是国际谈判者的必修课目。

文化往往"为一群人所共享，它划清了不同群体的界限"。[①] 国际谈判者从一国抵达另一国进行谈判时，飞机和签证能帮他们轻松跨越地理空间上的群体界限，然而跨越文化意义上的群体界限则困难得多，尽管国际谈判者可能是本国国民中对他国文化最具开放态度、最有适应力的群体。

一、国际谈判中的文化误解

在谈判中遭遇各种文化误解是司空见惯的事情。哈佛谈判研究所前所长罗杰·费舍尔教授曾讲过一个联合国前秘书长瓦尔德海姆在伊朗遭遇文化误解的故事。20世纪80年代初，联合国秘书长瓦尔德海姆到伊朗争取美国人质的获释。抵达德黑兰后，他通过伊朗国家广播电台和电视台发表讲话。他讲话的原文是："我此行的目的是以调停者的身份，找到双方都能接受的折中办法。"（I have come as a mediator to work out a compromise.）他的讲话播出不到一个小时，愤怒的伊朗人用石头砸了瓦尔德海姆的车。随后他在伊朗的一切努力，均严重受挫。

[①] 爱德华·霍尔:《超越文化》，何道宽译，北京大学出版社，2010，第16页。

因为，在英语中"compromise"（妥协）表示双方都能接受的折中解决办法的意思，而在波斯语中，"妥协"具有"有损我们的原则"这一贬义含义；同样，"调解人"一词在波斯语里是指"未经邀请爱多管闲事的人"。①

中苏之间也出现过类似的文化误解。1964年中苏边界谈判进行过程中，中方在一次发言评论中用了"作茧自缚""得陇望蜀"等文学修辞手法，苏方误解说这是对他们的"污蔑"，认为中国把社会主义苏联比喻成一条小"虫子"是不可接受的。苏方还争辩说他们对中国的四川和甘肃没有"领土要求"。②

给小费是西方文化中特有的现象。蔡方柏大使回忆当年他经历的一个关于小费的文化误解。那时他刚到法国，接到一个任务是作为"文化信差"给法国文化部长马尔罗家送新年礼物。马尔罗夫人接过礼物并致谢后，按照法国习俗给了他10个法郎小费。当蔡方柏拒绝了小费，道声再见打算转身离去。马尔罗夫人很不高兴地说："怎么？你嫌少了吗？10个法郎你嫌少了吗？"蔡方柏急忙解释说中国人没有收小费的习惯，何况是作为黄镇大使秘书来给部长及夫人送新年礼物的，更不可收小费。③但在法国文化中，收下小费并致谢才是礼貌的做法，拒收小费被视为是表达不满。

跨文化研究者致力于研究特定文化中的社会规范以及此种规范之下人们共享的、相对稳定的价值观、行为逻辑和行为方式。来自不同文化的谈判者需要装备这样一套知识，才能够更准确地理解来自对方的信号，最大限度地避免异域文化带来的冲击。美国人类学家爱德

---

① 罗杰·费舍尔、威廉·尤里、布鲁斯·佩顿：《寸土必争——无需让步的说服艺术》，王燕、罗昕译，外语教学与研究出版社，2005，第23、165页。
② 周晓沛：《中苏破镜重圆亲历记》，载牛力主编《听大使讲故事》，新华出版社，2010，第176—177页。
③ 蔡方柏：《见证法兰西六位总统》，载牛力主编《听大使讲故事》，新华出版社，2010，第108—109页。

华·霍尔和荷兰心理学家霍夫斯坦德在该领域的研究成果，为跨文化谈判者管理文化差异提供了强大的工具。

二、高语境文化和低语境文化

爱德华·霍尔被认为是系统研究跨文化传播活动的第一人。在他那本被反复提及的跨文化研究的经典之作《超越文化》中，他创造了"高语境文化"和"低语境文化"两个概念，并用它们确立一个讨论文化差异的维度。根据霍尔的定义，高语境文化中的交流是指谈话时多数信息或外在于物理语境或内在于说话者个人，只有少数信息是可以通过话语本身得到清楚解码并传递的；低语境文化中的交流是指无须借助外在环境，多数信息都能通过话语本身解读出来。[①]霍尔认为中国是典型的高语境文化国家，德国是典型的低语境文化国家。根据霍尔书中若干片段化的论述，在德国和中国之间从低语境到高语境分布着如下国家（见图6-2）：

德国—北欧国家—英国—美国—法国—拉美国家—中东国家—日本—中国 →
低语境文化　　　　　　　　　　　　　　　　　　　　　　　　　高语境文化

图6-2　语境文化的国家分布

资料来源：作者整理。

霍尔自述其研究的目的就是将隐性的文化模式提升到自觉意识的高度，赋予它们显性的形式，以便于研究。对于来自高语境文化之最的中国谈判者，需要意识到高、低语境文化之间的差别以及他们可能对谈判产生的影响。根据霍尔提到的两种文化各自的特点（见表6-2），笔者将它们的差别总结如下。

[①] Edward T. Hall, *Beyond Culture* (Illinois: Anchor Books/ A Division of Random House, Inc., 1976), p. 91.

表6-2 高语境文化与低语境文化比较[①]

对比项	高语境文化	低语境文化
总体特性	隐性	显性
时间观念	多元时间：同时处理几件事	一元时间：逐一有序安排
技术	相对落后	先进
社会机构复杂性	低	高
语言代码	受限代码	复杂代码
行为	根植于历史变化缓慢高度稳定	历史短
应变能力	应变能力弱	应变能力强
理解	需要观察环境中技术层面的细节	无须注意技术层面的细节
创造力	在原有体系内有创造力，面对新事物难有创造力	在原有的体系内没有创造力，面对新事物时有创造力
人际关系	强纽带	弱纽带
对冲突的预见性	弱	强

资料来源：作者整理。

在高语境文化中，人们的行为根植于历史，具有较高的稳定性，行为模式变化缓慢，因此适应新事物新环境的能力相对较弱，创造力略显不足。但有趣的是，他们在自己的文化体系中是有创造力的，这可能是因为他们进行语言交际时用的是受限代码，也就是去掉诸多语言成分的简化语言，简化语言提供的模糊性实际上给后续多种可能性留下了空间。高语境文化所用的受限代码是被压缩过的，因此提供的信息是有限的。如果要理解他们，则需要观察其所处环境中的技术性细节，以获取补充性信息。高语境文化中的社会机构相对简单，技术相对落后，可能是因为此种文化对任何意义上的清晰和明确都要求不高，从而使环境中的人失去了精益求精的精神和习惯（日本似乎是个例外）。高语境文化中人和人之间的关系非常重要，他们通过各种纽带

[①] 表格为笔者根据霍尔的原作整理。爱德华·霍尔：《超越文化》，何道宽译，北京大学出版社，2010。

联系在一起，这种强联系可以帮助他们对抗一般性的麻烦和冲突，也就是说，局部初起阶段的麻烦和冲突容易被强社会关系所遮蔽而不为社会所感知和预见。

低语境文化则呈现出完全不一样的特点。他们或者历史短暂，如美国；或者历史屡次被中断，如德国。缺乏连贯性和稳定性的历史没有为他们提供稳定的行为模式，他们反而适应性非常强，尤其当历史剧变发生时，他们往往表现出足够的创造力。然而，他们在原有的体系内创造力是不足的，可能是因为复杂化的社会结构、明晰的社会规则限制了他们发挥的空间。低语境文化中交际用的语言代码是复杂代码[1]，以提供足够准确的信息。他们追求准确清晰的偏好，不仅限于语言范围，社会机构而因此也变得复杂以满足各种功能性需求，技术领域更是精益求精。他们的时间观念是线性的，所有的事情都应该在时间轴上或者时间表里依次有序展开。他们认为在同一空间和时间里同时办几件事情是不可接受的混乱。低语境文化中个人和个人之间的联系比较脆弱，因此社会风险和冲突更易被感知和预见。

用语境高低来区别文化模式，在霍尔之前有类似先例。美国人类学学会前会长许烺光（Francis L. K. Hsu）曾将中国文化和美国文化的根本区别总结为"中国人的生活方式是情境为中心的，而美国人的生活方式是以个人为中心的"。[2] 中国现代新儒家梁漱溟用玄学和科学来区别中西文化的两个路向，[3] 其中"玄学"符合高语境文化中所说的隐性和模糊，"科学"则与低语境文化中追求准确、清晰、显性相一致。

---

[1] 例如，德语有一套极为复杂的语法以确保语言的准确性。仅以德语中的名词为例，所有名词都有性、数、格的变化：性分为阳性、中性和阴性三种；数分单数和复数，复数的构成形式多样；格根据其在句子中承担的语法功能，分为第一格、第二格、第三格和第四格四种；而且德语中所有名词的首字母都必须大写。

[2] 许烺光：《美国人与中国人：两种生活方式比较》，彭凯平、刘文静等译，华夏出版社，1989，第14页。

[3] 梁漱溟：《东西方文化及其哲学》，上海世纪出版集团，2006，第68页。

不管是用"高语境""低语境",还是使用"情境""个人",抑或是"玄学""科学"来表述不同的文化模式,文化差异的存在是无可争议的事实。强调这些差异,旨在提醒跨文化交流活动的参加者意识到差异可能带来的障碍。正如霍尔所言:"如果低语境文化者在不了解高语境的情况下就去认真介入高语境文化,那实在是愚蠢之举。这是西方与东方打交道时的危险所在。"[①] 反之亦然。

三、文化差异的五个维度

霍夫斯坦德在文化差异领域的卓越成就始于1967—1973年在美国国际商用机器公司(IBM)的国际员工中所做的一场大规模调查。他们将20种不同语言的调查问卷发放至72个国家和地区。基于对回收的116 000多份调查问卷的统计和分析,霍夫斯坦德提出了文化的四个维度以解释文化差异,即权力距离、不确定性回避、个人与集体的关系以及性别气质。在20世纪80年代邦得(Bond)公司所做的关于中国价值观的调查的基础上,霍夫斯坦德提出了文化的第五个维度:时间取向。与霍尔略具艺术气质的研究相比,霍夫斯坦德的研究追求科学性、系统性、实证性以及量化,其研究成果对后来的跨文化研究产生了更为广泛而深远的影响。

本书将选取被实验对象中的19个国家和地区来展示它们在霍夫斯坦德各个文化维度指数中的得分,并解读其之于谈判的意义。这19个国家和地区或者是中国在国际谈判桌上经常相遇的谈判对手,或者是具有地区文化特色的代表性国家和地区,它们是:美国、英国、法国、德国、瑞典、意大利、澳大利亚、巴西、阿拉伯国家、以色列、东非、南非、日本、韩国、新加坡、印度、菲律宾、马来西亚、南斯拉夫。需要提示的是,读者在查阅指数排序时应考虑此研究发生的时间是20

---

① 爱德华·霍尔:《超越文化》,何道宽译,北京大学出版社,2010,第113页。

世纪70年代。

（一）权力距离

"权力距离"（power distance）一词来自荷兰社会心理学家穆尔德（Mulder），用来衡量"上级和下属之间能被下属感知到的来自上级的人际影响力"，或者"机构或者组织中权力相对小的一方多大程度能接受权力的不平等分配"。[①] 权力的分配状态与一国平等状态直接有关：在较为平等的国家，下级不接受权力的不平等分配，上级对下级的人际影响力也比较有限；在不平等的国家，弱者能够接受无权的事实，他们会服从上级的意志。

霍夫斯坦德根据被调查者对问卷里相关问题的回答设计了权力距离指数（PDI）以量化国家之间权力距离的不同，表6-3列出19个国家和地区的权力距离指数。整体来看，亚非拉国家比北美和欧洲国家权力距离指数更高，发展中国家比发达国家权力指数更高，东方国家比西方国家权力距离指数更高。以色列权力距离指数只有13，令人印象深刻。

霍夫斯坦德对权力距离指数进行了社会规范解读。他认为指数高的国家和指数低的国家都存在阶层结构，但低指数国家的层级结构是一种出于便利而进行的安排，而高指数国家的层级机构是存在主义（existential）的，居于高位者被认为是理所当然优越的。高指数国家中如果出现了问题，会让人（做错事的人）来负责，低指数国家则会反思制度的问题。高指数国家中强权者和弱权者之间有明显的矛盾且互不信任，低指数国家中上下级也会存在矛盾，但矛盾不是根本性的，而是就事论事。高指数国家对年长者既尊敬又害怕，低指数国家对年

[①] 霍夫斯坦德:《跨文化之重：价值、行为、体制和组织的跨国比较》，上海外语教育出版社，2008，第83、98页。

长者则一视同仁。①

据此可以推断，来自高权力距离指数国家的谈判者有维护国内领导的权威和面子的压力，一旦领导作出了决策，谈判者在谈判桌上的任务就是执行这个决策，因此让步的空间很小。而且来自高指数国家的谈判者更担心谈判破裂，因为在他们的文化中，是具体的人而不是制度为谈判不成功负责，而此人可能就是谈判者自己。如果谈判对象国是高权力差距指数国家，则指派年长者前去谈判会对对方形成心理优势，长者的权威也可能得到尊重。如果对象国是低权力差距指数国家，派代表时则可以不考虑年龄因素。

表6-3　各主要国家（地区）权力距离指数②

排序	国家（地区）	指数	排序	国家（地区）	指数
1	马来西亚	104	33	日本	54
4	菲律宾	94	34	意大利	50
7	阿拉伯国家	80	35/36	南非	49
10	印度	77	38	美国	40
12	南斯拉夫	76	41	澳大利亚	36
13	新加坡	74	42/44	德国	35
14	巴西	69	42/44	英国	35
15/16	法国	68	47/48	瑞典	31
21	东非	64	52	以色列	13
27/28	韩国	60			

资料来源：作者整理。

（二）不确定性避免

"不确定性避免"（uncertainty avoidance）这个词来自理查德·M.

---

① 霍夫斯坦德：《跨文化之重：价值、行为、体制和组织的跨国比较》，上海外语教育出版社，2008，第97—98页。

② 表6-3、6-4、6-5、6-6、6-7均为作者根据原著整理。参见霍夫斯坦德：《跨文化之重：价值、行为、体制和组织的跨国比较》，上海外语教育出版社，2008，第87、151、286、356页。

西尔特（Richard Cyert）和詹姆斯·马奇（James March）的书《企业行为理论》（*A Behavioral Theory of the Firm*），指的是"特定文化中的成员多大程度上觉得不确定的或者未知的情况是威胁"。不确定性避免和风险避免不是一回事，但两者密切相关。当事情存在不确定性时，去做这件事就会有风险。作者基于被测试人对三个问题的回答得出了不确定避免指数（UAI）：是否应该严格遵守公司规定，会继续在公司服务多长时间以及感到工作有压力和焦虑的频率。在指数高的国家例如日本，人们会尽量避免不确定性，会严格按照规章制度办事，对企业忠诚度高，更加保守。在中国香港和新加坡这样的国际港口城市，人们更能将变化、新鲜事物、多样性视为机会，因此对不确定性的忍受程度更高（见表6-4）。在谈判中，不确定避免指数高的国家如日本，可能在提出创造性解决方案方面略逊一筹，他们会寻求尽量在事先准备好的框架内解决问题。如果谈判框架超出预先计划的范围，他们会加以抵制，从而显得顽固和缺乏灵活性。

表6-4　各主要国家（地区）不确定性避免指数

排序	国家（地区）	指数	排序	国家（地区）	指数
7	日本	92	37	澳大利亚	51
8	南斯拉夫	88	39/40	南非	49
10/15	法国	86	43	美国	46
16/17	韩国	85	44	菲律宾	44
19	以色列	81	45	印度	40
21/22	巴西	76	46	马来西亚	36
23	意大利	75	47/48	英国	35
27	阿拉伯国家	68	49/50	瑞典	29
29	德国	65	53	新加坡	8
36	东非	52			

资料来源：作者整理。

(三) 个人主义和集体主义

这个维度对于成长于集体主义传统的中国谈判者来说更容易理解。个人主义的社会中人和人之间的联系是松散的，每个人的主要责任是照顾好自己以及最直系的亲属；集体主义的社会中人们从出生开始就内嵌在一个紧密结合的团体之中，受它的保护，也需要保持对它的忠诚。在传统社会，这个团体是部落氏族；在现代社会，这个团体可以是企业、政党或者国家。个人主义指数越高的国家如美国，越容易接受以个人自由为前提的市场资本主义和民主政治；反之，个人主义指数越低的地方如新加坡、韩国，政府在经济中的主导地位越强（见表6–5）。

从谈判角度而言，以上两种文化的谈判者在处理冲突、谈判战略选择以及团队合作的方式上都有所不同。个人主义文化的谈判者不惧怕面对因利益分歧而产生的冲突，集体主义文化的谈判者则被认为"倾向于合作，避免直接对峙"[1]，他们会尽量将冲突最小化。在谈判战略选择上，有专家认为，个人主义文化的谈判者倾向于使用分配型谈判战略，而集体主义文化的谈判者倾向于使用整合型谈判战略。[2] 在团队合作上，两种文化相同之处是谈判组组长的作用都非常重要，不同的是，来自个人主义文化的谈判团队的成员均有比较强的主观能动性；来自集体主义文化的谈判团队则更强调组长的作用，谈判组其他成员的作用可能处在被抑制状态，从而影响团队整体力量的发挥。

---

[1] 珍妮·布莱特：《全球谈判：跨文化交易谈判、争端解决与决策制定》，范徵等译，中国人民大学出版社，2005，第11页。

[2] 分配型战略和整合型战略的两分，类似于本书中的竞争型战略和合作型战略的两分。熊炜：《外交谈判》，北京大学出版社，2014，第155页。

表6-5 各主要国家（地区）个人主义指数

排序	国家（地区）	指数	排序	国家（地区）	指数
1	美国	91	22/23	日本	46
2	澳大利亚	90	26/27	巴西	38
3	英国	89	26/27	阿拉伯国家	38
7	意大利	76	31	菲律宾	32
10/11	法国/瑞典	71	33/35	东非	27
15	德国	67	33/35	南斯拉夫	27
16	南非	65	36	马来西亚	26
19	以色列	54	39	新加坡	20
21	印度	48	43	韩国	18

资料来源：作者整理。

（四）男性主义和女性主义

第四个区别文化的维度是性别主义。作者根据被调查者对工作目标的不同理解计算该国的性别指数（MAS），指数越高，说明该国的男性特征越明显，如日本、奥地利；指数越低，说明该国的女性特征越明显，如瑞典。根据作者的解释，男性主义国家指社会中的性别角色区分得很清楚，比如男性就应该是果决、强悍、追求物质成功的，而女性被认为是谦逊、温和、注重生活质量的。女性主义国家中性别角色不那么泾渭分明，会出现交叉：男性和女性都谦逊、温和、注重生活质量。性别指数也可被用来解读一国在对外援助政策以及环保政策上的偏好。一般认为女性主义国家愿意承担更多的国际援助义务以及投入环保事业。[①]但这个结论尚可以存疑，因为至少日本（性别指数95）和瑞典（性别指数5）在国际援助以及环保事业上政策的偏好并没有那么大（见表6-6）。

[①] 霍夫斯坦德：《跨文化之重：价值、行为、体制和组织的跨国比较》，上海外语教育出版社，2008，第286、297、317页。

表6-6　各主要国家（地区）性别主义指数

排序	国家（地区）	指数	排序	国家（地区）	指数
1	日本	95	25/26	马来西亚	50
4/5	意大利	70	27	巴西	49
9/10	英国/德国	66	28	新加坡	48
11/12	菲律宾	64	29	以色列	47
13/14	南非	63	35/36	法国	43
15	美国	62	39	东非	41
16	澳大利亚	61	41	韩国	39
20/21	印度	56	48/49	南斯拉夫	21
23	阿拉伯国家	53	53	瑞典	5

资料来源：作者整理。

（五）时间取向

时间维度的研究基于1985年所做的中国价值观调查，选取的国家和地区与前面的有所不同。作为延续时间最长的文明，中国的时间指数是118，位列第一。紧跟其后的是亚洲伙伴们。瑞典、德国、澳大利亚等欧洲国家指数都在30以下（见表6-7）。时间维度的差别基本可以理解为东西方的差别。东方国家历史悠久，其思维方式都是长时间导向的。时间越长，可能性就越多。与其追求未必准确的真理，不如追求美德。一个人只要具有美德就能够应对长时间维度中出现的不确定性。但什么是美德也没有绝对的标准，评价一个人是否具有美德要取决于环境。[①]

---

① 霍夫斯坦德：《跨文化之重：价值、行为、体制和组织的跨国比较》，上海外语教育出版社，2008，第356、362—363页。

表6-7 各主要国家和地区时间取向指数

排序	国家（地区）	指数	排序	国家（地区）	指数
1	中国	118	12	瑞典	33
4	日本	80	14	德国	31
5	韩国	75	15	澳大利亚	31
6	巴西	65	17	美国	29
7	印度	61	18	英国	25
9	新加坡	48	21	菲律宾	19

资料来源：作者整理。

以上对霍尔和霍夫斯坦德研究的详细分析，意在为跨文化谈判者提供分析文化差异的基本工具。关于东西方文化的差异，还有很多学者曾经论述过，如梁漱溟的《东西文化及其哲学》、法国汉学家谢和耐（Jacques Gernet）的《中国与基督教：中西文化的首次撞击》、许烺光的《中国人与美国人》等。阅读这些著作，有助于跨文化谈判者理解文化差异。

本章小结

本章从沟通渠道的建立和使用、跨文化表达力、跨文化倾听力、跨文化理解力四个方面建构了一套关于如何提高跨文化沟通效果的知识体系。谈判首先需要渠道，直接渠道好过间接渠道，多渠道好过单一渠道。但渠道只是客观的载体，渠道上传递的可以是善意也可以是敌意，通过渠道进行的可以是竞争也可以是合作，谈判者建立和利用渠道的主观意愿更为重要。就跨文化表达而言，既要满足语用学的一般原则，多用"描述"少用"评论"，更要善于用移情式表达，使倾听者能够迅速借助本国的文化背景来理解表达者的要义。在谈判中，倾听首先是一种表示尊重的态度，其次才是获取信息的能力。谈判中的倾听通常是一种高难度倾听，这个时候更需要通过积极倾听，增加信息获取的效果。与跨文化表达和跨文化倾听相比，跨文化理解难度更高。跨文化学者如爱德华·霍尔和霍夫斯坦德，进行过大量努力，试图提供一个分析文化差异的框架，但文化本身是广博、弥散而流动的，运用相对固定的框架去理解文化差异显得捉襟见肘。当然，也不必过于担心文化差异对谈判的干扰。虽然文化之间确实存在差异，但人类之间共享的情感、认知和价值感远多于他们之间存在的差异。比较文学研究发现，法国作家伏尔泰的《老实人》中虚构的"黄金国"不仅在意境上而且在具体描述方式上都与1300年前远隔万里的中国大诗人陶渊明笔下的"桃花源"酷似，英国作家哈代（Thomas Hardy）与中国作家沈从文的文学创作中也存在明显的相似之处。 在日本常驻10年之久的前美国大使约瑟夫·格鲁（Joseph C. Grew），在参加德川公爵的佛教丧礼时，并不会感到任何文化上的不适，反而"感到自己不是外人，而是这群人中亲密的一部分，俨如在波士顿与家人相聚而不是在东京，……恍如置身于波士顿的伊曼纽尔教堂"。 而且持久的全球化进程正在不断侵蚀所剩不多的文化差异。国际谈判者的特质是受教育程度高，国际化程度高，我们完全有理由相信，即使文化是族群同构的过程中对外建立起来的无形壁垒，国际谈判者也有能力穿壁破垒。

第七章 理解各国谈判风格

一国谈判风格主要受相对稳定的内部因素的影响，如文化和政治制度，但也受偶然外部因素的影响，如土耳其前驻美大使法鲁克·罗戈格鲁（Faruk Logoglu）认为，"9·11"事件发生后，美国谈判者的谈判行为发生了变化。[①] 本节讨论的各国谈判风格主要是指那些深植于一国本土文化和制度意义上的相对稳定的谈判风格。

在论述各国谈判风格之前，需要提示两点：其一，各国自成一种谈判风格并不意味着各国谈判者没有共性。根据笔者的经验观察，无论是谈判实践者还是研究者，他们的专业水平越高，他们之间关于谈判认知的共性就越多。例如，笔者发现了一本俄罗斯人写的《克里姆林宫谈判法则》的书，如获至宝，以为可以通过此书窥见俄罗斯人独特的谈判风格。翻阅后才发现书中关于谈判的观点与美国人罗杰·道森（Roger Dawson）所写的《优势谈判》并无大的出入。其二，一国被认为有统一的风格，并不意味着该国谈判者认知和行为的均质化。事实上，同是美国人，纽约人的谈判思维和谈判方式就和加利福尼亚州人有所不同，和得克萨斯州人更是迥异。同理，我们也不能假设巴黎人和里昂人、马赛人有着同样的谈判风格。来自同一个国家的谈判者，还会因为受教育程度、性别、出生年代等的差异而产生不同的谈判理念和行为。努力对一个国家的谈判风格进行提炼，是试图在人类行为的绝对差异中寻找相对的共性和规律，毕竟这就是社会科学的价

[①] 法鲁克·罗戈格鲁：《谈判安全：一意孤行的超级大国》，载理查德·H.所罗门：《美国人是如何谈判的》，中国现代国际关系研究院译，时事出版社，2012，第234页。

值所在。

第一节 美国的谈判风格

美国与中国的关系是世界上最重要的双边关系之一，中美在世界贸易组织、亚太经合组织、气候变化大会、联合国人权理事会等多边机制中多有交锋，双边关系中也长期存在贸易、知识产权、人民币汇率、人权、南海、台海等议题上的分歧。管控两国在以上议题中的分歧，找到双方均能接受的双赢方案，不仅关系两国各自的国运，也关系到国际社会的未来走向。因此，了解并善于应对美国这个重要的谈判对象，是中国外交中的重中之重。

和世界上多数国家不一样，美国是个相对年轻的移民国家，很难说美国具有其他国家那样深植于地理和历史意义上的独特文化，因此也没有这种意义上的谈判风格。但是美国人的谈判行为又确实存在某种连续性，这种连续存在的行为模式就构成了风格。

一、强势但"公平"

说起美国的谈判风格，相信"强势"这一词会立刻出现在很多人的脑海里。美国和平研究所曾经发布过一份题为《美国谈判行为》的研究报告，报告认为美国谈判者有鲜明的风格，其中第一条就是强势（forceful）[1]，可见美国人自己并不否认这一点。其谈判对象，如日本更是对此多有抱怨。在回忆1986年美日半导体问题的谈判时，日方形容美国的用词是"穷追猛打"，"处心积虑、精心布局、令人不寒而栗"，"栽赃"，"无中生有的污蔑"[2]。宫泽喜一在回忆东京和华盛顿之间的谈

---

[1] Nigel Quinney, "U.S. Negotiating Behavior," United States Institute of Peace, Special Repert 94, (October 2002): 1.

[2] 鹫尾友春：《日美博弈战》，孙律译，中国友谊出版公司，2021，第127—128页。

判时，也认为美方代表在谈判中自负且态度傲慢，不顾及日方感受，只顾坚持贯彻自己的理念，使用顽强的说服方式不肯让步，管得太宽使人感到厌烦。[1]

美国在国际谈判中的强势，可以从个人、国家、国际三个层面得到解释。在个人层面上，美国是个人主义程度最高的国家，其空间和时间系统都呈"散点模式"[2]。个人主义色彩浓厚表现在谈判中，就是美国的谈判者个个都很专业，既能单兵作战，又能协同作战，且战斗力都很强悍。在国家层面上，美国国际谈判者的自由度受制于国内三权分立制和选举制。白宫虽然掌握对外政策决策权，但签订的条约需要得到国会的批准。在与中国加入世界贸易组织的谈判中，国会的反对是前方贸易谈判代表不得不认真对待的事情。[3] 美国的总统选举和国会议员选举的定期举行，也给了国际谈判者时间压力，因为选举之后新当选的总统或者国会议员可能对谈判达成的协议与前任有不一样的观点。这种源自国内的制度性约束条件压缩了谈判者在国际谈判桌上的让步空间，他们能够做的就是强硬地坚持自己的主张，说服对方接受自己的立场。在国际层面，美国是目前唯一的超级大国，是二战后国际秩序的设计者和维护者，长期奉行霸权主义和强权政治，其国家利益广延至全球各地，在全球许多热点问题上都是利益攸关方。这种权力和利益结构，使得美国得以高调"掺和"诸多发生在世界各地的本质上是地区事务、国内事务的事件中去，并且动用美国的强大资源促使事情按照美国希望的方式得到解决，这些在其他国家看来无疑也是强势的。

美国人自认为虽然强势但算得上是待对手以"公平"（tough but

---

[1] 宫泽喜一：《东京—华盛顿会谈密录》，世界知识出版社，1965，第182页。
[2] 爱德华·霍尔：《无声的语言》，何道宽译，北京大学出版社，2010，第129页。
[3] Charan Devereaux and Robert. Z. Lawrence, eds., "Case Studies in US Trade Negotiation," *Institute for International Economics,* Vol. 1, (2006): 267–271.

fair)。[1] 如果美国人的这个自述尚可采纳的话，那么这一"公平"理念来自哪里呢？笔者认为与美国这个国家特有的宗教文化、体育文化和市场文化有关。(1) 宗教文化。美国以基督教立国，在宗教信仰里，"人人生而平等"(all men are created equal)。宗教中的平等观念成为其他领域平等理念的坚实基础。秉持平等观念的谈判者，在解决冲突的方案中会考虑其他谈判者的利益诉求，最佳方案通常是"和解"(reconciliation)，是让大家都有出路。(2) 体育文化。美国是一个十分重视竞技体育的国家，其中棒球运动更被看作美国精神的缩影。在体育运动中，双方虽然竞争性很强，有的运动还伴随肢体的剧烈冲撞，但运动都是在规则之下进行的。在观看洋基队和红袜队120多个赛季中的激烈赛事时，美国人培养的不仅是竞争意识，也是规则意识，即在规则之下与对方进行"公平"的竞争。(3) 市场文化。待对手公平也可能来自市场经济里各方多次重复博弈以后形成的均衡感。多次博弈以后形成的均衡状态，对博弈各方来说都达到了最佳状态，因而也是稳定的，否则结构很容易被打破。在市场经济中有着丰富博弈经验的博弈者深知，只有待对方公正，自己的所得才是稳定且可持续的。因此，待对手平等完全可以理解为一种为了自利而不得不利他的理性行为。

在以上三种社会文化熏陶下，美国人具有了相当程度的"公平"意识。在上文提到的霍夫斯坦德五个文化维度的量化研究中，美国的权力距离指数是40，在所有国家中是比较低的（如马来西亚是104），意味着在比较文化领域，美国也被认为是相对平等的国家。不管是出于理性的算计，还是出于文化上的信念，美国人认为自己至少主观意愿上是想待对方"公平"的。如果具体议题的紧迫性或者具体谈判人员个性的咄咄逼人，使得谈判看上去强势，那至少不是事情的全部。

---

[1] Nigel Quinney, "U.S. Negotiating Behavior," United States Institute of Peace, Special Repert 94, (October 2002): p. 1.

二、专业且投入

美国谈判者的专业性表现在对议题的熟悉以及为此而做的充分准备上。他们在开始一项谈判时通常对所谈议题相关的问题和细节了如指掌,这种熟悉当然有赖于他们有一套专业的工作方法。1919年1月伍德罗·威尔逊前往巴黎谈判时,同行的是一支数百人的队伍,其中包括若干专家学者。1959年7月尼克松访问莫斯科之前,利用一切空闲时间研究国务院、中央情报局、参谋长联席会议和白宫工作人员送来的报告和建议。他与在华盛顿所能找到的所有见过或了解赫鲁晓夫的人进行长谈,听取了上百个在与赫鲁晓夫的谈话中有可能被提及的问题的介绍。他还收集并尽可能记住现有的一切有关赫鲁晓夫个人的情况。[1] 美国贸易谈判代表巴尔舍夫斯基的谈判准备工作及专业性给龙永图留下深刻印象:"她每次谈判,自己都背着一个很沉的包,里面装了很多文件。她能知道世界贸易组织规则的每一个细节。"[2] 中国前经贸部副部长张祥坦言,跟美国人谈判会明显感觉压力很大,原因是对方谈判者后面有强大的团队,准备了翔实而充分的资料,作出了非常精准、全面的数据分析。[3]

我们可以通过1969年美国与苏联进行限制战略武器谈判之前的工作来看美国是如何准备谈判的。基辛格先就美国在战略武器谈判中应采取什么立场向各个部门征求意见,然后召开有总统参加的国家安全委员会,请求总统授权。接下来要组织一个跨部门的专门小组来完成更专业的准备工作。小组的任务是系统地分析限制多弹头分导重返大气层运载工具的战略含意、这种限制的可检查性、对方逃避检查的可

---

[1] 理查德·尼克松:《六次危机》,黄兴等译,世界知识出版社,1999,第329页。
[2] 辛文萍:《龙永图与巴尔舍夫斯基天津聚首,披露谈判细节》,中国新闻网,2011年6月12日,http://www.chinanews.com/cj/2011/06-12/3105023.shtml,访问日期:2024年6月20日。
[3] 张祥:《文化软实力与国际谈判》,社会科学文献出版社,2013,第50—51页。

能性和引发的危险。协助该小组工作的部门有中央情报局和国防部。中央情报局要评估每一项建议中的武器限制的可检查性，如何按规定进行核查，在被发现之前对方可能进行哪些欺骗，违反协议所引起的战略后果如何，等等。国防部则要分析可能采取什么补救措施，要花多少时间才能执行这些措施。小组综合分析了对每种武器进行限制的可能性，把这些限制方案分成7组。这些方案就构成了一堆现成的积木，以便在谈判桌上针对苏联的建议通过拼积木的方式作出灵活反应。基辛格自认为这项研究是"本届政府乃至历届政府对武器控制的战略上的含意和核实上的含意所做的最全面的研究"。①

美国人甚至帮助盟国进行谈判准备，在中英解决香港问题的谈判中，美国就帮助过英国。美国副总统布什以及国务卿专门接受了英国驻美大使奥利佛·赖特（Sir Oliver Wright）的政策咨询，美国国务院东亚事务助理国务卿约翰·霍尔德里奇（John Hordridge）与中国进行过"售台武器"谈判，并向前来拜访他的英国外交官阿兰·唐纳德（Alan Donald）面授机宜。美国还向唐宁街提供了新近研究中国谈判风格的一份报告。② 1990年联邦德国领导人科尔（Helmut Kohl）与苏共中央总书记戈尔巴乔夫见面谈判两德统一问题前，布什政府向他通报了之前美国国务卿贝克同苏联外长谢瓦尔德纳泽会谈时的情况，美国甚至还就科尔与戈尔巴乔夫会面中应如何处理说话语气这样的细节问题，以及实质性内容等其他问题提出建议。科尔称："美方提供的信息非常有帮助。"③

---

① 亨利·基辛格:《白宫岁月》（第一册），陈瑶华等译，世界知识出版社，2003，第187页。

② China's Negotiating Style，英国国家档案馆藏英国首相府档案，档案号PERM19/1053，第11—13页。

③ Ross Dennis, *Statecraft and How to Restore America's Standing in the World* (New York: Farrar, Straus and Giroux, 2007), p. 41.

三、重事理，轻关系

与中国、日本等东方国家相比，美国在谈判中并不重视关系的建立，他们把时间精力都用在了事情本身上。在美国人看来，寒暄是多余的，回顾双边关系更是浪费时间。他们会直奔主题，诊断当前面临的问题的性质，然后启动工作程序以应对问题，直到最后找到解决问题的方案。在这个过程中，他们的关注点始终在问题上面，并不寻求通过建立良好的关系为解决问题提供便利。他们认为提供扎实的事实、数据和细节才是说服对方的要领所在。

美国人之所以不重视培养人际关系，可能与美国社会流动性强有关。在美国，很少有人会一直居住在出生的地方。为了求学和工作，从一个地方迁往另一个地方，是再正常不过的事情。流动性强的社会不鼓励花时间精力建立长期的友谊。关系观念相对淡薄的美国人在谈判中总是公事公办，私人关系如何几乎不能影响他们对待工作的立场和态度。这并不是说，美国人认为关系不重要，而是他们不认为建立关系是谈判中的重要部分，也不把关系视为谈判中有用的工具之一。

但在谈判中不够重视关系的美国人可能会因此遭受挫折，尤其当对手来自一个重视关系和人情的国家时。在与日本的一系列谈判中，美国代表出言不逊、咄咄逼人的做法屡见不鲜，以至作为盟国的日本都无法忍受。1954年陪同时任首相吉田茂赴美谈判的宫泽喜一后来在回忆录中抱怨："他（杜勒斯）有一种过于自信和自负的毛病，往往不能很好地理解对方的内心"，"对于美国人的做法，具有悠久传统和自尊心而目前既贫且弱的日本人，已本能地产生了一种反感。"[①] 土耳其前驻美国大使法鲁克·罗戈格鲁认为，如果布什政府一开始就与伊拉克逊尼派穆斯林建立起建设性的良好关系，那么美国在伊拉克的事态

---

① 宫泽喜一：《东京-华盛顿会议秘录》，谷耀清译，世界知识出版社，1965，第182页。

发展就会完全不同。①

当然美国人在关系建设方面也不会那么死板和绝对，他们也会根据对方的做法给予必要的回应。例如，美国和苏联谈判时也会交换礼物，苏联人会送鱼子酱、伏特加、翻领别针、徽章给美国人，美国人则赠之以威士忌、古银币、美国鹰的雕塑。②优秀的谈判者，如基辛格，则更是会突破本国的谈判风格，根据谈判对象国的文化，适当作出调整。前文谈判战术部分提到，有学者从基辛格的谈判经历中总结出了15条经验，其中有两条都在强调基辛格重视与对方的关系。基辛格与周恩来总理谈判时会用大量的褒义词，如"优秀的文化""美丽而神奇的土地"等，来表达对中国传统文化的崇拜和敬仰，通过这种方式建立起与中国谈判者的良好关系。

四、结果导向，追求效率

"美国人的谈判是深刻的结果导向，不会为了程序而程序，不会为了谈而谈。"③这句话道出了美国谈判行为的特点之一。对于有些国家，谈判是为了建立和维护关系，或者是为了作出姿态，以迎合国内或者国际上的呼声。对于美国而言，谈判的目标清晰而坚定：就是为了解决当前存在的问题，就是要和对方谈出一个解决方案。

在结果导向的驱动下，美国谈判者追求高效率的谈判模式。(1) 快速启动谈判。在时间取向上，美国是短期取向的国家，在谈判中明显比长时间取向的谈判者更急躁。没有人比美国人更相信"时间就是金钱"了。他们常常以自己能够在最短时间内达成协议感到自豪。如果

---

① 法鲁克·罗戈格鲁：《谈判安全：一意孤行的超级大国》，载理查德·H. 所罗门：《美国人是如何谈判的》，中国现代国际关系研究院译，时事出版社，2012，第234页。

② Jerrold L. Schecter, *Russian Negotiating Behavior, Continuity and Transition* (United States Insititute and Peace Press, 1998), p. 134.

③ Nigel Quinney, "U.S. Negotiating Behavior," United States Institute of Peace, Special Repert, 94, (October 2002): 5.

是客场谈判，他们几乎从与东道主见面的那一刻起，就不停地催问对方何时开始谈判。在与历史悠久的国家如中国、日本谈判时，这种急躁和催促容易构成文化冲突。事实上他们几乎一直在抱怨谈判对手的拖延。（2）直接切入谈判议题。美国人的直接令日本前外交官渡边幸治印象深刻。他发现美国人几乎总是开门见山地陈述他们的兴趣和要求，在讨论预算和金融问题时直截了当，在提交议案时也特别直率。[1]在日美货币谈判中，日方代表描述美方代表马尔福德"做事喜欢速战速决，一旦确定目标就接二连三地进攻"。[2]（3）偏好直接、明晰的信息交流。[3]就沟通模式而言，美国显然更偏爱显示交流，而显示交流能够满足"合作性语言四准则"：数量准则、质量准则、关联准则和方式准则。在美国人看来，讳莫如深、语焉不详、闪烁其词都是浪费时间。谈判用的语言越直接明了越好。

高效率谈判的成果最终必然体现在协议的签订和执行上。协议在美式谈判中占据极其重要的地位。美国人谈判时紧紧围绕协议展开，目标和中心非常清楚，就像一棵主干粗大的树，再繁茂的枝叶也掩盖不了主干的清晰轮廓。他们会把协议起草权抓在自己手中，认真准备协议草案，在谈判桌上逐条讨论，非常细致。协议一旦达成，美国人就会接受其约束。对于美国人的守约重诺，即使是冷战中的对手国家也不予否认。赫鲁晓夫回忆古巴导弹危机时说到他和卡斯特罗的黑海会谈。在会谈中，卡斯特罗谈了他对美国总统的判断："一般对人可以信任到什么程度，这很难说。但我认为，美国总统肯尼迪许下的诺言是可以相信的，他会履行自己的诺言，而不会违背自己的诺言的。"赫鲁晓夫也表示他是在肯尼迪一定会履行承诺的意义上信赖他的，他也

---

[1] 渡边幸治：《贸易谈判：日本谈判者的痛苦经历》，载理查德·H. 所罗门：《美国人是如何谈判的》，中国现代国际关系研究院译，时事出版社，2012，第231页。

[2] 泷田洋一：《日美货币谈判：内幕20年》，李春梅译，清华大学出版社，2009，第67页。

[3] Wendi L. Adair, Jeanne M. Brett, Tetsushi Okumura, "Negotiation Behavior When Culture Collide: The United States and Japan," *Journal of Applied Psychology*, 86, no. 3, (2001): 380.

承认肯尼迪的继任者约翰逊总统履行了他的前任作出的承诺。[①] 正因为美国人自己重约守诺,因此他们对对方在履约问题上也会有很高的期待。

第二节 日本的谈判风格

日本是中国一衣带水的邻邦,处在中华文化的辐射地带。地理和历史上的复杂关系,使得日本成为近代以来对中国产生影响最大的国家之一。中日两国经历了各个时期一系列的协定、条约的谈判和签署过程,浓缩了两个国家国力和国运的复杂博弈。尽管日本在文明分类上属于中华文明的卫星文明,与中华文明有着千丝万缕的关系,[②] 但一系列谈判的过程及结果均证明,中日两国的谈判风格迥异。

近代以来日本深度融入国际社会,与西方国家进行过各种议题的谈判,其谈判风格一直困扰着西方的谈判实践者和谈判研究者,关于日本谈判风格的研究也层出不穷。日本作为本质上的中华文明圈国家,其风格明显有别于美国等西方文明国家,称得上独特,或者如有些学者略显矫情地指出的"近乎独特"(almost unique)[③]。在霍夫斯坦德的五个文化维度里,日本的不确定性避免(日本92,美国46)、性别主义(日本95,美国62)、时间取向(日本80,美国29)三个维度上的指数明显高于美国。在高语境文化和低语境文化这一维度里,日本是仅次于中国的典型高语境文化。这些文化的独特性也带来了日本谈判行为的独特性。

[①] 尼基塔·谢·赫鲁晓夫:《赫鲁晓夫回忆录》(第三卷),述弢等译,社会科学文献出版社,2006,第2178、2182、2187页。
[②] 阿诺德·汤因比:《历史研究》,刘北成、郭小凌译,上海人民出版社,2000,第50页。
[③] Peter Berton, "How Unique is Japanese Negotiating Behavior?", *Japan Review*, no. 10, (1998): 151–161.

一、谈判前摸底

日本人谈判前的准备工作并不亚于美国人。谈判界有个普遍的共识，所谓专业，就是比别人准备工作做得更好，收集的信息更全面。从这个意义上来说，日本谈判者的专业化程度也很高，因为日本人的谈判准备就是信息导向的。[1] 当然所有国家的谈判准备都在收集信息，日本的信息导向有一个特殊之处，就是日本方面十分注重了解对方在关键议题上的底牌，也称为摸底。这可能与之后将谈及的日本的另一个谈判风格——"倾向于回避冲突"有关。为了避免正式谈判时出现难以弥合的分歧，甚至激烈对抗，日本谈判者会提前想各种办法去试探对方的接受程度。摸底的方式是谈判前的私人谈话和其他形式的非正式谈话。

1972年田中角荣首相正式访华前，日方进行的探查摸底是个典型案例。田中角荣访华前，日方先后派出多个代表团来华试探中国的底牌。1971年11月，东京都知事美浓部亮吉和横滨市市长飞鸟田一雄率国民议会访华团抵达北京。他们带来了自民党干事长保利茂的书信，以试探中方在一系列问题上的态度。周恩来总理表示信中内容与"台湾独立论"有关，不予接受。之后，民社党的春日一幸、公明党的二宫文造、自民党的古井喜实、社会党的佐佐木更三以及公明党的竹入义胜依次访华，耐心地与中国就建交原则进行磨合。1972年7月24日，竹入义胜再次访华，拿出日本政府的20条观点，与周恩来进行了三轮会谈，就和平条约、日美安全条约、战争赔款问题、钓鱼岛问题等探查中方的态度。由于"中方考虑了日方的立场，对日本政府的意见给予了照顾，竹入义胜两三天来的忧虑，顿然消失"。8月5日，回到日本后的竹入义胜向田中角荣递交了与周恩来会谈时的"竹入笔记"，田

---

[1] Robert M. March, *The Japanese Negotiator, Subtlety and Strategy Beyond Western Logic* (Tokyo: Kodansha International, 1988), p. 134.

中角荣当场迅速看了一遍，不禁喜形于色。[1] 至此，田中角荣正式访华前的探查摸底工作圆满完成。

基辛格对日本谈判者也有类似的印象。他发现，在同日本人举行会晤以前，他们总是先要派出许许多多使者来细致地打听清楚美国的立场。[2] 由此看来，谈判前的试探消息对于日本人来说是个必不可少的准备工作。

二、尊老和寻求共识

日本的权力距离指数在东方国家中并不算高（54），但日本强调等级，长者在等级体系中占据有利位置。尊老在日本是一种文化传统。长辈有义务对晚辈进行指导、提醒和纠正，但都是通过暗示的方式进行。如果不接受暗示，长者可以从道德高度进行训斥。这一文化在谈判团队中也有所体现：长者的建议会得到虚心接受；如果需要在谈判中使用"红脸白脸"策略，坏人总是由年轻人来扮演，而长者只管风轻云淡地做好人。

尊老并不意味着团队中的长者有决策权，即使长者是主谈人，他也未必有决策权。长者受尊重但无决策权，非常类似天皇在日本国内政治中的角色和地位。众多日本谈判风格研究者都提到，日本在谈判中是群体决策，需要凝聚共识，[3] 这倒符合日本的政治文化。日本是典型的多党制国家，国内政治决策需要寻求共识，也就是群体决策，决策周期长，过程慢，且相互推诿，"偷袭珍珠港"之前的决策即为典型案例。[4] 研究日本谈判风格的学者提醒美国谈判者，"日本人更喜欢作为

---

[1] 陈敦德：《新中国外交谈判》，中国青年出版社，2005，第482—510页。

[2] 亨利·基辛格：《白宫岁月》（第一册），陈瑶华等译，世界知识出版社，2003，第419页。

[3] Michael Blaker, Paul Giarra, and Ezra Vogel, *Case Studies in Japanese Negotiating Behavior*, United States Institute of Peace, (2002): 149–151.

[4] 堀田江理：《日本大败局：偷袭珍珠港决策始末》，马文博译，新华出版社，2014。

团体成员而不是个人工作。在谈判时，人们应该记住，仅仅说服一个人是不够的，必须赢得整个团队"。①

基辛格在分析日本人谈判风格时着重谈到这一点。他发现日本需要经过一个时间来形成必不可少的全国一致，然后才可能签署正式的协议。日本的大臣之所以在国际会议上很少发言，是因为他们的工作主要是为在会上收集材料以供之后的决策用。他警告说："如果有人试图越过这个过程，逼日本人达成一项协议，这种做法有时也能取得表面上的成功，因为被传为美谈的日本人讲客气的习惯也许会压倒他们对事情是否可行的判断，但是在这种情况下达成的协议，几乎从来不会见诸行动。1969年到1970年冲绳谈判之所以成功，以及纺织品谈判之所以失败，道理就在这里。"②

日本本国的谈判者也承认：谈判小组是由不同政府机构的人员组成，谈判小组运作依赖绝对的共识，而在谈判中达成共识是件耗时耗力的事儿。③还有一种观点认为，日本团队中存在一个关键的决策人，只不过这个人不在谈判现场，而是被雪藏在幕后。他通常只在最后关键时刻出现。在那之前，日本人决不会告诉对方真正的决策人是谁。当然这个真正的决策人也可能只是个象征性的存在，当共识达成时，最终决策人才会出来代表大家共同的意志。

研究者注意到日本谈判风格中的另一个特点——注重保密，也与共识有关。保密可理解为等待各方不受干扰地达成共识的过程。国内各种政治力量达成共识支持谈判协议之前，谈判者不希望关于谈判进展的任何消息泄露出去。因此，在20世纪80年代末至90年代初的大米

---

① Howard F. Van Zandt, "How to Negotiate in Japan," *Harvard Business Review* (November, 1970): 45–56.
② 亨利·基辛格：《白宫岁月》（第一册），陈瑶华等译，世界知识出版社，2003，第419页。
③ 渡边幸治：《贸易谈判：日本谈判者的痛苦经历》，载理查德·H. 所罗门：《美国人是如何谈判的》，中国现代国际关系研究院译，时事出版社，2012，第231页。

谈判中，细川护熙首相会极力要求美国不能泄露日本准备向外开放大米市场的消息。①

三、通过"先给"建构关系

毫无疑问，作为高语境东方国家，日本人非常重视关系，也善于建构关系。与美国等西方国家不一样，日本社会的个人关系是伦理道德关系而不是法律关系。但同为东方国家，日本人与中国人对关系的理解也有所不同。两个关键词有助于理解日本人关于"关系"的观念："先给"和"浪曲"。

在日本这样流动性低的社会，"先给"是一种行之有效的策略。"先给"是主动表达善意，以建立信任，目的是期望被给之人感到有义务在后期的合适时候给予回报。因此毫不奇怪，送礼在日本是司空见惯的行为。在日本人看来，送礼不是贿赂，而是善意和尊重的标志。②此种微妙的做法在日本具有极度文化舒适性。据说日本人将人情账进行分类：哪些是寻机给出的，哪些是等着收回的。虽然"先给"的人不能主动要求还情，但受人之好的人应主动寻机回报，否则会有罪恶感。③谈判中如遇到的是"先给"过的，谈判就变得非常简单，因为该对方还人情债了。

也有人用"浪曲"（rōkyoku，又称「なにわぶし」naniwabushi）来理解日本人的谈判风格。浪曲是江户时代流行的民间曲艺，常用的手法有开端（キッカケ，kikkake）、进展（セメ，seme）、愁叹（ウレ

---

① Michael Blaker, Paul Giarra, and Ezra Vogel, *Case Studies in Japanese Negotiating Behavior*, United States Institute of Peace, (2002): 154.

② Lyra Clavecilla, "Understanding the Japanese Approach to Negotiations," Business News, https://www.smejapan.com/business-news/understanding-the-japanese-approach-to-negotiations-2/#:~:text=In%20Japanese%20negotiations%2C%20the%20goal, just%20pushing%20for%20their%20interests.

③ Robert M. March, *The Japanese Negotiator, Subtlety and Strategy Beyond Western Logic* (Tokyo: Kodansha International, 1988), p. 27.

イ，urei）。开端是契机、诱因，在浪曲里开端是用来介绍背景，交代人物情感和想法的。进展原指进攻，是武士的出阵或合战，通过暴力的喧闹等方式表现勇猛庄严的场面。在浪曲中，进展的手法指通过夸张或者充满滑稽感的表演，让故事情节更动人。愁叹是指一种苦闷的、痛苦的心情，在浪曲里用来抒发人物的哀婉。[1] 日本人在谈判中的策略类似浪曲的这些表达方式。首先作为开端，日本人会阐述之前与你的关系，他们如何合作，做了多少努力等；接着日本人进展到开始阐述他们的困难，用形象而具体的语言和例子来说明他们遭受的挫折；然后日本人会提出他们的要求，表明如果他们的要求得不到满足，会造成多么凄惨的后果，让对方在自己的愁叹中感到压力。[2] 这其中的逻辑与"先给"是异曲同工的，其核心都是先建立关系，然后从关系中得到回报。

日本谈判者在建立关系上颇费心思，一旦关系建立起来了，自会区别对待。日本人在同熟人和同陌生人谈判时，策略是完全不同的。罗杰·道森发现日本人对陌生人往往采用"香蕉零售商式谈判风格"。在日本，香蕉零售商通常会对自己不认识的人狮子大开口，等对方提出抗议后，再把价格降下来。[3] 但是对熟人呢，就不一样，不仅不会狮子大开口，还会赠送一些产品或者服务，显示友谊和真诚，以进一步维护关系。

四、冲突回避式沟通

所有的谈判都需要处理冲突。美国人就很习惯在达成解决方案之前与之进行激烈对抗，他们认为谈判中有激烈冲突才是各尽其职，就

---

[1] 澤孝子公認ページ，浪曲语词典，http://sawa.muybien.info/item.html。
[2] Robert M. March, *The Japanese Negotiator, Subtlety and Strategy Beyond Western Logic* (Tokyo: Kodansha International, 1988), pp. 22–24.
[3] 罗杰·道森：《优势谈判》，刘祥亚译，重庆出版集团，2008，第216页。

像在球场上勇猛地与对方发生抢夺和冲撞一样。但日本人可不这么想，他们不喜欢冲突。在日本人看来，美国人高开价、咄咄逼人、锱铢必较是"非礼"的行为。深受儒家思想影响的日本人认为，当对方表现失礼或者不当时，他们要做聪明的"三不猿"，[①] 非礼勿听、非礼勿视、非礼勿说，他们以沉默回避之。

日本谈判者的很多有特色的行为都与他们回避冲突有关。前文提及的谈判前摸底以及重视关系建构，都是为了避免在正式谈判阶段分歧太大而出现冲突的预防性行为。除此之外，他们在沟通上的特点也与冲突回避有关。

其一，沉默不语可能是为了避免冲突和尴尬。许多有过与日本谈判经历的人都谈到，日本谈判者在倾听对方阐述时，会长时间保持沉默，没有评论，没有赞同，反馈很少。很多外国人常常对此感到困惑甚至深感挫折，"日本人不愿意进行争论，当受到挑战时，他们通常不会反驳、争论，甚至不会讨论他认为自己是对的。他只是保持沉默"。[②] 这和日本人授权有限、集体决策有关，但显然也和冲突厌恶有关。

其二，点头不代表同意，只是为了避免冲突。日本人在倾听对方时常常会点头，给人一种他同意你观点的印象，但其实不然。在一次美日商务谈判模拟中，美国人说他被日本人的频频点头所鼓励，以为得到了对方的同意和理解，他感到很愉快。想不到在接下来的价格谈判中，日本丝毫没有让步的意思。[③]

其三，如果非要说话时，日本人会说些"场面话"。注意到"本音"

[①] "三不"思想源自《论语》，后传到日本，经由寓言故事《三猿像》、神社中的"三不猴"木雕、邮票图案等方式在日本社会广为流传。

[②] Howard F. Van Zandt, "How to Negotiate in Japan," *Harvard Business Review*, November, 1970, pp. 45–56.

[③] John L. Graham, "The Japanese Negotiation Style: Characteristics of a Distinct Approach," *Negotiation Journal*, (April. 1993): 134–135.

与"建前"的区别,对于理解日本的谈判行为十分有益。"本音"亦即"真心话"(ほんね,honne),"建前"亦即"场面话""客套话"(たてまえ,tatemae)。在谈判中,日本人会藏起可能引起冲突的"本音",而说一些不代表真实想法的"建前"。他们认为当面说出"真心话",是不礼貌的,是对对方的伤害;而"建前"是为了避免引起对方的不愉快,与欺骗和陷害对方的谎言性质完全不同。实际上,这种两面性的说话习惯,在日本被认为是一种"避免尴尬的美德"。[①]

其四,日本人通过表情和身体语言释放的信息很少,避免产生不必要的误解和尴尬。如果想从动作、表情等非语言沟通领域探知日本谈判者的态度也非常困难。日本人很擅长控制表情,不露神色、掩藏感情在日本不是技巧,而是深植于文化中。直接表达感情,尤其是通过脸色表达好恶被认为是缺乏教养的,是不合适的。日本人成年后要学会控制面部表情(知らん顔,shirankao),让自己呈现出"冷漠脸""无变化脸""一无所知脸""浑然不觉脸",或者"吃惊脸"。[②] 通过眼睛获取的信息也很有限。日本人几乎不进行眼部交流,他们听对方讲话时,或闭上眼睛,或半闭上眼睛,或低头做笔记,以回避眼神交流,尽管这在西方文化中是极不礼貌的,但在日本很常见。

因此,日本人在谈判中的沟通特点,如沉默、点头、说场面话、表情冷漠,都可解释为对冲突的避免。这种沟通方式独具特色,与美国等西方国家不同,也迥异于中国和苏俄。

五、协议宽泛灵活

日本人对待协议的态度与美国、英国等西方国家有所不同,主要

[①] 堀田江理:《日本大败局:偷袭珍珠港决策始末》,马文博译,新华出版社,2014,第179页。

[②] Robert M. March, *The Japanese Negotiator, Subtlety and Strategy Beyond Western Logic* (Tokyo: Kodansha International, 1988), p. 152.

表现在两个方面：一是在日本社会不签书面协议而是采用口头协议的情况非常常见；二是没有那么重视书面协议，即使签了书面协议，也不会严格执行，有时甚至毁约重谈。

20世纪80年代，在日本做生意的外国人惊讶地发现，日本人在很多交易中并不使用书面合同，百万美元的生意都可以建立在口头协议的基础上，而且口头协议能够得到法院的认可。因为法院认可的是建立起来的关系，而不是一纸文书。他们发现，日本人依赖的口头承诺是可以修正的，当事情发生变化时他们采取再次谈判的方法，而且这种做法在日本社会根深蒂固，不会轻易消失。[1]这个来自20世纪80年代的观察和判断是否适用于40年后今天的日本呢？笔者就此采访日本国立政策研究大学院大学经济学邢予青教授。他说："日本是个信用社会，不在意合同，日本企业之间的合作，很多都没有合同，包括大公司。但并不需要担心毁约问题，大家互相信任，遵守口头约定的程度很高。"口头协议之所以能普遍存在，可能与日本社会流动性低有关。在一个流动性低的熟人社会里，社会评价比法律对一个社会人产生的约束力更强。

需要指明的是，口头协议主要存在于日本社会内部。当日本人与外国人进行交易时，还是会按照国际社会标准的做法签订合同的，只不过日本人对待合同和协议的态度与西方人有所不同而已。一是日本人对书面协议不积极。在美国人看来，日本人经常是在外部压力之下才最终同意签订协议的。[2]二是日本人认为协议签订以后是可以经由商量而改动的。日本人对于书面协议相对宽松的态度，可作如下理解：

其一，在日本人的认知里，协议只是确定了一种合作关系以及今后开展合作的意向和框架，而不是如西方国家所理解的是对当前所谈

---

[1] 罗伯特·M. 马奇:《如何与日本人谈判》，王华译，江苏人民出版社，1990，第120页。

[2] Michael Blaker, Paul Giarra, and Ezra Vogel, *Case Studies in Japanese Negotiating Behavior*, United States Institute of Peace, (2002): 149.

之事的具体安排和解决。合作关系一经确立，双方就可以进行更多的谈判，随时解决合作过程中出现的问题。所以，达成协议不是谈判的结束，而是谈判的开始。

其二，日本人没有把协议和法律的神圣性联系在一起。在美国和英国这样具有契约精神传统的法治国家，协议、合同具有法律地位，签约是非常正式庄重的事情。日本人不是美国、英国意义上的法治国家，其法规环境通过世界银行颁布的营商便利指数（数字越小表示营商环境越好）略见一斑。2019年，日本的营商便利指数是30，这个数字在美国是6，英国是8，澳大利亚是14，加拿大是23，新西兰是1。即使不与"五眼联盟"国家相比，而只与亚洲其他发达国家（韩国是5，新加坡是2）相比，日本的这个指数仍然明显偏高。[1] 实际上日本人把生意关系建立在法律准则基础上的意识，是在20世纪80年代外国律师被允许在日本开业之后才逐渐形成的。在那之前，日本人主要靠私人关系而不是法律规则维持生意关系，以至于有外国人抱怨，"日方对国际交往中几乎所有国家都推崇不已的合同的神圣性给予了残酷践踏，导致双方本来很小的对立发展到产生国际性的危机"。[2]

其三，既然协议合同只是合作意向和框架，而且可以因事改变，那么在谈判过程中也没必要像英美人一样逐条讨论，字斟句酌。日本人要的是一个笼统宽泛的协议，不会花很多时间在合同条款上，正式签订的合同里的内容是模糊不清的，合同里规定的权利和职责也是暂时的、实验性的，而不是绝对的。这一点跟其他东方国家，如中国和韩国对待协议的态度有类似之处。笼统和模糊不清的协议，在执行之后可能面临执行不下去而不得不重新谈判的境况。

---

[1] 世界银行营商便利指数，https://data.worldbank.org.cn/indicator/IC.BUS.EASE.XQ?view=chart。

[2] 罗伯特·M. 马奇：《如何与日本人谈判》，王华译，江苏人民出版社，1990，第124、117页。

但日本人协议宽泛且不严格遵守契约的说法，与日本的其他文化特征是有冲突的。例如，根据霍夫斯坦德的研究，日本的不确定避免指数高达92（美国是46），即尽量避免不确定性，而一个具体的明晰的书面合同当然有助于避免未来的不确定性。笔者就日本人的法律法规意识和合同观念采访了一些有日企工作经验的商界精英，他们认为日本人的法律法规意识很强，企业的规章制度制定得非常细致；而且日本人很自律，法律法规一旦制定出来，会尽量严格遵守执行。因此，日本人的协议宽松确有其文化渊源，并不意味着是一种基于利益算计之后的故意不履约行为。

总而言之，虽然作为东方国家，日本人的谈判风格与西方国家有很大差异，颇令西方人费解，但是西方谈判者在深入了解了日本人的谈判行为以及背后的逻辑后，基本还是持肯定的态度。约翰斯·霍普金斯大学日本研究中心前主任塞耶教授（Nathaniel B. Thayer）认为，日本人不像苏联人那样直白、富有进攻性，也不像中国人那样有"心计"。[1] 在日本生活了15年的澳大利亚作家马奇（March）也强调，日本人的沉默、冷漠无表情背后并没有什么真正的危险。诡计、算计、阴谋、狡猾在日本谈判者中并不常见。[2]

第三节 苏联的谈判风格

苏联（本小节中暂时不区分苏联和俄罗斯）在国际谈判中就专业性而言称不上稳定，但在风格上极具稳定性。这些风格既来自于地理、历史意义上的俄罗斯文化，也来自苏联时代特有的制度的塑造。正如

---

[1] Nathaniel B. Thayer & Stephen E. Weiss, "Japan: The Changing Logic of a Former Minor Power", in Hans Binnendijk, Center for the Study of Foreign Affairs, *National Negotiating Styles* (Washington, D.C.:Foreign Service Institute, US Department of State, 1987), p. 45–74.

[2] Robert M. March, *The Japanese Negotiator, Subtlety and Strategy Beyond Western Logic* (Tokyo: Kodansha International, 1988), p. 152.

一位资深的俄罗斯谈判行为研究者所言:"俄罗斯特有的身份、行为和文化对冷战后俄罗斯谈判者的影响一点不亚于对苏联以及革命前俄罗斯人的影响,连续性是显而易见的。"[①]

一、专业主义,因人而异

在主权国家之间进行的国际谈判首先是政治性的,但谈判通常需要解决非常具体的问题,因此对专业性亦有极高的要求。按照《专业主义》一书的作者日本战略大师大前研一对专业主义的定义,谈判者至少应该具备如下专业能力:第一,控制自己的情感,靠理性行动;第二,具备较强的专业知识和技术;第三,具备较强的伦理观念;第四,要将委托人的利益放在第一位;第五,具有永不衰竭的好奇心和进取心;第六,严格遵守纪律。[②]

按照以上标准,苏联谈判者的专业性是不稳定的,总体而言在后三项上的稳定性要高于前三项;就某一单项而言,如专业知识和技术,不同时期不同个人在不同谈判议题上表现出来的专业程度也大相径庭。比如,赫鲁晓夫1960年冬天赴法国谈判时对自己团队的准备工作就不太满意。他抱怨说戴高乐对苏联的立场了解得很清楚,但是苏联对戴高乐的了解却很不够。[③] 在与中国的众多谈判中,尤其是1950年1—2月的结盟谈判中,苏联在谈判前的准备工作则显得颇为充分。在中国代表团到达莫斯科时,苏联人起草的协议文本已经改了六稿。[④] 就谈判能力而言,长期担任前苏联外交部长的葛罗米柯是非常出色的,但他也是通过临时的学习来获得专业能力的提高。据他的谈判对手基辛格

[①] Jerrold L. Schecter, *Russian Negotiating Behavior, continuity and transition*, (Washington, D.C.,: United States Insititute and Peace Press, 1998), P. 5.

[②] 大前研一:《专业主义》,裴立杰译,中信出版社,2006,第43—44页。

[③] 尼基塔·谢·赫鲁晓夫:《赫鲁晓夫回忆录》(第三卷),述弢等译,社会科学文献出版社,2006,第2036页。

[④] 沈志华主编《中苏关系史纲》,社会科学文献出版社,2011,第115页。

回忆:"起初,他对战略武器一无所知,但他学习得很出色,到后来哪怕在最细微的问题上也能打一场顽强的后卫战了。"[①] 相较葛罗米柯这样的高级外交官,苏联谈判队伍中的一般成员的专业性反而会更高一些。根据尼克松团队中的苏联问题专家的说法:"苏联的律师被证明是一群非常出色且知识渊博的谈判者","他们阅读量很大,会为了捍卫他们的观点而据理力争。"[②] 前苏共中央总书记戈尔巴乔夫也充分肯定了苏联军事专家在苏联和美国进行中短程导弹条约谈判过程中提供的专业建议。[③] 但没有资料显示,苏联的外交官们在国际谈判中形成了一套完整的普遍的做法,谈判的专业化程度因时因事因人而异。

二、信任阙如,谨慎犹疑

在无政府国际社会中,信任本来就是稀缺品,在意识形态对立的大国之间,建立信任更是难上加难的事情。苏联在国际政治博弈中绝不会轻易相信其对手,尤其是来自资本主义阵营的国家。有观察者将苏联时期的外交行为概括为"各种恐惧的混合物:不安全感、疑虑重重、注意保密、对外不友好"。[④] 这既有冷战格局的外部因素,也与苏联的民族心理有关。

根据英国哲学家以赛亚·伯林的观察,"现代俄国文化一个最引人注目的特征就是它有一种非常强烈的自我意识",俄国人"深深地、完全地专注于自己,专注于自己的天性和命运"。1880年以来,俄国知识分子中有两股潮流,要不就是"证明注定要遵循自己独特的规律",要

[①] 亨利·基辛格:《白宫岁月》(第三册),陈瑶华等译,世界知识出版社,2003,第1012页。

[②] Joseph G. Whelan, *Soviet Diplomacy and Negotiating Behavior, the emerging new context for U.S. Diplomacy*, (Boulder: Westview Press, Inc. 1983), p. 118, 120.

[③] 米·谢·戈尔巴乔夫:《真相与自白:戈尔巴乔夫回忆录》,述弢等译,2002年,社会科学文献出版社,第263-264页。

[④] Joseph G. Whelan, *Soviet Diplomacy and Negotiating Behavior, the emerging new context for U.S. Diplomacy*, (Boulder: Westview Press, Inc. 1983), p. 133.

不就是相反,"把自己的失败归结于与其他国家的差异,对这种或那种支配着所有社会的普遍规律的无视"。① 前一种潮流反映了俄国人的自恋,后一种潮流反映了俄国人的自卑。这种自恋又自卑的矛盾的民族性格使得他们过于关注自己的感受,而对外界保持戒备和防范,以免受到伤害,表现在谈判中就是难以信任他国。

从国际格局中意识形态对抗的角度来看,不予对方信任显得更有现实的必要性。冷战时期,美苏两大阵营在意识形态、政治制度、经济建设、社会管理等各领域的全面竞争成为当时国际政治中或隐或现的持久主题。在此背景下,苏联深信,以美国为代表的西方资本主义国家打心底地想要削弱苏联,他们在谈判中提出的建议和方案后面肯定都是别有用心、动机不纯的。斯大林曾经对莫洛托夫说:"记住,我们是在进行斗争,和敌人谈判就是和整个资本主义世界的斗争。"②

20世纪30年代,有一位曾经与苏联人进行过谈判的英国人是这样评论的:"很难和苏联谈出点什么,因为他们只会把自己看作是一个在充满政治、金融、商业阴谋的世界里为自己崇高理念而战的满腹委屈的国家。"③ 1946年,美国驻莫斯科的临时代办乔治·凯南在那封著名的长电报里以西方人的视角对苏联由于意识形态对立而产生的独特的外交行为进行了深刻的描述,"资本主义与社会主义对立的观念如此之深地嵌入苏联政权基础中,以至于对作为国际社会一员的苏联的行为产生了深远的影响。这意味着苏联不可能真正地相信自己与资本主义国家的目标有可能一致……对立始终存在,对立是理所当然的。由对

---

① 以赛亚·伯林:《苏联的心灵——共产主义时代的俄国文化》,潘永强、刘北成译,译林出版社,2010,第123—124页。

② Jerrold L. Schecter, *Russian Negotiating Behavior, continuity and transition*, (Washington, D.C.: United States Insititute and Peace Press, 1998), p. 173.

③ Joseph G. Whelan, *Soviet Diplomacy and Negotiating Behavior, the emerging new context for U.S. Diplomacy,* (Boulder: Westview Press, Inc. 1983), p. 58.

立衍生而来的是克里姆林宫的那些令人不安的外交行为"。①

三、作风强硬，刻板教条

前苏共中央总书记戈尔巴乔夫在回忆录中对苏联的外交风格进行过反思，他说："我们的外交工作就是这么一个作风。主要的是显示不屈不挠，为了强硬而强硬。一味死硬，只顾全面子，既不考虑到政治的需要，也不考虑到实际的需要。"②前苏共中央总书记对苏联外交风格的自我反思与外界对苏联的印象不谋而合。一位对苏联谈判行为颇有研究的学者评论说："苏联在谈判中固守立场是众所周知的事情。"③

葛罗米柯就是一个典型的例子。基辛格在回忆录中对葛罗米柯"从谈判中榨取一切利益"的谈判风格更是有大段生动的描述，引述如下：

> 他总是尽可能地不让步，直到最后时刻，几乎总是到谈判的最后一次会议快结束的时候。他似乎抱定一种看法，只要存在对方首先让步的最小可能性，要他让步就是毫无道理的。
>
> 只要可能，葛罗米柯对开始一项谈判也要讲价钱，那就是：他要求对方作出让步，作为他坐到谈判桌前的代价。而后，他会用无休止的有关"一般原则"的争论来折磨谈判对手；一般原则一经商定，他就会节外生枝，就如何贯彻这些原则展开讨论。暂时达成的协议，往往由于对其意义做出的解释而告吹……他作的每一次让步都是有条件的，只是当这些费劲的过程对他显示出柠檬已经被绝对挤干了的时候，他才开始解决问题，往往很快就会解决。

---

① X: "The Sources of Soviet Conduct", *Foerign Affairs*, 65, no.4, (Spring, 1987): 858.

② 米·谢·戈尔巴乔夫：《真相与自白：戈尔巴乔夫回忆录》，述弢等译，2002年，社会科学文献出版社，第258页。

③ Joseph G. Whelan, *Soviet Diplomacy and Negotiating Behavior, the emerging new context for U.S. Diplomacy*, (Boulder: Westview Press, Inc. 1983).

第七章　理解各国谈判风格

葛罗米柯往往一上来就把微小的分歧点分得更细，拿立场的每一点细微更改做交易，尽量索价。他是个零售商而不是批发商，对他来说每次谈判就像是一张白纸，似乎谈判并未举行过，只是刚刚从头开始，既没有对将来提出要求，也没有承担责任。如果说信任感还有什么意义的话，那得建筑在利益的均衡上，而每一次谈判都得重新确定这种利益的均衡。①

在另一次与美国的谈判中，葛罗米柯试图耗尽对手耐心的做法同样令美方印象深刻。那是1985年5月中旬，苏联外长葛罗米柯和美国国务卿舒尔茨在维也纳会面，会谈的主题是安排里根和戈尔巴乔夫的元首峰会。会谈在14：00开始，葛罗米柯用了2个多小时讨论军控问题，而对舒尔茨抗议美国联络官员在民主德国被杀的事情不予评论，也绝口不提两国元首峰会的事情。舒尔茨决定予以反驳。18：00，葛罗米柯开始反击，持续到20：15。由于他们晚上要参加奥地利举办的酒会，双方收拾文件结束会谈。此时，葛罗米柯把舒尔茨叫到房间的一个角落，提出了元首峰会的时间和地点。舒尔茨匆匆结束了这个会谈。② 他要让葛罗米柯知道，他的这一套使人疲惫以乘人之虚的战术不管用。

苏联谈判者的作风强硬同样来自其复杂历史中形成的民族性格。使用对抗、好战的技巧迫使对方处于守势，是苏联人在谈判桌上的惯用手法。如果他们恰巧是东道主，则完全可能通过安排彻夜的谈判来拖垮对手。在他们看来，"谈判只是追求更大权力和影响力的斗争的一

---

① 亨利·基辛格：《白宫岁月》（第三册），陈瑶华等译，世界知识出版社，2003，第1013-1015页。

② Jerrold L. Schecter, *Russian Negotiating Behavior, continuity and transition*, (Washington, D.C.: United States Insititute and Peace Press, 1998), p. 129.

部分"。① 他们认为在谈判中必须足够强硬，才可能获得权力和影响力。正如凯南所言，如果他们发现对手娇气、羞怯，惧怕冲突，他们就会充分利用这一点从中索取点什么来。他们只尊重强者，他们认为羞怯就是软弱。②

中国外交官也领教过苏联人的强硬和刻板。钱其琛在《外交十记》中评价葛罗米柯"十分好斗，似乎随时准备跟人进行一场外交角斗"。苏联人在谈判中的强硬也表现为刻板教条，缺乏灵活性。他们总是纠缠于所谓的原则性问题。中苏关系正常化谈判中，苏方主谈伊利切夫坚持先从共同制定苏中相互关系原则文件做起。更令钱其琛不胜其烦的是伊利切夫发起言来态度强硬，长篇大论，咬文嚼字，教条而空洞。③

四、协议宽松，出尔反尔

同日本人一样，苏联人喜欢更宽泛的协议。这一特点早在1933年美国第一次与苏联进行建交谈判时就已经深有感触了。美方当时实际上提前起草了协议文本，但最后达成的协议还是如苏联所愿是一个原则性的宽泛协议。1943年关于战时军事合作的谈判中，美方提出了非常具体的三个建议，苏联表示"原则上同意"，过后美方才意识到，苏联所说的"原则性协议"的真正意思是"啥也不是"。④

苏联偏好这种原则性的宽松协议的原因，一是因为他们不像美国人那样认为，一旦协议签订，就意味着此次谈判的结束以及当前这个

---

① Leon Sloss & M. Scott Davis, *The Soviet Union: The Pursuit of Power and Influence Through Negotiation*, in Hans Binnendijk, Center for the Study of Foreign Affairs, *National Negotiating Styles*, 1987 (Washington, D.C.: Foreign Service Institute, US Department of State, 1987), pp. 17–44.

② Jerrold L. Schecter, *Russian Negotiating Behavior, continuity and transition*, (Washington, D.C.: United States Insititute and Peace Press, 1998), p. 135.

③ 钱其琛：《外交十记》，世界知识出版社，2003，第17、13—14页。

④ Joseph G. Whelan, *Soviet Diplomacy and Negotiating Behavior, the emerging new context for U.S. Diplomacy*, (Boulder: Westview Press, Inc. 1983), p. 80, 140.

问题的解决。在苏联人看来，签订一个协议，意味着一个工作关系的开始，之后双方需要就执行协议的过程中碰到的任何问题随时进行谈判。另一种观点认为，苏联人谈判依赖的是对力量的计算。协议是某种特定力量结构下的安排，但力量一旦发生变化，协议也就"没有什么固有的道德约束力"。[1] 苏联对协议的理解和态度，会让他的谈判对手认为苏联不是个守约的国家。尼克松将经由雅尔塔会议改善的美苏关系的急剧恶化归咎于苏联没有遵守《雅尔塔协定》。[2] 中苏关系史上也存在条约履行的问题。1919年7月25日，苏俄政府发表了"第一次对华宣言"，宣布苏俄愿意把"沙皇政府独自从中国人民那里掠夺的或与日本、协约国共同掠夺的一切交还中国人民"，愿将中国东部铁路及租让之一切矿产、森林、金产及他种产业……一概无条件归还中国，毫不索偿。"[3] 后来由于复杂的历史原因，该承诺并没有践行。1959年赫鲁晓夫访问美国后，单方面撕毁了1957年10月15日同中国签订的《中苏国防新技术协定》，拒绝向中国继续提供原子弹样品和技术。[4]

以上分析均指向，苏联的谈判风格是典型的竞争性谈判风格。正如一位俄罗斯学者所著的谈判书中所显示的，克林姆林宫的谈判法则，关心的是硬式谈判的取胜方法，关心如何在严苛的条件下谈判，如何与强势的对手达成共识。[5] 在他们看来，谈判就是斗争，就是硬碰硬。因此，俄罗斯谈判者反而会尊重强势谈判者，鄙视谈判桌上实力和意志力软弱的对手。一位中国企业的法务部门负责人在莫斯科与俄罗斯人连续进行了三个月的谈判，得出的经验就是：俄罗斯人会利用你的

---

[1] Jerrold L. Schecter, *Russian Negotiating Behavior, continuity and transition*, (Washington, D.C.: United States Insititute and Peace Press, 1998), p. 109.

[2] 理查德·尼克松:《尼克松回忆录》(中册)，裘克安等译，世界知识出版社，2001，第748页。

[3] 薛衔天等编《中苏国家关系史资料汇编(1917—1924)》，中国社会科学出版社，1993，第56~57页。

[4] 阎明复:《阎明复回忆录》，人民出版社，2015，第526页。

[5] 伊戈尔·雷佐夫:《克里姆林宫谈判法则》，许永健译，文化发展出版社，2018。

软弱，追求自己利益的最大化；必须要用比俄罗斯人还要坚定的语气对他们说"不"，最后他们会妥协的。

第四节 法国的谈判风格

法国亦是谈判风格鲜明的国家，因为法国本身就是个追求独特风格的国家。没有比说法国人没有风格更让法国人恼火的了。世人可以臧否法国的风格，但不能说法国没有风格，而这正是法国最大的风格：标新立异，领风气、理念之先。《法国谈判行为》一书的作者、美国中央情报局前驻巴黎官员卡冈博士（Charles Cogan）对法国人的谈判行为有过一个高度简约而准确的概括："法国谈判行为是理性主义和民族主义的混合，前者是法国文化和智识传统的产物，后者源于法国历史上的光荣和痛苦。"[1] 具体来说，笔者认为有以下三点。

一、擅长抽象观念和理性思辨

在欧洲哲学史上，法国哲学家以擅长理性思辨闻名于世。人类文明史上许多振聋发聩、令人热血沸腾的观念都是法国人创造的，而且每个观念，如黎塞留提出的"国家至上"理论、孟德斯鸠《论法的精神》中的"三权分立"思想、卢梭等启蒙思想家打造的"自由、平等、博爱"观念，一经提出均深刻改变了人类历史。在这样一个如此盛产观念和思想的国度，对于抽象观念的理性思辨成为一种深入骨髓的习惯，当然也在谈判领域有所表现。

法国外交官多贵族出身，接受过系统的精英教育，擅长抽象思维、理性思辨是他们的共同特点。因此毫不奇怪，你会发现法国外交官在进入具体谈判议题之前，会先找到一个哲学的框架。他们需要对目前

---

[1] Charles Cogan, *French Negotiating Behavior: Dealing with La Grand Nation* (Washington D.C.: United States Institute of Peace Press, 1995), p. 11.

所谈事情有个愿景，然后才能回到当下谈具体的问题。不同于美国谈判者急于解决具体问题，法国谈判者似乎是来开哲学研讨会的。法国式的抽象主义与美国式的实用主义之间存在着明显的风格差异。他们如此执着于清晰地、有条理地表达他们所擅长的超然理性，以致常给人以"健谈"（talktive）的印象。至于这种"健谈"是否能为他们的利益辩护，似乎不那么重要，重要的是辩论和说服过程本身。当他们觉得自己逻辑清晰、富有创意地表达完一个观念但又得不到对方的认同和回应时，会感到特别不过瘾，会认为对方愚蠢，所以不能跟上他们的思维。他们希望得到反馈，即使反馈非常激烈。[①] 当然，对于任何一种对群体特征的描述，人们都很容易找到例外。苏联前外长和部长会议主席葛罗米柯回忆法国前总统德斯坦时这样评论他："德斯坦是位知识渊博、举止端庄的人。在讨论过程中，他似乎可以使用上流社会谈话时的那种无拘无束的方式纵谈历史，但是，他几乎完全没有这样做。"[②]

由于对自己的理性和智慧信心满满，法国人在谈判中不太会妥协。他们甚至都不准备最佳替代方案，自信能在谈判桌上说服对方接受自己的方案。当然他们经常会为其自信付出代价。但法国人其实是"抽象理性其外，具体利益其中"的，虽然他们不太愿意承认这一点。为了利益，他们会在最后时刻妥协。

二、强烈的文化自豪感与自负

法国是一个重视文化传统的国家。法国人的文化自信世人皆知，他们喜欢与时尚和艺术品位高的人打交道。专家建议与法国人谈判，"一定要穿得更加正式，不妨在自己的衣服上加一些点缀，比如说一块

[①] Philippe G. Bianchi, "5 Tips to Better Negotiate with French," https://www.youtube.com/watch?v=mrQamceqoTg.

[②] 安·安·葛罗米柯：《回首往事》，苏群译，新华出版社，1989，第489页。

手绢或者丝巾"。① 或者像葛罗米柯一样，借故提起埃菲尔铁塔这个话题，尤其是在需要缓和一下气氛或者在一轮政治会谈之前需要放松一下的时候。而法国人也深知，当对方收到作为礼物的毕加索画作《和平鸽》（印刷品）时，接下来的谈判会愉快很多。②

法国人对代表法国文化的语言——法语有强烈认同感和自豪感，认为法语是世界上最优美的语言。如果能说一口流利的法语，且不带外省口音，会立刻赢得法国人的好感，拉近和他们的距离。英语在这个国家并不吃香，甚至可能被歧视。几乎所有法国人都倾向于用法语谈判，当不得不使用英语谈判时，他们很可能会心怀不满。

世界各国都有美食，但能把美食做到艺术的高度并使之在外交中发挥作用的国家并不多见。拿破仑的外交大臣塔列朗在巴黎近郊购置了瓦朗赛城堡用作外交聚会场所。城堡中的灵魂人物有两位：塔列朗自己，还有他的厨师马利安托万·卡瑞纳。这位被称为"厨师之王"和"王的厨师"的法餐开宗鼻祖，靠着精湛的厨艺，帮助塔列朗俘获了各国外交官的胃和脑。在维也纳会议期间，塔列朗的厨房俨然是著名的社交场所。正如塔列朗对拿破仑说的："给我一个出色的厨师，我给你带回满意的条约。"塔列朗开创的美食外交传统延续至今。在巴黎有过谈判经历者都必提在当地被宴请法餐的经历。进餐对于法国人不只是休息和补充能量的作用，对他们而言，法餐具有了"仪式感"。俄罗斯一位谈判研究者评论说："法国人在法餐和红酒上，比在法语问题上更加执拗，表现得更像沙文主义者。"③ 法国人的午餐吃上两个小时是司空见惯的事情，晚餐则更长。他们不喜欢像美国人一样忽视整个工作午餐，而且在餐桌上讨论工作，他们会在餐桌上大谈美食，谈画

---

① 罗杰·道森：《优势谈判》，刘祥亚译，重庆出版集团，2008，第210页。
② 安·安·葛罗米柯：《回首往事》，苏群译，新华出版社，1989，第495、500页。
③ 伊戈尔·雷佐夫：《克林姆林宫谈判法则》，许永健译，文化发展出版社，2018，第291页。

廊的展览，谈先锋剧场正在上演的话剧，等等。当然，称赞对方的厨艺，告诉对方你是多么喜欢这顿丰盛的美食，永远是受欢迎的。

强烈的文化自豪感可能导致自负，表现在谈判中就是好斗。观察者注意到，在北约的谈判中，"法国人比其他欧洲谈判者更咄咄逼人和富有对抗性，他们为了达到目标会付出长时间的巨大努力。他们的立场通常有点极端，而且会一直坚守立场，直到谈判的最后时刻才会释放出一点灵活性。他们认为即使冒着被孤立的危险，这样做也是值得的。他们为了利益会好勇斗狠，而且绝对不会为此道歉"。[①]

三、民族自尊心强，有反美情结

法兰西民族深沉的荣誉感和国家认同感是在波澜壮阔的法国历史中长成的。关于"征服者威廉"（William the Conqueror）、伏尔泰推崇备至的路易十四[②]、创建了"真正的法兰西帝国"的拿破仑，[③] 以及其他英雄人物的叙事，共同点燃了法兰西的民族自豪感。第二次世界大战爆发前，法国殖民帝国达到巅峰，统治规模仅次于日不落的英帝国。二战以后，法兰西殖民帝国迅速瓦解，遂产生了帝国荣光不再、民族荣誉感无处安放的尴尬。但越是行将失去的，越是难以割舍。战后法国外交中的民族主义色彩明显加重，外交中首先要考虑到的问题是：法国是否还像一个大国一样受到尊重。从戴高乐批评英国在1945年5月处理叙利亚危机时的一段话中可以体会到这种民族心态。戴高乐说："英国政府不仅把他一手制造的旨在反对我们的冲突公开摆在世界面前，而且利用法国无法予以反击的时机侮辱了法国。虽然我国大使马希格里从早晨起就在伦敦，一再求见艾登先生，但艾登却拒绝在下院

[①] Emily Metzgar, "French Negotiating Style," Special Report, p. 4, April 26, 2001, United States Institute of Peace, www.usip.org.

[②] 伏尔泰：《路易十四时代》，吴模信等译，商务印书馆，1982。

[③] 乔治·勒菲弗尔：《拿破仑时代》（上卷），河北师大外语系《拿破仑时代》翻译组译，商务印书馆，1978，第244页。

开会前接见他,至于丘吉尔的电报是在下午5:00即在英国下院宣读一个小时后才送交给我的。这份电报的语气如何傲慢无礼姑且不谈,单从这一拖延来看也是破坏任何惯例的。"①

对于二战后可能在国际社会中被边缘化的处境,戴高乐不仅愤怒而且焦虑。他断言其他国家一定会利用这个局势极力在悬而未决的争端上压着法国,或者在建立和平的大协作中把法国"贬低到次等国家的地位"。他说:"我国的力量显著地被削弱了!法国虽然没有在这场赌博中抓到一张大国王牌,可是她手里还有几张好牌:首先由于她奇迹般地摆脱了深渊,法国多少世纪以来就拥有的威望部分得到了恢复;其次是在人类处于失去平衡的动荡年代,谁也不能忽视法国的力量;最后是由法国的领土、人民及其海外领地所形成的牢固基础。甚至在我们的力量尚未恢复的时候有了上述条件,我们就有可能行动起来并且受到尊重。"②

有能力让一国感到民族自尊心受到伤害的只能是强于该国的国家,这个国家在二战后毫无疑问是美国。对强国说"不",是提升民族自尊心的不二之策。美国和法国是北约框架下的盟友,但对于美国来说,法美关系大概是最"带刺"的盟友关系。冷战中的柏林危机、古巴导弹危机、冷战后的"9·11"事件、伊拉克战争,美国都别指望得到法国的支持。法国前外交部长韦德里纳(Hubert Vedrine)就强烈反对美国在伊拉克的单边行动。美国人则讽刺法国的反美行为是"小法国人综合征"③,这种嘲讽当然只会激起法国更大的反感。

法美冲突不仅是政治意义上的,也是文化意义上的。首先,法国

---

① 夏尔·戴高乐:《战争回忆录》(第三卷),陈焕章译,中国人民大学出版社,2005,第193页。

② 夏尔·戴高乐:《战争回忆录》(第三卷),陈焕章译,中国人民大学出版社,2005,第181—182页。

③ Charles Cogan, *French Negotiating Behavior: Dealing with La Grand Nation* (Washington D.C.: United States Institute of Peace Press, 1995), pp. 10–15.

文化中有强烈的主流批判传统。法国人善于理性思辨，其结果就是常常质疑自己，质疑主流。资深牛津学者西奥多·泽尔丁（Theodore Zeldin）曾说过，"没有哪国人的自我批评像法国人那么深刻，但是法国人不接受来自别国的批评"（前半句可理解为理性主义，后半句可理解为民族主义）。至于批判主流，如果要在国际关系中批判主流的话，矛头自然要对准美国。其次，法美摩擦从技术上也有可能与文化差异有关。美国是低语境国家，法国是高语境国家，他们对谈判场景、议程设定、关系的看法都不一样。关于谈判场景，高语境文化的谈判者不喜欢说得太明白，希望对方能读懂自己的想法，凭直觉就能够理解自己目前所处的状态，甚至能感知到下一步的政策。关于谈判日程，美国倾向于设定严格而固定的会议日程，谈判时按部就班进行即可。对于高语境文化的谈判者，严格而固定的议程"是个累赘，甚至是羞辱"，他们认为"会谈是为了达成共识，而固定的日程和达成共识完全是两回事"。[1] 关于谈判者之间的关系，上文多次提到。爱德华·霍尔提供了一个新的解释。根据他的解释，低语境国家中信息流动是慢速的，受控制的，而高语境国家信息流动是迅速蔓延的，而且一直在流动。[2] 这个信息流的区别反映在谈判中，就是低语境文化谈判者认为只要集中精力获取可控制的信息流来满足谈判的需要即可，无须花时间去维护关系；高语境文化谈判者认为要在四散铺开的信息网络中获取信息，就要与占据信息网络各重要节点的人处理好关系。

法国谈判者民族自尊心强以及有反美情结（无论什么原因导致的）这一特点，提示其谈判对象，要给予对方足够的重视和尊重，要欣赏并认同其文化，以及可以将"反美"作为彼此信念上，甚至行动上的

---

[1] Edward T. Hall and Mildred Reed Hall, *Understanding Cultural Differences: Germans, French and Americans* (Massachusetts: Intercultural Press, 1990), p. 17.

[2] Edward T. Hall and Mildred Reed Hall, *Understanding Cultural Differences: Germans, French and Americans* (Massachusetts: Intercultural Press, 1990), p. 23.

合作基础。

本章小结

《威斯特伐利亚和约》签订以来，主权国家的物理性存在，为其精神性存在提供了载体，国家属性和风格在这一空间里逐渐养成，并具有相对的稳定性和传承性。在这个意义上，探讨一个国家的谈判风格是有意义的。

美国的谈判风格可定义为行动型。他们在谈判中追求效率，结果导向十分明显。为了快速达到目的，他们会强势推进谈判，但基本上会公平地考虑对方的需求，因为他们知道，只有在所有方的核心需求都得到满足的时候，问题才会真正得到解决。美国谈判者重视事理本身，不注重关系的建构，会花大量精力进行谈判前的准备，专业程度很高。

日本的谈判风格可定义为关系型。他们非常注重和对方的关系，务求谈判中的分歧不至于破坏了关系。日本谈判团队内的尊老和寻求共识，是关系文化在内部决策中的表现；日本人谈判前的摸底、与人交往过程中的"先给"、冲突回避式的沟通以及对待协议相对松弛的态度，都跟日本社会特殊的关系文化有着莫大的关联。

苏联的谈判风格可定义为利益型。所有国家进行谈判都以维护自己的利益为目标，但苏联在追逐自己的利益时更加强悍。按照本书对竞争性谈判战略和合作性谈判战略的区别，苏联谈判者具备很多竞争性谈判者的特点。他们践行专业主义时不够稳定，会因人因事而变；他们通常不会信任谈判对手，表现出谨慎犹疑；他们坚持自己的利益最大化，作风强硬，刻板教条，斗争性强；他们对待协议的态度相对宽松，协议签订以后，履约与否要视情况而定。由于自己就是强硬的谈判者，他们往往会尊重同样强硬的谈判对手。

法国的谈判风格可定义为观念型。法国人擅长对具体的事务进行拔高抽象，进而在观念层面进行哲学意味浓厚的思辨。法国人的审美在全球也是首屈一指，法国向世界文明贡献的艺术作品、艺术家数不胜数，因此法国人的文化自豪感是深入骨髓的。在国际谈判中，他们会花大量时间进行理念的讨论，也会在谈判的过程中把法国文化如时尚、饮食、艺术穿插其中，通过文化增加自己的影响力。强烈的文化自豪感在国力相对虚弱之后，就转化为强烈的民族自尊心。在涉及欧洲安全和秩序的国际谈判中，较之其他国家，法国的反美情绪非常明显，这成为法国在国际谈判中的一个人尽皆知的特色。他们更愿意别出心裁，而不是对大国亦步亦趋。

参考文献

中文著作

1. 柴成文. 板门店谈判［M］. 北京：解放军出版社，1992.
2. 柴成文. 板门店谈判纪实［M］. 北京：时事出版社，2000.
3. 陈敦德. 新中国外交谈判［M］. 北京：中国青年出版社，2012.
4. 陈敦德. 周恩来飞往万隆［M］. 北京：中国青年出版社，1998.
5. 陈志敏. 次国家政府与对外事务［M］. 北京：长征出版社，2001.
6. 程延园. 集体谈判制度研究［M］. 北京：中国人民大学出版社，2004.
7. 戴秉国. 战略对话：戴秉国回忆录［M］. 北京：人民出版社，世界知识出版社，2016.
8. 方可成. 中国人民的老朋友［M］. 北京：人民日报出版社，2014.
9. 傅伟勋. 从西方哲学到禅佛教［M］. 北京：生活·读书·新知三联书店，1989.
10. 高铁见闻. 高铁风云录［M］. 长沙：湖南文艺出版社，2015.
11. 高望来. 大国谈判谋略：中英香港谈判内幕［M］. 北京：时事出版社，2012.
12. 耿飚. 耿飚回忆录［M］. 北京：人民出版社，2017.
13. 顾维钧. 顾维钧回忆录［M］. 北京：中华书局，2013.
14. 辜正坤. 中西文化比较导论［M］. 北京：北京大学出版社，2007.
15. 何一鸣. 国际气候谈判研究［M］. 北京：中国经济出版社，2012.
16. 何忠礼. 宋代政治史［M］. 杭州：浙江大学出版社，2007.
17. 黄华. 亲历与见闻：黄华回忆录［M］. 北京：世界知识出版社，2007.

18. 季卫东. 法治中国［M］. 北京：中信出版社，2015.

19. 姜长斌，罗伯特·罗斯主编. 从对峙走向缓和：冷战时期中美关系再探讨［M］. 北京：世界知识出版社，2000.

20. 乐黛云主编. 欲望与幻象——东方与西方［M］. 南昌：江西人民出版社，1991.

21. 李德安，等，译. 周恩来与日本朋友们［M］. 北京：中央文献出版社，1992.

22. 李家忠. 从未名湖到环剑湖：我与越南［M］. 成都：四川出版集团·四川人民出版社，2004.

23. 李小林主编. 城市外交：理论与实践［M］. 北京：社会科学文献出版社，2016.

24. 梁漱溟. 东西方文化及其哲学［M］. 上海：上海世纪出版集团，2006.

25. 梁晓君. 英国欧洲政策之国内成因研究——以撒切尔时期为例［M］. 北京：世界知识出版社，2008.

26. 李仲周. 亲历世贸谈判［M］. 上海：上海人民出版社，2009.

27. 刘新生. 新中国建交谈判实录［M］. 上海：上海辞书出版社，2011.

28. 刘燕斌. 国外集体谈判机制研究［M］. 北京：中国劳动社会保障出版社，2012.

29. 刘墉，刘轩. 创造双赢的沟通［M］. 北京：文化艺术出版社，2010.

30. 牛力主编. 听大使讲故事［M］. 北京：新华出版社，2010.

31. 裴坚章主编. 研究周恩来——外交思想和实践［M］. 北京：世界知识出版社，1989.

32. 钱其琛. 外交十记［M］. 北京：世界知识出版社，2003.

33. 曲星. 中国外交50年［M］. 南京：江苏人民出版社，2000.

34. 沈志华主编. 中苏关系史纲［M］. 北京：社会科学文献出版社，2011.

35. 石广生主编. 中国加入世界贸易组织谈判历程［M］. 北京：人民出版社，2011.

36. 石磊译注. 商君书［M］. 北京：中华书局，2009.

37. 孙隆基. 中国文化的深层结构［M］. 桂林：广西师范大学出版社，2011.

38. 孙振宇. WTO多哈回合谈判中期回顾［M］. 北京：人民出版社，2005.
39. 孙振宇. 日内瓦倥偬岁月：中国常驻WTO代表团首任大使孙振宇口述实录［M］. 北京：人民出版社，2011.
40. 王炳南. 中美会谈九年回顾［M］. 北京：世界知识出版社，1985.
41. 王伟光等编. 应对气候变化报告(2010)：坎昆的挑战与中国的行动［M］. 北京：社会科学文献出版社，2010.
42. 王新奎主编. 全球经济复苏与中国对外贸易［M］. 上海：上海人民出版社，2010.
43. 吴建民主编. 交流学十四讲［M］. 杭州：浙江人民出版社，2004.
44. 吴建民. 外交案例［M］. 北京：中国人民大学出版社，2007.
45. 吴思. 潜规则：中国历史中的真实游戏［M］. 上海：复旦大学出版社，2009.
46. 习近平. 习近平谈治国理政：第1卷，第2卷［M］. 北京：外文出版社，2014，2017.
47. 谢益显主编. 当代中国外交［M］. 北京：中国青年出版社，2009.
48. 新加坡联合早报编. 李光耀40年政论选［M］. 北京：现代出版社，1994.
49. 邢予青. 中国出口之谜：解码"全球价值链"［M］. 北京：生活·读书·新知三联书店，2022.
50. 熊炜编著. 外交谈判［M］. 北京：北京大学出版社，2014.
51. 熊炜. 国际公共产品合作与外交谈判：利益、制度和进程［M］. 北京：世界知识出版社，2014.
52. 熊向晖. 我的情报与外交生涯［M］. 北京：中共党史出版社，1999.
53. 许富宏译注. 鬼谷子［M］. 北京：中华书局，2012.
54. 尹家民. 黄镇将军的大使生涯［M］. 南京：江苏人民出版，1998.
55. 余英时. 文史传统与文化重建［M］. 北京：生活·读书·新知三联书店，2004.
56. 中国人民解放军政治学院资料室，解放军报编辑部编写. 关于建国以来党的若干历史问题的决议［M］. 北京：长征出版社，1981.

57. 中共中央文献编辑委员会. 邓小平文选：第3卷［M］. 北京：人民出版社，1993.

58. 曾慧燕. 在北京的日日夜夜：中英谈判我见我闻［M］. 香港：香港博益出版集团，1985.

59. 张沱生主编. 对抗·博弈·合作：中美安全危机管理案例分析［M］. 北京：世界知识出版社，2007.

60. 张盈盈. 张纯如：无法忘却历史的女子［M］. 北京：中信出版社，2012.

61. 赵启正，帕罗编著. 江边对话［M］. 北京：新世界出版社，2006.

62. 赵启正. 向世界说明中国——赵启正演讲谈话录［M］. 北京：新世界出版社，2006.

63. 郑桥. 劳资谈判［M］. 北京：中国工人出版社，2003.

64. 赵娴，车卉淳主编. 产业经济热点问题研究(2010)［M］. 北京：社会科学文献出版社，2012.

65. 张祥. ·国际商务谈判——原则、方法、艺术［M］. 上海：上海三联书店，1995.

66. 张祥. 文化软实力与国际谈判［M］. 北京：社会科学文献出版社，2013.

67. 张向晨，索必成主编. 中国"入世"谈判风云录［M］. 北京：人民出版社，2023.

68. 中共中央文献研究室编. 周恩来年谱1949—1976［M］. 北京：中央文献出版社，2007.

69. 赵鸿燕. 国际谈判学［M］. 北京：中国人民大学出版社，2023.

中文译著

1. 罗伯特·阿克塞尔罗德. 合作的进化［M］. 吴坚忠，译. 上海：上海人民出版社，2007.

2. 约翰·奥德尔. 世界经济谈判［M］. 孙英春，译. 北京：世界知识出版社，2003.

3. 巴拉迪. 谎言与交锋：揭秘全球核较量的真实世界［M］. 蒋宗强，

译. 北京：中信出版社，2011.

4. 齐格蒙特·鲍曼. 共同体：在一个不确定的世界中寻找安全［M］. 欧阳景根，译. 南京：江苏人民出版社，2003.

5. 杰夫·贝里奇，等. 外交理论：从马基雅弗利到基辛格［M］. 陆悦瑞，译. 北京：北京大学出版社，2006.

6. 杰夫·贝里奇. 外交理论与实践［M］. 庞中英，译. 北京：北京大学出版社，2005.

7. 威廉·伯恩斯坦. 伟大的贸易——贸易如何塑造世界［M］. 郝楠，译. 北京：中信出版社，2020.

8. 以赛亚·伯林. 苏联的心灵［M］. 潘永强，刘北成，译. 南京：译林出版社，2010.

9. 保罗·波斯特. 战争经济学［M］. 卢州来，译. 北京：中国人民大学出版社，2010.

10. 托尼·布莱尔. 旅程：布莱尔回忆录［M］. 李永学，董宇虹，江凌，译. 南京：译林出版社，2011.

11. 珍妮·布莱特. 全球谈判：跨文化交易谈判、争端解决与决策制定［M］. 范徵，等，译. 北京：中国人民大学出版社，2005.

12. 布莱恩·崔西. 谈判［M］. 马喜文，译. 北京：机械工业出版社，2016.

13. 夏尔·戴高乐. 战争回忆录［M］. 陈焕章，译. 北京：中国人民大学出版社，2005.

14. 斯图尔特·戴蒙德. 沃顿商学院最受欢迎的谈判课［M］. 杨晓红，等，译. 北京：中信出版社，2012.

15. 贾雷德·戴蒙德. 为什么有的国家富裕，有的国家贫穷：比较人类社会［M］. 栾奇，译. 北京：中信出版社，2017.

16. 理查德·道金斯. 自私的基因［M］. 卢允中，等，译. 北京：中信出版社，2018.

17. 罗杰·道森. 优势谈判［M］. 刘祥亚，译. 重庆：重庆出版社，2008.

18. 稻盛和夫. 思维方式［M］. 曹岫刚，译. 北京：人民东方出版集团，2018.

19. 哈利·杜鲁门. 杜鲁门回忆录［M］. 李石，译. 上海：东方出版社，2007.

20. 简·方达. 简·方达回忆录［M］. 汪笑男，等，译. 北京：中信出版社，2006.

21. 罗杰·费舍尔，威廉·尤里，布鲁斯·佩顿. 寸土必争：无需让步的说服艺术［M］. 王燕，罗晰，译. 北京：外语教学与研究出版社，2005.

22. 居伊·奥利维·福尔. 文化与谈判［M］. 联合国教科文组织翻译组，译. 北京：社会科学文献出版社，2001.

23. 居伊·奥利维耶·富尔，威廉·扎特曼. 谈判专家：面对恐怖主义分子的战略、战术与政策［M］. 蔡晋，译. 北京：社会科学文献出版社，2012.

24. 伏尔泰. 路易十四时代［M］. 吴模信，沈怀洁，梁守锵，译. 北京：商务印书馆，1982.

25. 福克斯. 哈佛谈判心理学［M］. 胡姣姣，译. 北京：中国友谊出版公司，2014.

26. 托马斯·弗里德曼. 世界是平的——21世纪简史（3.0版）［M］. 何帆，译. 湖南：湖南科学技术出版社，2008.

27. 阿林·弗莫雷斯科. 妥协：政治与哲学的历史［M］. 启蒙编译所，译. 上海：上海社会科学出版社，2016.

28. 甘米奇. 宪章运动史［M］. 苏公俊，译. 北京：商务印书馆，1979.

29. 高杉尚孝. 麦肯锡教我的谈判武器：从逻辑思考到谈判技巧［M］. 程亮，译. 北京：北京联合出版公司，2016.

30. 约瑟夫·C.格鲁. 使日十年——1932—1942年美国驻日大使约瑟夫·C.格鲁的日记及公私文件摘录［M］. 沙青青，译. 北京：社会科学文献出版社·甲骨文工作室（分社），2020.

31. 安·安·葛罗米柯. 回首往事（上、下册）［M］. 苏群，译. 北京：新华出版社，1989.

32. 宫泽喜一. 东京—华盛顿会谈密录［M］. 谷耀清，译. 北京：世界知识出版社，1965.

33. 尤尔根·哈贝马斯. 交往与社会进化 [M]. 张博树, 译. 重庆: 重庆出版社, 1989.

34. 尤尔根·哈贝马斯, 等. 旧欧洲·新欧洲·核心欧洲 [M]. 邓伯宸, 译. 北京: 中央编译出版社, 2010.

35. 大卫·哈伯斯塔姆. 最寒冷的冬天: 美国人眼中的朝鲜战争 [M]. 王祖宁, 刘寅龙, 译. 北京: 台海出版社, 2017.

36. 黑彻柳子. 窗边的小豆豆 [M]. 赵玉皎, 译. 海口: 南海出版社, 2011.

37. 尤瓦尔·赫拉利. 人类简史 [M]. 林俊宏, 译. 北京: 中信出版社, 2017.

38. 尼基塔·谢·赫鲁晓夫. 赫鲁晓夫回忆录 [M]. 述弢, 等, 译. 北京: 社会科学文献出版社, 2006.

39. 塞缪尔·亨廷顿. 我们是谁? 美国国家特性面临的挑战 [M]. 程克雄, 译. 北京: 新华出版社, 2005.

40. 塞缪尔·亨廷顿. 文明的冲突与世界秩序的重建 [M]. 周琪, 等, 译. 北京: 新华出版社, 2010.

41. 赫胥黎. 进化论与伦理学 [M]. 宋启林, 等, 译. 北京: 北京大学出版社, 2010.

42. 怀特海. 思维方式 [M]. 刘放桐, 译. 北京: 商务印书馆, 2010.

43. 霍布豪斯. 自由主义 [M]. 朱曾纹, 译. 北京: 商务印书馆, 1996.

44. 霍布斯. 利维坦 [M]. 黎思复, 黎廷弼, 译. 北京: 商务印书馆, 1985.

45. 爱德华·霍尔. 无声的语言 [M]. 何道宽, 译. 北京: 北京大学出版社, 2010.

46. 爱德华·霍尔. 超越文化 [M]. 何道宽, 译. 北京: 北京大学出版社, 2010.

47. 戴维·霍夫曼. 死亡之手: 超级大国冷战军备竞赛及苏联解体后的核生化武器失控危局 [M]. 张俊, 译. 桂林: 广西师范大学出版社, 2014.

48. 吉尔特·霍夫斯坦德. 文化之重: 价值、行为、体制和组织的跨国比较 [M]. 许力生, 译. 上海: 上海外语教育出版社, 2008.

49. 井上清. 钓鱼列岛的历史和主权问题 [M]. 英慧, 译. 香港: 天梯图书有限公司，2011.

50. 亨利·基辛格. 重建的世界：梅特涅、卡斯尔雷与和平问题［M］. 冯洁音，唐良铁，毛云，译. 上海：上海译文出版社，2016.

51. 亨利·基辛格. 白宫岁月［M］. 陈瑶华，等，译. 北京：世界知识出版社，2003.

52. 亨利·基辛格. 大外交［M］. 顾淑馨，林添贵，译. 海口：海南出版社，1998.

53. 亨利·基辛格. 基辛格越战回忆录［M］. 慕羽，译. 海口：海南出版社，2012.

54. 久保田勇夫. 日美金融战的真相［M］. 路邈，译. 北京：机械工业出版社，2015.

55. 鹫尾友春. 日美博弈战［M］. 孙律，译. 北京：中国友谊出版公司，2021.

56. 戴尔·卡内基. 卡内基沟通与人际关系［M］. 詹丽茹，译. 北京：中信出版社，2008.

57. 约翰·梅纳德·凯恩斯. 和约的经济后果［M］. 张军，贾晓屹，译. 北京：华夏出版社，2008.

58. 伊曼努尔·康德. 永久和平论［M］. 何兆武，译. 上海：上海世纪出版社，2005.

59. 赫布·科恩. 谈判天下：如何通过谈判得到你想要的一切［M］. 谷丹，译. 深圳：海天出版社，2006.

60. 克劳塞维茨. 战争论：第1卷［M］. 中国人民解放军军事科学院，译. 北京：商务印书馆，1978.

61. 戈登·克雷格，亚历山大·乔治. 武力与治国方略［M］. 时殷弘，等，译. 北京：商务印书馆，2004.

62. 维克多·克里蒙克主编. 国际谈判——分析、方法和问题［M］. 屈李坤，等，译. 北京：华夏出版社，2004.

63. 克林顿. 我的生活［M］. 李公昭，等，译. 南京：译林出版社，2004.

64. 克鲁泡特金. 互助论：进化的一个要素［M］. 李平沤，译. 北京：商务印书馆，2009.

65. 保罗·肯尼迪. 战争与和平的大战略［M］. 时殷弘，译. 北京：世界知识出版社，2005.

66. 盖温·肯尼迪. 谈判是什么？［M］. 陈述，译. 北京：中国宇航出版社，2004.

67. 罗伯特·肯尼迪. 十三天［M］. 贾令仪，贾文渊，译. 北京：北京大学出版社，2016.

68. 堀田江理. 日本大败局：偷袭珍珠港决策始末［M］. 马文博，译. 北京：新华出版社，2014.

69. 戴维·A. 拉克斯，詹姆斯·K. 西贝尼厄斯. 三维谈判：在至关重要的交易中扭转局面［M］. 梁卿，夏金彪，译. 北京：商务印书馆，2009.

70. 基尚·拉纳. 21世纪的大使：从全权到首席执行［M］. 肖欢容，后显慧，译. 北京：北京大学出版社，2008.

71. 查尔斯·U.拉森. 说服：如何聪明地说与听（第十一版）［M］. 董璐，周丽锦，译. 北京：北京大学出版社，2017.

72. 艾哈迈德·拉希德. 塔利班：宗教极端主义在阿富汗及其周边地区［M］. 钟鹰翔，译. 重庆：重庆出版社，2015.

73. 乔治·勒费弗尔. 拿破仑时代：上卷［M］. 河北师大外语系《拿破仑时代》翻译组，译. 北京：商务印书馆，1978.

74. 皮埃尔·勒鲁. 论平等［M］. 王允道，译. 北京：商务印书馆，1988.

75. 伊戈尔·雷佐夫. 克里姆林宫谈判法则［M］. 许永健，译. 北京：文化发展出版社，2018.

76. 罗伊·J. 列维奇，布鲁斯·巴里，戴维·M. 桑德斯. 列维奇谈判学［M］. 郭旭力，鲜红霞，王圣臻，译. 北京：中国人民大学出版社，2008.

77. 李光耀口述，格雷厄姆·艾莉森等编. 李光耀论中国与世界［M］. 蒋宗强，译. 北京：中信出版社，2013.

78. 里嘉图. 经济学及赋税原理［M］. 郭大力，王亚南，译. 上海：上海三联书店，2008.

79. 泷田洋一. 日美货币谈判：内幕20年[M]. 李春梅, 译. 北京: 清华大学出版社, 2009.

80. 陆奥宗光. 蹇蹇录[M]. 伊舍石, 译. 北京: 商务印书馆, 1963.

81. 尼克拉斯·卢曼. 信任：一个社会复杂性的简化机制[M]. 瞿铁鹏, 李强, 译. 上海: 上海世纪出版集团, 2005.

82. 洛克. 政府论: 下篇[M]. 叶启芳, 译. 北京: 商务印书馆, 1964.

83. 乔治·罗斯. 川普谈判学：达成每一步交易的完美谈判法[M]. 卞娜娜, 译. 台北: 高宝国际出版, 2007.

84. 马歇尔·卢森堡. 非暴力沟通[M]. 阮胤华, 译. 北京: 华夏出版社, 2009.

85. 迪帕克·马哈拉, 马克斯·巴泽曼. 哈佛经典谈判术[M]. 吴奕俊, 译. 北京: 中国人民大学出版社, 2009.

86. 罗伯特·M. 马奇. 如何与日本人谈判[M]. 王华, 译. 南京: 江苏人民出版社, 1990.

87. 道格拉斯·麦克阿瑟. 麦克阿瑟回忆录[M]. 陈宇飞, 译. 上海: 上海社会科学出版社, 2017.

88. 玛格丽特·麦克米兰. 大国的博弈：改变世界的一百八十天[M]. 荣慧, 刘彦汝, 译. 重庆: 重庆出版社, 2006.

89. 哈罗德·麦克米伦. 麦克米伦回忆录[M]. 余杭, 等, 译. 北京: 商务印书馆, 1982.

90. 劳伦斯·迈耶, 约翰·伯内特, 苏珊·奥格登. 比较政治学——变化世界中的国家和理论[M]. 罗飞, 等, 译. 北京: 华夏出版社, 2001.

91. 马基雅维利. 君主论[M]. 潘汉典, 译. 北京: 商务印书馆, 1985.

92. 美国卡耐基训练机构. 倾听[M]. 周芳芳, 译. 北京: 中信出版社, 2020.

93. 罗伯特·摩尔, 道格拉斯·吉列. 国王·武士·祭司·诗人[M]. 林梅, 苑东明, 译. 北京: 中国工信出版集团, 2018.

94. 安德鲁·莫劳夫奇克. 欧洲的抉择——社会目标和政府权力——从墨西拿到马斯特里赫特[M]. 赵晨, 陈志瑞, 译. 北京: 社会科学文献出版社，2008.

95. 马克·莫里斯. 约翰王：背叛、暴政与《大宪章》之路［M］. 康睿超，谢桥，译. 北京：中信出版社，2017.

96. 让·莫内. 欧洲第一公民：莫内回忆录［M］. 孙慧双，译. 成都：成都出版社，1993.

97. 巴里·J. 奈尔伯夫. 多赢谈判：用博弈论做大蛋糕、分好蛋糕［M］. 熊浩，郜嘉奇，译. 北京：中信出版社，2023.

98. 杰勒德·I. 尼尔伦伯格. 谈判的艺术［M］. 曹景行，陆廷，译. 上海：上海翻译出版公司，1986.

99. 理查德·尼克松. 六次危机［M］. 黄兴，等，译. 北京：世界知识出版社，1999.

100. 理查德·尼克松. 尼克松回忆录：中［M］. 裘克安，等，译. 北京：世界知识出版社，2001.

101. 普洛克皮乌斯. 战争史［M］. 王以铸，崔妙因，译. 北京：商务印书馆，2010.

102. 温斯顿·丘吉尔. 英语民族史［M］. 薛力敏，林林，译. 海口：南方出版社，2004.

103. 日本大平正芳纪念财团编. 大平正芳［M］. 中日友好协会，译. 北京：中国青年出版社，1991.

104. 马格丽特·撒切尔. 唐宁街岁月［M］. 本书翻译组，译. 呼和浩特：远方出版社，1997.

105. 詹姆斯·K. 塞贝纽斯，R. 尼古拉斯·伯恩斯，罗伯特·姆努金. 基辛格谈判法则［M］. 长沙：湖南文艺出版社，2020.

106. 雷蒙德·F. 史密斯. 罗盘与风向标：外交官的分析技艺［M］. 曲博，译. 上海：上海人民出版社，2018.

107. 斯蒂芬尼德斯编. 俄耳甫斯与欧律狄刻［M］. 庄焰，陈中梅，译. 北京：中国对外翻译出版公司，2005.

108. 亚当·斯密. 国民财富的性质和原因的研究：上卷［M］. 郭大力，王亚南，译. 北京：商务印书馆，1997.

109. 布里吉特·斯塔奇，马克·波义耳，乔纳森·维尔肯菲尔德.《外交谈判导论》[M]. 陈志敏，等，译. 北京：北京大学出版社，2005.

110. 道格拉斯·斯通，布鲁斯·佩顿，希拉·汉. 高难度对话[M]. 王甜甜，译. 北京：中国城市出版社，2010.

111. 理查德·斯威德伯格. 利益[M]. 周明军，译. 北京：中央编译出版社，2020.

112. 理查德·所罗门. 美国人是如何谈判的[M]. 中国现代国际关系研究院，译. 北京：时事出版社，2012.

113. 塔列朗. 变色龙才是政治的徽章：塔列朗自述[M]. 王新连，译. 北京：中国法制出版社，2010.

114. 詹姆斯·塔姆，罗纳德·鲁耶特. 成功合作之道：消除防卫心和建立合作关系的五项技能[M]. 侯燕飞，李熠明，译. 北京：中国经济出版社，2012.

115. 汤普森. 汤普森谈判学[M]. 赵欣，陆华强，译. 北京：中国人民大学出版社，2009.

116. 塔西佗. 历史[M]. 王以铸，崔妙因，译. 北京：商务印书馆，1981.

117. 德斯蒙德·图图. 没有宽恕就没有未来[M]. 江红，译. 上海：上海文艺出版社，2002.

118. 马克斯·韦伯. 经济与社会[M]. 林荣远，译. 北京：商务印书馆，2010.

119. 马克斯·韦伯. 伦理之业：马克斯·韦伯的两篇哲学演讲[M]. 王容芬，译. 北京：中央编译出版社，2012.

120. 马努埃利安·威尔博. 跨文化谈判攻略：跨国谈判入门指导手册[M]. 裴辉儒，宋伟，译. 北京：化学工业出版社，2012.

121. 丹尼尔·夏皮罗. 不妥协的谈判：哈佛大学经典谈判心理课[M]. 赵磊，译. 北京：中信出版社，2019.

122. 威廉·夏伊勒. 第三帝国的兴亡[M]. 董乐山，等，译. 北京：世界知识出版社，1979.

123. 谢和耐. 中国与基督教[M]. 耿昇，译. 上海：上海古籍出版社，2003.

124. 托马斯·谢林. 冲突的战略［M］. 赵华，等，译. 北京：华夏出版社，2011.

125. 西哈努克. 西哈努克回忆录——甜蜜与辛酸的回忆［M］. 晨光，等，译. 哈尔滨：黑龙江人民出版社，1987.

126. 希罗多德. 历史［M］. 王以铸，译. 北京：商务印书馆，1959.

127. 许烺光. 美国人与中国人：两种生活方式比较［M］. 彭凯平，刘文静，等，译. 北京：华夏出版社，1989.

128. 埃里克·尤斯拉纳. 信任的道德基础［M］. 张敦敏，译. 北京：中国社会科学出版社，2006.

129. 彼得·约翰斯顿. 劣势谈判：从巨人手里得到你想要的一切［M］. 吴婷，李建敏，译. 海口：南方出版社，2014.

130. 张纯如. 被遗忘的大屠杀［M］. 杨夏鸣，译. 北京：东方出版社，2007.

中文文章

1. 范承祚口述、宗道一等整理. 我亲历的中阿两党关系中的"秋冬"季节［J］. 中共党史研究，2006（4）.

2. 高飞，肖屿. 需求层次论及其对外交决策研究的启示［J］. 国际论坛，2010（1）.

3. 龚雯. 独家专访：龙永图纵论中国入世［EB/OL］.（2001-11-09）［2020-04-06］. http://finance.sina.com.cn.

4. 蒋主席再电毛泽东，盼速来渝共定大计［N］. 中央日报，1945-08-21.

5. 刘晨，朱东阳. 二次"金特会"地点时机显考量［N/OL］. 新华社华盛顿，2018-10-08［2024-02-05］. http://www.xinhuanet.com/world/2018/10/08/c_1123530270.htm.

6. 李学勇. 生物界中巧妙的共生现象［J］. 科学月刊，1981（144）.

7. 梁晓君. 外交谈判战略浅析［J］. 国际政治研究，2008（2）.

8. 毛建军. 胡锦涛在纪念中国人民抗日战争暨世界反法西斯战争胜利60周年大会上的讲话［EB/OL］. 中国新闻网,（2005-09-03）［2020-04-06］.

http://www.chinanews.com.cn.

9. 牛军. 抗美援朝战争中的停战谈判决策研究[J]. 上海行政学院学报, 2005（1）.

10. 沈怡选稿. 龙永图：中国入世谈判高手[N/OL]. 东方新闻, 2001-11-12 [2020-04-06]. http://china.eastday.com.

11. 李秉新，殷淼."构建人类命运共同体"首次写入联合国决议[N/OL]. 新华社每日电讯, 2017-02-12 [2021-09-01]. http://www.xinhuanet.com/world/2017/02/12/c_129476297.htm.

12. 赵汀阳. 关于和谐世界的思考[J]. 世界经济与政治, 2006(9).

13. 宗道一. 1969年秋华沙追逐外交官事件真相[N/OL]. 中华读书报, 2004-06-24 [2021-09-01]. http://epaper.gmw.cn/zhdsb.html.

14. 查琳·巴尔舍夫斯基. 中国在世界贸易中的崛起和角色[R]. 北京论坛主旨报告与特邀报告集, 2006-10-27.

英文著作

1. ACHESON D. Present at the Creation: My Years in the State Department[M]. New York: W.W. Norton, 1969.

2. BAR-SIMAN-TOV Y, ed. Barriers to Peace in the Israeli-Palestinian Conflict[M]. Jerusalem: The Jerusalem Institute for Israel Studies, 2010.

3. BLAKER M, GIARRA P, VOGEL E. Case Studies in Japanese Negotiating Behavior[M]. Washington, D.C.: United States Institute of Peace, 2002.

4. BERCOVITCH J, RUBIN J Z. Mediation in International Relations: Multiple Approaches to Conflict Management[M]. New York: Palgrave Macmillan, 1992.

5. BINNENDIJK H. National Negotiating Styles[M]. Washington, D.C.: Center for the Study of Foreign Affairs, Foreign Service Institute, US Department of State, 1987.

6. BOLIN B. A History of the Science and Politics of Climate Change: The Role

of the Intergovernmental Panel on Climate Change[M]. New York: Cambridge University Press, 2007.

7. CLINTON B. My Life[M]. New York: Alfred A. Knopf Inc., 2004.
8. CRAIG G A, GEORGE A L. Force and Statecraft: Diplomatic Problems of Our Time[M]. Oxford: Oxford University Press, 1990.
9. DENNIS R. Statecraft and How to Restore America's Standing in the World[M]. New York: Farrar, Straus and Giroux, 2007.
10. DERFLER L. Yitzhak Rabin: A Political Biography[M]. New York: Palgrave Macmillan, 2014.
11. DEUTSCH M, COLEMAN P T, MARCUS E C, et al. The Handbook of Conflict Resolution: Theory and Practice[M]. New Jersey: John Wiley & Sons Inc., 2006.
12. DEVEREAUX C, LAWRENCE R Z, eds. Case Studies in US Trade Negotiation Vol. 1[M]. Washington, D.C.: Institute for International Economics, 2006.
13. DRINKWATER D. Sir Harold Nicolson & International Relations: The Practitioner as Theorist[M]. New York: Oxford University Press, 2005.
14. EARLE E M, ed. Makers of Modern Strategy[M]. New Jersey: Princeton University Press, 1943.
15. EPHRON D. Killing a King: The Assassination of Yitzhak Rabin and the Remaking of Israel[M]. New York: W.W. Norton & Company, 2015.
16. FERGUSON N. Kissinger, Volume I 1923-1968: The Idealist[M]. London: Penguin Press, 2015.
17. FISHER R, URY W. Getting to Yes: Negotiating Agreement Without Giving In[M]. London: Penguin Books, 1992.
18. FRAVEL T. Strong Borders, Secure Nation: Cooperation and Conflict in China's Territorial Disputes[M]. New Jersey: Princeton University Press, 2008.
19. GRICE P. Studies in the Way of Words[M]. Cambridge, Mass.: Harvard University Press, 1989.

20. HALL E T. Beyond Culture[M]. New York: Anchor Books/ A Division of Random House, Inc., 1976.
21. HIRSCHMAN A O. The Passions and the Interests: Political Arguments for Capitalism before Its Triumph[M]. New Jersey: Princeton University Press, 1977.
22. KISSINGER H. A World Restored: Metternich, Castlereagh and the Problem of Peace 1812-1822[M]. Boston: Houghton Mifflin, 1957.
23. KREMENYUK V A, ed. International Negotiation: Analysis, Approaches, Issues[M]. San Francisco, CA: Jossey-Bass Publishers, 1991.
24. LEWICKI R J, ed. Negotiation[M]. New York: McGraw-Hill, 2003.
25. LEWICKI R J, ed. The Essentials of Negotiation[M]. Boston, Mass.: Harvard Business School Press, 2005.
26. LIDDELL-HART B H. Strategy[M]. New York: Praeger, 1967.
27. MARCH R M. The Japanese Negotiator: Subtlety and Strategy Beyond Western Logic[M]. Tokyo: Kodansha International, 1988.
28. MICHELMANN H, ed. Foreign Relations in Federal Countries[M]. Montreal: McGill-Queen's University Press, 2009.
29. MASLOW A H. Motivation and Personality[M]. New York: Harper & Row Publishers Inc., 1954.
30. MISH F C. Merriam-Webster's Collegiate Dictionary[M]. 10th ed. Springfield, Mass.: Merriam-Webster, Incorporated, 1995.
31. NICOLSON H. Diplomacy[M]. New York: Oxford University Press, 1942.
32. PICCO G. Man Without a Gun: One Diplomat's Secret Struggle to Free the Hostages, Fight Terrorism, and End a War[M]. New York: Crown Publishers, 1999.
33. PICCO G. The Fog of Peace: The Human Face of Conflict Resolution[M]. London: I.B. Tauris & Co. Ltd, 2014.
34. PINKER S. The Better Angels of Our Nature: Why Violence Has Declined[M]. New York: Viking Penguin, 2011.

35. RAIFFA H, ed. Negotiation Analysis: The Science and Art of Collaborative Decision Making[M]. Massachusetts: The Belknap Press of Harvard University Press, 2002.

36. RH VALUE PUBLISHING. Webster's Encyclopedic Unabridged Dictionary of the English Language[M]. Ohio: Gramercy Books, 1996.

37. SCHECTER J L. Russian Negotiating Behavior: Continuity and Transition[M]. Washington, D.C.: United States Institute of Peace Press, 1998.

38. SEOL D H, KIM B J, LEE S H, KO J H. World Peace Index 2017: Assessing the State of Peace in the Nations of the World[M]. Seoul: World Peace Forum, 2018.

39. SOLOMON R H. Chinese Negotiating Behavior: Pursuing Interests Through "Old Friend"? [M]. USA: Endowment of the United States Institute of Peace, 1999.

40. STEIN A A. Why Nations Cooperate: Circumstance and Choice in International Relations[M]. New York: Cornell University Press, 1990.

41. STOESSINGER J. Henry Kissinger: The Anguish of Power[M]. New York: W.W. Norton and Company, 1976.

42. SMYSER W R. How Germans Negotiate: Logical Goals, Practical Solutions[M]. Washington, D.C.: United States Institute of Peace, 2003.

43. TAMANAHA B Z. On the Rule of Law: History, Politics, Theory[M]. New York: Cambridge University Press, 2004.

44. TOUVAL S. The Peace Brokers: Mediators in the Arab-Israeli Conflict, 1948-1979[M]. New Jersey: Princeton University Press, 1982.

45. WHELAN J G. Soviet Diplomacy and Negotiating Behavior: The Emerging New Context for U.S. Diplomacy[M]. Boulder, CO: Westview Press, Inc., 1983.

46. XIA Y. Negotiating with the Enemy: U.S.-China Talks during the Cold War, 1949-1972[M]. Indiana: Indiana University Press, 2006.

47. ZARTMAN W, FAURE G O. Escalation and Negotiation in International

Conflicts[M]. New York: Cambridge University Press, 2005.

48. ZARTMAN I W, KREMENYUK V. Peace Versus Justice: Negotiating Forward- and Backward-Looking Outcomes[M]. Maryland: Rowman & Littlefield Publishers, Inc., 2005.

英文文章

1. ADAIR W L, BRETT J M, OKUMURA T. Negotiation behavior when cultures collide: The United States and Japan[J]. Journal of Applied Psychology, 2001, 86(3).

2. AHTISAARI M. Lessons of Aceh peace talks[J]. Asia Europe Journal, 2008, 6(1).

3. AVRUCH K, WANG Z. Culture, apology, and international negotiation: The case of the Sino-U.S. "Spy Plane" crisis[J]. International Negotiation, 2005, 10(2).

4. BAILER S. What factors determine the bargaining power and success in EU negotiations[J]. Journal of European Public Policy, 2010, 17(5).

5. BAR-SIMAN-TOV Y. Justice and fairness as barriers to the resolution of the Israeli-Palestinian conflict[M]. In Bar-Siman-Tov Y, ed. Barriers to peace in the Israeli-Palestinian conflict. Jerusalem: The Jerusalem Institute for Israel Studies, 2010.

6. BERTON P. How unique is Japanese negotiating behavior[J]. Japan Review, 1998, 10.

7. BILDNER R. The role of states and cities in foreign relations[J]. The American Journal of International Law, 2010, 83(4).

8. BLAKER M. Japanese international negotiating style[J]. The Journal of Asian Studies, 1979, 38(3).

9. BOYER M A. Issue definition and two-lever negotiations: An application to the American foreign policy process[J]. Diplomacy and Statecraft, 2000, 11(2).

10. CALDERON J M S. Colombia, a laboratory for history[J]. Journal of International Affairs, 2017, 71(1).

11. CARLGREN A. Climate negotiations and how to build sustainability into our DNA[J]. The Heythrop Journal, 2018, 59(6).

12. CARR A Z. Is business bluffing ethical[J]. Harvard Business Review, 1968-01.

13. The World Bank. Fact sheet: The Indus Waters Treaty 1960 and the role of the World Bank[R]. The World Bank, 2018-06-11.

14. FU Y. The Korean nuclear issue: Past, present, and future: A Chinese perspective[R]. Strategy Paper 3, John L. Thornton China Center at Brookings Institution, 2017.

15. GALTUNG J. Violence, peace and peace research[J]. Journal of Peace Research, 1969, 6(3).

16. GORDON P. French negotiating behavior: Dealing with La Grande Nation[M]. Foreign Affairs, 2004.

17. GRAHAM J L. The Japanese negotiation style: Characteristics of a distinct approach[J]. Negotiation Journal, 1993-04.

18. HOFFMANN S. Obstinate or obsolete? The fate of the nation state and the case of Western Europe[J]. Daedalus, 1966, 95(3).

19. IAKOVIDIS I, GALARIOT I, eds. The formation of the EU negotiating strategy at the UN: The case of human rights[J]. Cambridge Review of International Affairs, 2018, 31(5).

20. International Union for Conservation of Nature. United for life and livelihoods[R]. International Union for Conservation of Nature Annual Report, 2018.

21. JOSVOLD D. Can Chinese discuss conflicts openly? Field and experimental studies of face dynamics in China[J]. Group Decision and Negotiation, 2004, 13(4).

22. SANTOS J M. The promise of peace in Colombia[N]. New York Times, 2017-05.

23. LEWIS D J, WEIGERT A. Rust as a social reality[J]. Social Forces, 1985, 63(4).
24. MUFSON S. Chinese movement seeks rule of law to keep government in check[N]. Washington Post, 1995-03-05.
25. POTOMAC ECONOMICS. Report on the secondary market for RGGI CO2 allowances: Secondary quarter 2020[R]. RGGI Inc., 2020-08.
26. PUTNAM R D. Diplomacy and domestic politics: The logic of two-level games[J]. International Organization, 1988, 42(3).
27. QUINNEY N. U.S. negotiating behavior[R]. United States Institute of Peace, Special Report 94, 2002-10.
28. White House. Remarks by President Trump, President Vucic of Serbia, and Prime Minister Hoti of Kosovo in a trilateral meeting, Foreign Policy[R]. White House, 2020-09-04.
29. SIMONS B A. Compliance with international agreements[J]. Annual Review of Political Science, 1998, 1(6).
30. The World Justice Project's Research Team. WJP Rule of Law Index 2017-2018[R]. World Justice Project, 2018.
31. U.S. Department of State. Live at State with Kurt Volker, special representative for Ukraine negotiations[R]. 2018-12.
32. WOEHRL S. Terrorist attacks in Madrid and Spain's elections: Implications for U.S. policy[R]. CRS Report for Congress, RS21812, 2004-10.
33. World Bank. Indus Basin Development Fund Agreement[R]. World Bank, 1960.
34. X. The sources of Soviet conduct[J]. Foreign Affairs, 1987, 65(4).
35. VAN ZANDT H F. How to negotiate in Japan[N]. Harvard Business Review, 1970-11.
36. ZARTMAN W. Comparative case studies[J]. International Negotiation, 2005, 10(1).
37. ZUCKER L G. Production of trust: Institutional source of economic

structure[J]. Research in Organizational Behavior, 1986.

网站

1. 中国外交部. [EB/OL]. https://www.fmprc.gov.cn.
2. 日本外务省. [EB/OL]. http://www.mofa.go.jp.
3. 美国国务院. [EB/OL]. http://www.state.gov.
4. 美国国会. [EB/OL]. https://www.congress.gov.
5. 中国外交部. [EB/OL]. https://www.fmprc.gov.cn.
6. 日本外务省. [EB/OL]. http://www.mofa.go.jp.
7. 美国国务院. [EB/OL]. http://www.state.gov.
8. 美国国会. [EB/OL]. https://www.congress.gov.
9. 美国白宫. [EB/OL]. https://www.whitehouse.gov.
10. 联合国（UN）. [EB/OL]. https://www.un.org.
11. 世界银行（WB）. [EB/OL]. https://www.worldbank.org.
12. 世界贸易组织（WTO）. [EB/OL]. https://www.wto.org.
13. 国际货币基金组织（IMF）. [EB/OL]. https://www.imf.org.
14. 哈佛法学院谈判项目（PON）. [EB/OL]. http://www.pon.harvard.edu.
15. 尼尔伦伯格谈判研究所（TNI）. [EB/OL]. http://www.negotiation.com.
16. 美国和平研究所（USIP）. [EB/OL]. http://www.usip.org.
17. 斯德哥尔摩和平研究所（SIPRI）. [EB/OL]. http://www.sipri.org.
18. 长者（The Elders）. [EB/OL]. https://www.theelders.org.
19. 诺贝尔和平奖. [EB/OL]. http://www.nobelprize.org.
20. 智力平方. [EB/OL]. https://www.intelligencesquaredus.org.
21. 维基百科. [EB/OL]. https://wikipedia.org.
22. 不列颠百科. [EB/OL]. https://www.britannica.com.
23. 国际姐妹城市（Sister Cities International）. [EB/OL]. https://sistercities.org.
24. 数据世界（Our World In Data）. [EB/OL]. https://ourworldindata.org.
25. 统计数据（Statista）. [EB/OL]. http://www.statista.com.

致 谢

本书写作过程中，得到了诸多帮助。首先，感谢外交学院和世界知识出版社。2006年，我到外交学院工作后，才有机会接触国际谈判这一领域。十八年来从事国际谈判教学和科研工作的经历，深刻影响了我的思维方式和行为方式，"解决问题"成为我在课堂内外的座右铭和行动指南。世界知识出版社刘豫徽老师、车胜春老师通读了我的书稿，提出了颇有见地的修改意见，帮助我更好地与读者沟通。其次，感谢出席过我的课堂的学生和学员。你们在课堂上的互动，使我更深刻地理解了个体谈判者行动背后的逻辑以及他们在谈判进程中面临的最大挑战是什么。其中一些课堂上学生模拟谈判被作为案例用到了本书中。再次，感谢我的师友、同事和学界同行，尤其是我的博士导师北京大学国际关系学院的许振洲教授。你们知识渊博、学养深厚，使我可以随时请教我力有不逮的领域和话题。在这些年的教学和研究过程中，抓住各种机会采访了一些参与国际谈判的外交官、政府官员和国企高管，但由于各种原因，他们提供的案例未能收录在本书中，但丰富了我的课堂教学以及我的知识体系，对各位接受采访表示感谢。本书写作和出版过程中得到了我众多朋友的鼓励和支持，他们是王志旭先生、王拓轩先生、折志凌先生、陈见民先生、陶然先生、齐思钺女士、陈新娜女士，在此表示深切谢意。我的学生刘笑彤、蒋碧洋、程子贤、马艺宸、张肖玥、敖芸欢在文献搜集、图表制作、脚注规范、文字校对上提供了很多帮助，一并致谢。

　　最后要感谢我的家人，我先生一直尽其所能为我营造舒适的家庭环境，使我能够从琐碎事务中脱身，心情愉悦地专注研究；女儿用业余绘画所得给我添置了一个帅气的"樱桃"（Cheery）键盘，增加了我敲字时的动感乐趣。有家人们的陪伴，让我放松身心，研究的过程脱离了寂寞和辛苦，变成了生活中轻松自然的一部分。

梁晓君
2024年6月